Albert Sterr

*Mexikos Linke – ein Überblick*

**Der Autor**

*Albert Sterr,* Jahrgang 1960, Politikwissenschaftler und Publizist, lebt und arbeitet in Nürnberg. Er veröffentlichte bei ISP:

*Ches Erben.* Gespräche zur aktuellen Politik der Guerilla in Lateinamerika, Köln 1993;

*Guatemala.* Lautloser Aufstand im Land der Maya, Köln 1994;

*Die Linke in Lateinamerika.* Analysen und Berichte, Köln und Zürich 1997.

*FOXtrott in Mexiko.* Demokratisierung oder Neopopulismus? (zus. mit Dieter Boris), Köln 2002. Zahlreiche Aufsätze in Zeitschriften.

Albert Sterr

# *Mexikos Linke – ein Überblick*

## Soziale Bewegungen, Guerillagruppen und die »Andere Kampagne« der Zapatisten

ISP · Köln

Titelphoto: © Albert Sterr, Szene auf dem Zócalo in Mexiko D.F.

Bibliografische Information der Deutschen Bibliothek
Die Deutsche Bibliothek verzeichnet diese Publikation in der Deutschen Nationalbibliografie; detaillierte bibliografische Daten sind im Internet über http://dnb.ddb.de abrufbar.
ISBN 978-3-89 900-127-3

*ISP*
Neuer ISP Verlag GmbH, Köln und Karlsruhe
Belfortstr. 7, 76133 Karlsruhe
Mail: Neuer.ISP.Verlag@t-online.de
Internet: neuerispverlag.de

Der Neue ISP Verlag ist Mitglied von aLiVe (assoziation Linker Verlage).

Originalausgabe, August 2008

Lektorat: Tom Beier
Satz: GNN-Stuttgart
Umschlaggestaltung: Druckcooperative Karlsruhe
Gesamtherstellung: difo-Druck, Bamberg
Printed in Germany.


1 2 3 4 5 – 12 11 10 09 08

# Inhalt

# Vorwort

Mexiko dient derzeit als Gegenmodell zum reformerischen Aufbruch in Südamerika. So radikal und gewalttätig wie sonst nur in Kolumbien setzten die politischen und wirtschaftlichen Eliten auf die Fortführung und Vertiefung des neoliberalen Modells. Demgegenüber fordert ein erheblicher Teil der mexikanischen Bevölkerung einen Kurswechsel in Richtung sozialen Ausgleich, demokratischer Mitsprache sowie außenpolitischer Unabhängigkeit. Seit der Amtsübernahme des Präsidenten Felipe Calderón, der sich im Parlament auf ein Bündnis aus seiner klerikal-konservativen »Nationalen Aktionspartei« (PAN) und der abgehalfterten ehemaligen Staatspartei »Partei der Institutionellen Revolution« (PRI) stützt, kam es mehrfach zu heftigen politischen Konfrontationen zwischen den beiden Lagern.

Auf der einen Seite standen (und stehen) tief verwurzelte soziale Bewegungen, wie die APPO im Bundesstaat Oaxaca, die Bewegung gegen die Privatisierung des staatlichen Erdölkonzerns PEMEX oder die Zapatisten. Damit sind nur diejenigen genannt, die auch hierzulande bekannt wurden. Ihnen gegenüber steht eine Regierung, die zum Dialog weder fähig noch willens ist. Ihren Mangel an Legitimität und die fehlende Zustimmung an der gesellschaftlichen Basis versucht sie mit massenmedial multiplizierten Monologen und der Kriminalisierung der Oppositionsbewegungen zu kompensieren. In der breiten Öffentlichkeit wird die damit zusammenhängende, vom Staat ausgehende und politisch motivierte Gewalt häufig übergangen, weil sie nicht so spektakulär ist, wie die Bluttaten der Drogenmafia. Letztere ziehen verstärkt die Aufmerksamkeit der Massenmedien auf sich. Dabei werden die staatlichen Apparate in der Regel nicht als Täter, sondern als Opfer gewaltförmigen Handelns dargestellt. Die öffentliche Unsicherheit und die Proliferation von schwer kontrollierbaren Gewaltakteuren ist mittlerweile ein politisches Problem ersten Ranges. Allein die Rivalitäten zwischen verschiedenen Fraktionen der Drogenmafia kosteten 2007 etwa 2500 Menschen das Leben, darunter knapp 250 Soldaten und Polizisten. Die Regierung Calderón ließ ganze Regionen und einige an der US-Grenze gelegene Großstädte militarisieren und holte über 30 000 Soldaten auf die Straßen. Dies heizte die Gewaltspirale nur noch mehr an. Im ersten Halbjahr 2008 nahm die Anzahl der in Drogenkonflikten Getöteten um weitere 50% zu. Der von der Regierung öffentlichkeitswirksam inszenierte Kampf gegen Drogen- und Entführerringe sowie gegen deren Killertrupps und Privatarmeen dient aber auch, so die linke Opposition, als Deckmantel, um vor allem auf dem Land hart gegen soziale Proteste vorzugehen. Dabei werden die Menschenrechte von Militär und militarisierter Polizei mit Füßen getreten.

Während gegenwärtig in Südamerika sozialreformerische Ansätze entstehen und die blutige Vergangenheit unter den Militärdiktaturen unter dem Motto »nunca más«, nie wieder, neu aufgerollt wird, feiert in Mexiko die Phraseologie aus der Zeit des »schmutzigen Krieges« von »nationaler Sicherheit, innerem Feind, Subversion, Terrorismus« etc. pp. Urständ. Nimmt man die vielstimmigen und bestens dokumentierten Alarmrufe internationaler Menschenrechtsorganisationen zur Kenntnis, so wird deutlich, dass den bösen Worten noch bösere Taten folgen. Wobei, wie in den 1970er Jahren in Chile, Argentinien oder Uruguay, die uniformierten Täter straflos bleiben. Was die Europäische Union nicht daran hindert, die Zusammenarbeit mit Mexiko zu verstärken. Im Mai 2008 wurde dem neben Brasilien wirtschaftlich stärksten Land Lateinamerikas sogar der Status eines »Strategischen Partners« zuerkannt. Mexiko sei ein immer stärkerer Partner auch auf globaler Ebene, begründete EU-Außenkommissarin Ferrero-Waldner diesen Schritt.

Es stellt sich die Frage, ob die historische Wahlniederlage vom Juli 2000, welche das Ende der über 70 Jahre andauernden Phase des Staatsparteienregimes unter Vorherrschaft der PRI besiegelte, tatsächlich den Beginn einer demokratischen Periode eingeleitet hat. Angesichts der anhaltenden sozialen Polarisierung, einer insgesamt weiter schwachen Rechtstaatlichkeit, fortbestehenden und teilweise sogar gestärkten korporatistischen Strukturen auf den subnationalen Ebenen, neuen Formen des Autoritarismus im Zusammenhang mit der Militarisierung der Gesellschaft sowie den zersetzenden Folgewirkungen des Drogengeschäftes reduziert sich der Begriff »Demokratie« in Mexiko zur Zeit weitgehend auf die prozedurale Tatsache, dass politische Ämter durch Wahlen vergeben werden. Wirkliche demokratische Teilhabe von unten ist damit nicht verbunden. Da jedoch, wie zuletzt im Juli 2006, selbst die Präsidentschaftswahlen von massiven Betrugsvorwürfen und langwierigen Nachwahlkonflikten begleitet sind, ist offenkundig, dass es um die Legitimität und auch um die Legalität des Wahlprocedere nicht zum Besten bestellt ist. Eine Demokratie, die diesen Namen verdient und ohne einschränkende Adjektive auskommt, sieht anders aus.

Bleibt die Frage nach der Entwicklungsrichtung: Zeigt sie, trotz Widersprüchen und gegenläufiger Momente, doch eher Richtung Demokratisierung? Oder deuten die zunehmende Militarisierung und Verpolizeilichung des Alltags sowie die von der Regierung geleugnete Kriminalisierung der politischen und sozialen Dissidenz eher in Richtung eines »nationalen Sicherheitsstaates«? Eine Variante einer »antipopularen Demokratie« (Rodríguez Rejas, 2008), in der ein Kartell politischer und wirtschaftlicher Eliten sich mit legalen und auch extralegalen

(Gewalt-)Mitteln des Großteils der nationalen Ressourcen bemächtigt und daher zunehmendem Druck verschiedenster Oppositionsbewegungen ausgesetzt ist.

Wie bei der im Jahre 2002 zusammen mit Dieter Boris unter dem Titel »FOX-trott in Mexiko. Demokratisierung oder Neopopulismus« vorgestellten Arbeit handelt es sich auch bei dieser Untersuchung um eine »análisis de coyuntura«, eine analytische Interpretation aktueller Entwicklungen. Diese Nähe zur Aktualität hat ihre Tücken, insbesondere wenn man berücksichtigt, wie sehr sich die zur Debatte stehenden linken Akteure in den letzten zwei, drei Jahren aufgefächert und verändert haben. Es ist der Leserschaft vorbehalten zu entscheiden, ob die Vorzüge überwiegen:

- Die unterschiedlichen Akteure aus dem linken und national-popularen Spektrum werden im Überblick dargestellt;
- Ihr Politikverständnis und Handeln wird eingebettet in die sozio-ökonomische Entwicklung des Landes;
- Es werden keine politischen Strömungen a priori ausgegrenzt;
- Soziale Bewegungen werden in ihrer Vielfalt und Widersprüchlichkeit beschrieben;
- Revolutionäre und systemfeindliche Tendenzen werden differenziert abgehandelt;
- Die Linke Mexikos und ihr Kampf gegen den Neoliberalismus werden in den lateinamerikanischen Kontext eingeordnet.

Für fruchtbare Gespräche und kritische Anregungen bin ich Vielen zu Dank verpflichtet, stellvertretend erwähnen möchte ich Dieter Boris. Da das Zeitbudget es nicht mehr zuließ, konnten leider nicht alle Vorschläge eingearbeitet werden. Ana-Maria, Elfriede und Marek danke ich für die vielen Stunden, viel mehr als vorgesehen und vereinbart, die sie mir zur Abfassung dieser Arbeit zur Verfügung gestellt haben.

Juli 2008
*Albert Sterr (Nürnberg)*

# Einleitung

Nach Jahrzehnten der PRI-Alleinherrschaft hatte Präsident Vicente Fox als erster Nicht-PRI-ist im In- und Ausland hohe Erwartungen geweckt. Fortschritte bei der Demokratisierung von Staat und Gesellschaft sowie die historische Wahlniederlage der Partei der Institutionellen Revolution (PRI) hatten der ersten Post-PRI-Regierung eine günstige Ausgangsposition für einen Neuanfang beschert. Der ehemalige Coca-Cola-Manager vergab jedoch seine Chance. Zwar kam es in seiner Amtszeit (2000 – 2006) zu einer Personalrotation in vielen staatlichen Institutionen, der erhoffte politische und soziale Kurswechsel blieb indessen aus. Weder verbesserte sich die soziale Lage breiter Bevölkerungsschichten, was im Inland Frustrationen erzeugte, noch wagte sich die erste PAN-Regierung an heiße Eisen wie die Privatisierung der Erdöl- und Stromindustrie, was insbesondere die internationalen Verbündeten enttäuschte. Die Regierung Fox mit ihrer »Wende ohne Wandel« (Boris/Sterr, 2002) verhedderte sich in vollmundigen Ankündigungen, denen keine entsprechenden Taten folgten. In entscheidenden Politikbereichen sandten Präsident Fox und seine Regierungspartei PAN widersprüchliche Signale aus und blockierten sich so gegenseitig. Politische Stagnation war die Folge. Gleichzeitig führte die erste Post-PRI-Regierung die neoliberale Wirtschafts- und Sozialpolitik, wie sie von PRI-Technokraten seit Mitte der 1980er Jahre auf den Weg gebracht worden war, bruchlos fort.

Die derzeit amtierende zweite PAN-Regierung unter Präsident Felipe Calderón, der sich anders als sein Parteifreund und Amtsvorgänger auf ein parlamentarisches Zweckbündnis mit der PRI stützt, scheint indessen entschlossen, die offenen Posten auf der Wunschliste internationaler Investoren abzuarbeiten. Widerstände dagegen werden in der Regel mit einer Strategie des Teile und Herrsche und, wenn dies, wie etwa im südlichen Bundesstaat Oaxaca, nicht ausreicht, mit blanker Gewalt niedergeschlagen. Mangel an Legitimität, Autoritarismus, die Militarisierung ganzer Regionen und Simulation politischer Aktivität kennzeichnen das Handeln der Regierung Calderón vom ersten Tag an. Da die meinungsbildenden Massenmedien in den Händen seiner Förderer aus der Wirtschaft konzentriert sind und da Mexiko neben der autoritären Regierung Uribe in Kolumbien der wichtigste lateinamerikanische Verbündete der USA ist, spiegelt sich die Kritik der mexikanischen Opposition bisher in der veröffentlichten Meinung nur unzureichend wider.

Während in einer Reihe südamerikanischer Länder die Suche nach Alternativen zum Neoliberalismus bereits auf der Regierungsebene angelangt ist, hat Mexiko in den letzten Jahren unter den beiden Post-PRI-Regierungen seinen Mitte der 1980er Jahre eingeschlagenen Weg fortgesetzt: mehr Privatisierung, weiterer Rückzug des Staates aus der Sozial- und Wirtschaftspolitik, anhaltende außenpolitische Unterordnung unter die USA, mehr soziale Polarisierung und Kriminalisierung des Widerstandes dagegen, mehr Militarisierung und Gewalt, mehr Menschenrechtsverletzungen.

Die Übergangsphase vom PRI-Staatsparteiensystem zum Parlamentarismus westlichen Typs war von kurzzeitiger Euphorie über die errungene Wahlfreiheit und nachfolgend von trügerischer Ruhe gekennzeichnet. Mittlerweile stößt der Kurs der regierenden Nationalen Aktionspartei (PAN) auf den entschiedenen Widerspruch großer Teile der Bevölkerung. Dass dies hierzulande nicht angemessen wahrgenommen werden kann, liegt an den Funktionsweisen und präferierten Inhalten der globalisierten Mainstreammedien, welche unliebsame Ereignisse wie etwa wochenlange Großmobilisierungen gegen die Privatisierung des staatlichen Ölkonzern PEMEX oder Tatsachen wie wiederholte, folgenreiche und kostspielige Guerillaangriffe auf PEMEX-Einrichtungen einfach verschwiegen, auf irrelevante Nebenaspekte reduzierten oder abqualifizierten. Tariq Ali (2007) wies darauf hin, dass die Desinformation sowie die Einteilung in Freund oder Feind Grundpfeiler der Funktionsweise globaler Mediennetzwerke seien. Er hob hervor, dass mit ausgefeilten Medientechnologien einfachste Botschaften und primitivste Bilder verbreitet werden. So wurde und wird die mexikanische Opposition als Ansammlung engstirniger, ewiggestriger und tendenziell undemokratischer Demagogen in die vorgefertigte Populismus-Schublade einsortiert. Eine Ausnahme bilden der Subcomandante Marcos und die Zapatisten, die sich ungeachtet einiger politischer Kapriolen – auch als Folge einer intensiven Lobbyarbeit – in den Massenmedien dauerhaft als *good guys* etablieren konnten. Dabei verlangt auch in Mexiko ein breites und sehr heterogenes Spektrum von Basisbewegungen, politischen und sozialen Organisationen und Parteien einen Richtungswechsel. Es geht um mehr als die bloße Kritik an Ungerechtigkeiten und um mehr als das Recht auf Differenz, wie es die Zapatisten seit den 1990er Jahren einfordern. Es geht um eine Alternative zum neoliberalen Modell. Steht auch in Mexiko ein Linksrutsch bevor?

Der französische Soziologe Alain Tourraine (2006) hält das Links-Rechts-Schema grundsätzlich für ungeeignet, die aktuelle Neuorientierung in Lateinamerika analytisch zu erfassen. Er meint, dass von einer Linksentwicklung keine Rede sein könne, der Subkontinent bleibe vielmehr Gefangener einer diffusen Mischung aus Nationalismus und Populismus. Jorge Castañeda (2006), der einflussreiche mexikanische Politikwissenschaftler, sieht es ähnlich. Neben der »pragmatischen und realistischen Linken«, bestehend aus der PT Brasiliens, der Sozialistischen

Partei Chiles und der Frente Amplio Uruguays, gebe es eine »populistische, rein nationalistische und mit geringem ideologischen Fundament ausgestattete Strömung um Chávez, Kirchner und López Obrador in Mexiko«. Der mexikanische Anthropologe Roger Bartra (2007) bewertet den Zustand der Linken sowie den mexikanischen Oppositionsführer ebenfalls äußerst kritisch. Was die Linke in seinem Land betreffe, handle es sich um eine »aussterbende Art«. López Obrador sei kein Linker, sondern vielmehr ein populistischer Caudillo altbekannter Art. Subkommandante Marcos vertritt hinsichtlich der institutionellen Linken und ihrem Personal die These, dass »die angebliche Modernität der neuen Linken« darin bestehe, »dass sie immer mehr der modernen Rechten gleicht.« Eine Linke, die als Kraft ernst genommen werden wolle, müsse antikapitalistisch und nichtparlamentarisch sein und sich politisch und sozial »links unten« verorten. Hierzulande griffen konservative Leitmedien wie die *Frankfurter Allgemeine Zeitung* die Debatte mit der Behauptung auf, dass in »Lateinamerika die Grenze zwischen links und rechts verwischt« (FAZ, 5.12.2006). Auch die Konrad-Adenauer-Stiftung ist der Ansicht, dass die »Einteilung der politischen Landschaft im Kontinent in ein traditionelles Rechts-Links-Schema« immer weniger geeignet sei, »um eine realitätsnahe und präzise Beschreibung der politischen Lage durchzuführen« (KAS-Auslandsinformationen 4/08: 7). Das Gegensatzpaar seien vielmehr Demokratie und politischer Pluralismus auf der einen und autoritärer Populismus auf der anderen Seite. Dem deutschen Lateinamerikanisten Andreas Boeckh (2007) stellt sich die Lage so unübersichtlich dar, dass er nicht einmal mehr bestimmen kann, was unter »links« zu verstehen sei. Der Begriff könne heute »alles umfassen, was an Strategien und Konzepten gegenwärtig denkbar ist.« »Links« sei in den unterschiedlichsten Positionen zu finden und daher »als Begriff bedeutungsleer«.

Auf der anderen Seite stehen Autoren wie der spanische Politik- und Rechtswissenschaftler Augusto Zamora, der in seinem Beitrag »Latinoamérica, izquierda y segunda descolonización« (*El Mundo,* 9.2.2007) die These aufstellt, der gegenwärtige Prozess in Lateinamerika sei einzigartig und laufe auf eine »zweite Entkolonialisierung« hinaus. Heinz Dieterich (2006), der in die Debatte mit seinen Überlegungen zum Sozialismus des 21. Jahrhunderts eingriff, argumentiert ebenso in diese Richtung. Roberto Regalado (2008) spricht vom Beginn einer neuen Epoche, in der es der Linken erstmals in der Geschichte des Subkontinents gelinge, flächendeckend institutionelle Spielräume zu erobern. Auch der Brasilianer Emir Sader (2008) sieht im Gefolge der Wahlsiege linker Koalitionen trotz vieler Kontinuitätslinien »ein neues Szenario entstehen«. Für Immanuel Wallerstein (2008) ist evident, dass sich das politische Koordinatensystem Lateinamerikas insgesamt nach links verschoben hat. Die Frage sei »nicht ob, sondern wie weit«. Der US-Lateinamerikanist James Petras macht drei Strömungen aus, welche die Neuorientierung des Subkontinentes prägen: die »radikale Linke«, vor allem in Gestalt der kolumbianischen FARC-Guerilla, die »pragmatische Linke« mit Hugo Chávez, Evo Morales und Fidel Castro an der Spitze und die »neoliberale Linke« mit den übrigen Reformregierungen (*La Jornada*, 11.3.07). Teodoro Pettkoff (2005: 119f.), ein bekannter venezolanischer Chávez-Kritiker mit linksradikaler Vergangenheit, konstatiert in Lateinamerika die Existenz zweier linker Hauptströmungen. Einer »pragmatischen, demokratischen Reformlinken« stehe eine autoritäre, radikale »archaische Linke« mit den Exponenten Castro und Chávez gegenüber. Der ecuadorianische Soziologe Franklin Ramírez Gallegos (2006) legte mit »Mucho más que dos izquierdas« einen bemerkenswert differenzierten Beitrag vor, der vor allem auf die Heterogenität und die historischen und organisatorischen Besonderheiten der einzelnen Parteien und Bewegungen abhebt. Anknüpfend daran scheint es sinnvoll, drei Hauptströmungen voneinander zu unterscheiden:

1. sozialdemokratische und sozialistische Reformparteien
2. national-populare Strömungen und Regierungen und
3. anti-systemische Bewegungen und Organisationen.

Einigkeit besteht in der ansonsten äußerst kontroversen Debatte zumindest darin, dass es sich je nach Fall um sehr ungleichzeitig verlaufende Entwicklungsprozesse handelt. Zum Teil sind sie zudem durch den abrupten Kurswechsel von maßgeblichen Akteuren gekennzeichnet. Weiter sind historische Besonderheiten, spezifische politische und soziale Kräftekonstellationen sowie ökonomische Ausgangsbedingungen zu beachten. Deshalb scheint es erforderlich, zunächst jeden Prozess in seiner sozio-ökonomischen, politischen, räumlichen und zeitlichen Bedingtheit zu analysieren. Erst im zweiten Schritt wären auf dieser Grundlage die unterschiedlichen Hypothesen »Linksrutsch«, »Populismus« bzw. »Kontinuität des Neoliberalismus« auf ihre Tauglichkeit zur Verdichtung der empirischen Befunde zu überprüfen. Da die Bewertung der Neuorientierung Lateinamerikas und in unserem Fall Mexikos selbst Teil eines Meinungskampfes über die Viabilität des Neoliberalismus bzw. darüber ist, wie dieser am besten bekämpft und zurückgedrängt werden kann, überrascht es nicht, dass empirische Befunde häufig als argumentatives Beiwerk für vorgegebene ideologische und polit-ökonomische Glaubenssätze herangezogen werden. Dies ist im Falle Mexikos mit seinen programmatisch schwachen Organisationen und heterogenen sozialen Bewegungen besonders ausgeprägt. Die Kontroverse spitzt sich hier zu auf die Bewertung des (un-)demokratischen Charakters der Regierung Felipe Calderón, auf die Einschätzung der Oppositionsbewegung um den Ex-Präsidentschaftskandidaten López Obrador sowie der Konsequenzen der spezifischen Form der Weltmarktöffnung mit dem nordamerikanischen Freihandelsabkommen NAFTA.

## Was ist in Lateinamerika bzw. Mexiko heute »links«?

Die heutige Linke Lateinamerikas ist eine »Kombination einer Vielzahl von Parteien, sozialen Bewegungen und Ideologien« (Alan Angell 1996: 4). Sie ist ein Kontinuum sich ergänzender, sich überlagernder und widerstreitender Kräfte. Diese weisen je nach Land und Phase subjektive und objektive Besonderheiten auf, deren Wurzeln zum Teil weit in die jeweilige Geschichte zurückreichen. Dennoch gibt es in den unterschiedlichen historischen Phasen auch eine Reihe von Gemeinsamkeiten, vor allem was sozio-ökonomische, außenpolitische und politisch-ideologische Konstellationen betrifft. Hier können vergleichende Analysen ansetzen. Es wäre denkbar, etwa in Anlehnung an die Arbeiten von James Petras (2008), den umstrittenen Begriff »links« eng zu fassen und die Diskussion auf antikapitalistische, sozialistische und revolutionäre Kräfte zu fokussieren. Dies hätte den entscheidenden Nachteil, dass nur ein kleiner Ausschnitt der gesellschaftsverändernden Potentiale mit der gebotenen Differenzierung wahrgenommen werden könnte. Verschiedene Reformregierungen und soziale Bewegungen, die derzeit die politische Landkarte Lateinamerikas prägen, wären mit dieser Perspektive gar nicht bzw. nur in negativer Abgrenzung als Ex-Linke, Nicht-Linke etc. zu fassen. Die Verortung des Begriffs »links« anhand klassischer Parameter aus der Parteienforschung in Europa, wie sie Alain Tourraine (2006) mittlerweile zu bevorzugen scheint, würde ebenfalls den Großteil der heute in Lateinamerika aktiven Reformpotentiale unter einer Residualkategorie subsumieren. Die Einordnung dieser Kräfte in Bezug auf europäische Parteien und die Bildung entsprechender Kategorien wären damit erleichtert, allerdings um den Preis, die vergleichende Perspektive zwischen den jeweils spezifischen sozio-politischen Dynamiken in Lateinamerika zu verzerren. Dies scheint wenig sinnvoll.

Das Eintreten für das »Ideal der Gleichheit« (Norberto Bobbio), für sozialen Fortschritt und gesellschaftlichen Wandel eignet sich als positives Definitionsmerkmal. Diesem »einschließenden Projekt« der Linken steht entgegen das »ausschließende Projekt« der Rechten, welche Eigentums- und Machtverhältnisse unter Kontrolle einer Minorität belassen wollen. Carlos Vilas (2005: 85f.) gibt jedoch zu bedenken, dass selbst das Eintreten für mehr soziale Gleichheit keine Position mehr ist, die heute ausschließlich von linken Strömungen vertreten wird. Internationale Organisationen wie die Weltbank oder die Interamerikanische Entwicklungsbank treten mittlerweile für ein erhöhtes Maß an sozialem Ausgleich ein, weil sie sonst die Regierbarkeit und die Aufrechterhaltung des neoliberalen Modells auf globaler Ebene gefährdet sehen. Er nennt deshalb als weitere Kennzeichen linker Politik die »Reform des politischen Systems, mit dem Ziel die

Partizipation auf bis dahin ausgeschlossene Gruppen auszuweiten«, die »Infragestellung der Organisation der Produktion«, die Organisierung von Arbeitern und popularen Schichten, die Säkularisierung der Kultur und die Einbettung in das internationale Mächtesystem mit einem erhöhten Grad an Autonomie.

Die historisch bedeutendsten Veränderungsprozesse in Richtung der oben genannten Parameter wurden in Lateinamerika nicht von linken oder Arbeiter-Parteien verwirklicht. Vielmehr waren es »nationalrevolutionäre Bewegungen« oder »national-populare Regimes«, wie sie Carlos Vilas auch bezeichnet, die tief greifende sozioökonomische und politische Umgestaltungsprozesse vorangetrieben haben. Nachfolgend findet dieser Begriff von Carlos Vilas Verwendung, weil er weniger missverständlich ist, als der hierzulande mit rechtsradikalen Inhalten aufgeladene Begriff »nationalrevolutionär« oder der geradezu inflationär gebrauchte, jedoch meist nur unscharf definierte Begriff »populistisch«. Letzterer wird von Seiten der Liberalkonservativen und der neoliberal gewendeten Sozialdemokratie als negatives Etikett und als Kampfbegriff benutzt, um eine bestimmte Strömung des anti-neoliberalen Widerstandes zu diskreditieren. Mexiko unter der PRI ist eines der Paradebeispiele für ein national-populares Regime. Stellvertretend für andere Prozesse wären auch die bolivianische Revolution in den fünfziger Jahren oder der Peronismus in Argentinien zu nennen. Das Verhältnis zur Arbeiterlinken (klassenkämpferische Gewerkschaften, sozialistische und kommunistische Parteien) bzw. zu ländlichen Aufstandsbewegungen war in Mexiko in erster Linie gekennzeichnet von Mechanismen der Kooptierung von PRI-Gegnern und der Spaltung ihrer Organisationen mittels Bestechung der Führungspersonen. Wenn dies nicht ausreichte, um die Dissidenten zu desartikulieren, folgten die Androhung und Ausführung selektiver Gewalt. In den 1970er und 1980er Jahren kam es im Rahmen des »schmutzigen Krieges« gegen Guerillagruppen und lokale bäuerliche Widerstandsbewegungen auch zum massiven Einsatz militärischer Gewalt. Vor dem Hintergrund dieser historischen Erfahrungen erklären sich die starken Spannungen und die gegenseitige Ablehnung von erklärtermaßen linken, also PRI-feindlichen, und nationalrevolutionären, also PRI-Organisationen. Trotz dieser langen Geschichte der Feindschaft bzw. gegenseitiger Entfremdung in Mexiko werden in dieser Arbeit linke Parteien und Organisationen sowie die politisch und sozial deutlich heterogeneren national-popularen Organisationen und Bewegungen als Kontinuum politischer Kräfte gedacht, die zueinander wie kommunizierende Röhren in Beziehung stehen. Dabei können sich diese Strömungen, die vielfach von antiemanzipatorischen Tendenzen wie Autoritarismus, Paternalismus und Klientelismus sowie einem ausgeprägten Personenkult gekennzeichnet waren und sind, gegenseitig blockieren und erbittert bekämpfen, wie dies in den letzten Dekaden der Fall war, oder einander ergänzen und stärken.

Nach der Übernahme der Regierungsgeschäfte durch PAN-Präsidenten zeichnete sich in Mexiko eine Tendenz zu bis dahin unvorstellbaren Aktionseinheiten in sozialen Bewegungen ab. Mit dem Ende des Staatsparteiensystems und der offenen Übernahme der Staatsgeschäfte durch einen neoliberalen Block um die Parlamentsfraktionen von PAN und PRI sortiert sich – ähnlich wie in anderen Ländern Lateinamerikas – auch in Mexiko das Verhältnis von national-popularen Kräften und Linken neu.

Heute geht es in Mexiko weder um Anti-Kapitalismus und schon gar nicht um Sozialismus. Denn das Prinzip des Privateigentums an Produktionsmitteln wird derzeit von den allermeisten Organisationen mit Masseneinfluss nicht grundsätzlich in Frage gestellt. Sowohl rechts-sozialdemokratische Tendenzen wie die parlaments-fixierte »Neue Linke« (NI) innerhalb der mexikanischen »Partei der demokratischen Revolution« (PRD) als auch der auf Straßenmobilisierungen setzende Parteiflügel um den starken Mann der Opposition, Andrés Manuel López Obrador, vertreten Reformkonzepte diesseits sozialistischer Utopien. Der Unterschied liegt in der Akzentsetzung: Während López Obrador den Staatssektor eher stärken will und grundlegende Güter wie Öl, Strom und Wasser weiter im ausschließlichen Verfügungsbereich von Staatskonzernen belassen will, ist der rechtssozialdemokratische Parteiflügel der PRD bereit, in größerem Umfang internationales Kapital zuzulassen. Auch in puncto Arbeitsgesetzgebung gibt es Unterschiede: Während die einen ein höheres Niveau an Regelung wünschen, zeigen sich die anderen Reformen – Abbau von Gewerkschaftseinfluss und Schutzgesetzen – nicht abgeneigt. Trotz aller Unterschiede handelt es sich bei beiden Fällen um Reformkonzepte. Es sind verschiedene Varianten gradualistischer Strategien mit der Absicht, »den Kapitalismus ausgeglichener und deshalb verregelter« zu gestalten. So fasst der bereits zitierte Carlos Vilas die aktuellen sozioökonomischen Strategien »national-popularer Regimes« zusammen. Diese Überlegungen treffen meiner Einschätzung nach auch für die Stoßrichtung der mexikanischen Opposition zu, soweit sie von der zweitwichtigsten Kraft im Parlament, der PRD, repräsentiert wird. Ein mit verschiedensten Maßnahmen wieder gestärkter Staat soll Sozialreformen vornehmen und eine vorteilhaftere Einordnung in die globale Wettbewerbsökonomie in die Wege leiten. Der Kernbestand makroökonomischer und gesellschaftlicher Strukturreformen, welche in den letzten beiden Dekaden das neoliberale Modell auf den Weg gebracht hatten, bleibt aber bis auf weiteres unangetastet. Einige oppositionelle Basisbewegungen wie die Rebellion in Oaxaca oder die Zapatisten mit ihrer Anderen Kampagne vertreten sozioökonomische Forderungen mit antikapitalistischen und teils sozialistischen Stoßrichtungen, die diesen engen sozio-ökonomischen Rahmen sprengen. Diese Bewegungen sind aber im Konzert aller oppositionellen Kräfte Mexikos in der Minderheit.

## Linke und national-populare Strömungen in Lateinamerika

Ramírez Gallegos (2006: 35ff.) zeigt, dass sich die soziale Basis, die innerorganisatorischen Strukturen und die inhärenten politischen Logiken verschiedener linker Tendenzen signifikant unterscheiden. Die Einteilung in drei Grundströmungen 1) sozialdemokratische und sozialistische Reformparteien 2) national-populare Strömungen und Regierungen und 3) anti-systemische Bewegungen und Organisationen scheint dennoch nützlich. Diese Tendenzen sollten jedoch nicht als empirisch exakt abgrenzbare Kräfte fehlinterpretiert werden. Die drei Grundströmungen sind im Weberschen Sinne vielmehr als Idealtypen zu verstehen. Steve Ellner (2005) hat »drei anti-neoliberale Strategien Lateinamerikas« skizziert, die m.E. nach diesen Strömungen zugeordnet werden können. Ellner spricht von einer Mitte-Links-Strategie (Bündnis linker Reformer/Mittelschichten und Teile der nationalen Unternehmer), einer anti-neoliberalen (Oppositions-)Strategie, die vor allem auf die eigene Stärke der Linksparteien setzt, Bündnisse mit liberalen Parteien meidet und vor allem die Auswirkungen des Neoliberalismus anprangert sowie einem dritten Ansatz, bei dem Ablehnung des Neoliberalismus, Antiimperialismus und Antikapitalismus das inhaltliche Gerüst explizit sozialistischer Oppositionsbewegungen bilden.

Die brasilianische PT-Regierung, das von Sozialisten regierte Chile sowie Uruguay unter Tabaré Vázquez sind die bedeutendsten Vertreter des Typus linker Reformregierung, die von linken Parlamentsparteien mit langjähriger Tradition, gefestigter Parteiorganisation und ausformulierter Programmatik getragen werden. Diese Parteien bzw. Bündnisse haben langjährige innerparteiliche Entwicklungsprozesse hinter sich. Sie sind insbesondere bei Beschäftigten der formellen Wirtschaft und in Mittelschichten stark verankert. Ihr Einfluss bei den Marginalisierten ist vergleichsweise gering bzw. nur elektoral und organisatorisch wenig fundiert. Auf Grund des überdurchschnittlich hohen Politisierungsgrades ihrer Anhängerschaft können diese Regierungen erfolgreich mit Erblast- und Sachzwangargumenten operieren. Argumentationen wie »das kleinere Übel«, «gebundene Hände« oder des nötigen »langen Atems« ziehen. Derartige Diskurse können linken Parlamentsparteien mit solider Organisation und Verankerung unter Intellektuellen Zeit verschaffen. Dennoch sind Spannungen mit nahe stehenden sozialen Bewegungen vorprogrammiert. Die PT wie auch andere Reformregierungen in Südamerika setzen auf eine Strategie der »Mitte-Links-Bündnisse«, wie sie etwa vom mexikanischen Politikwissenschaftler Jorge Castañeda seit Mitte der 90er Jahre propagiert wurden. Die Einbindung von Teilen der nationalen Bourgeoisie in Wahlallianzen führte zwar zu Stimmzuwächsen, jedoch gelang es nicht, die Mitte für »anti-neoliberale Positionen zu gewinnen«. Im Gegenteil wurde die

»Linke auf dem Gebiet der Wirtschaftspolitik handzahm«, so Steve Ellner (2005: 500) über den Schwachpunkt dieser Strategie.

Die »national-popularen Regimes« unter Präsident Chávez in Venezuela, Kirchner in Argentinien, Morales in Bolivien, Correa in Ecuador sowie die um López Obrador in Mexiko gruppierten Kräfte unterscheiden sich in verschiedener Hinsicht von den Regierungen der oben genannten parlamentarischen Linksparteien. Ihr Referenzrahmen ist die Nation und nicht ein – abgeschwächter – Bezug auf die Arbeiter in Stadt und Land. Ihre Konfliktanalyse hebt nicht in erster Linie auf ökonomisch-sozial fundierte Klassenkonflikte ab, sondern auf Auseinandersetzungen zwischen einer imaginierten (Mehrheits-)Nation, el Pueblo, und ihren inneren (Oligarchie) und äußeren (USA/Imperium, transnationale Konzerne) Feinden. Was ihre Rhetorik und politische Phraseologie anbelangt, ist sie in einigen Fällen radikaler anti-neoliberal. Die Symbolik ist vielfach betont national und zum Teil konfrontativ anti-amerikanisch. Letzteres schreckt Teile der am globalen Mainstream orientierten Mittelschichten ab. Die Politikvermittlung durch Institutionen und Organisationen wird ergänzt oder weitgehend ersetzt durch symbolische Gesten, Medienpräsenz und Massenkommunikation von oben sowie Straßenmobilisierungen und variable Zusammenschlüsse von unten. Wobei letztere auf der Basis- und Alltagsebene durchaus demokratisierende Momente haben können. Die Anhängerschaft der national-popularen Caudillos findet sich in Teilen der unteren Mittelschichten, etwa Staatsangestellten, vorwiegend aber unter den Marginalisierten bzw. Schichten, die von den Parteien bisherig politisch nicht repräsentiert waren. Dies können – wie im Andenraum – Indígenas und Cocaleros sein. Es können auch Campesinos sein, die im Zuge der neoliberalen Wende im Stich gelassen wurden. Das Wahlverhalten dieser Schichten schwankt erheblich. Man denke nur an die südlichen Bundesstaaten Mexikos, wo diese Bevölkerungsgruppen zum Teil zwischen PRI, PRD und außerparlamentarischem Radikalismus hin- und herchangieren. Die heterogene Anhängerschaft der national-popularen Lider ist, bis auf die Ausnahmen Ecuador und Bolivien, wo es vor allem starke und autonome Indígena-Zusammenschlüsse gibt, in vielen Fällen organisatorisch wenig strukturiert und durch ein vorwiegend von Hoffnungen und Emotionen getragenes Gefolgschaftsverhältnis direkt an den charismatischen Lider gebunden. Gelingt es wie etwa in Argentinien oder Venezuela über eine längere Phase an der Regierung zu bleiben, werden diese emotionalen Bindungen ergänzt und überlagert durch klientelare Beziehungen, die über Sozialprogramme vermitteltet werden.

Die Beschäftigten der formellen Wirtschaftssektoren sowie ihre Interessensorganisationen wie Gewerkschaften und Standesorganisationen nehmen häufig eine abwartende Haltung ein. Die Bandbreite reicht von vorübergehenden Bündnissen bis hin zu erbitterter Opposition. Anders als in der klassischen Phase des Populismus im letzten Jahrhundert bilden Arbeiterschaft und Mittelschichten nicht die gesellschaftliche Hauptbasis der aktuellen national-popularen Bewegungen. Diese Rolle übernehmen die Marginalisierten. Ein weiterer Unterschied: Vom Marxismus inspirierte Kritiker werden von national-popularen Regierungen heute nicht verfolgt oder gar gewaltsam bekämpft. Sofern die sozialen Hoffnungen der Anhängerschaft enttäuscht werden, können Linkspopulisten schnell wieder in die Bedeutungslosigkeit absinken, da Rückschläge als Versagen des Liders verarbeitet werden und nicht als politische Probleme. Vermittlungsinstanzen und Puffer, wie sie Reformparteien in Gestalt ihrer Partei- und Gewerkschaftsapparate zur Verfügung haben, welche enttäuschte Erwartungen verarbeiten und dadurch abmildern können, stehen national-popularen Bewegungen nicht zur Verfügung. Hierin liegt ihre größte Schwäche. Das Zeitfenster, innerhalb dessen soziale Erfolge vorzuweisen sind, ist deshalb kleiner. Für die Stabilität des Regimes kommt der Trias von charismatischem Lider, emotionalisierender Rhetorik gegen (äußere) Feinde und ansteigenden Sozialtransfers entscheidende Bedeutung zu. Die phasenweise breite Massenunterstützung ist begründet im entschiedenen Anti-Neoliberalismus und dem Versuch der Re-Regulierung wirtschaftlicher Aktivitäten durch den Staat. Dies ist neben dem Mitte-Links-Bündnis nach Steve Elllner der zweite strategische Ansatz in der lateinamerikanischen Linken.

Unterhalb der Regierungsebene gibt es in Mexiko beispielsweise in Gestalt der Rebellion in Oaxaca, des Zapatismus in Chiapas oder der Guerilla soziale Bewegungen, die sich nicht auf die Ablehnung des Neoliberalismus und graduelle Verschiebungen innerhalb kapitalistischer Produktionsverhältnisse beschränken. Vielmehr weisen sie auch antikapitalistische und antiimperialistische Elemente auf. Dies ist laut Ellner die dritte Strategie derzeitiger Linkspolitik. Wegen ihres Charakters als antisystemische Oppositionsbewegungen, die an den dringendsten sozialen Bedürfnissen ihrer Anhängerschaft ansetzen, stehen für sie wirkliche oder vermeintliche makroökonomische Sachzwänge nicht im Zentrum ihrer Politik. Die meisten dieser Bewegungen formieren sich zur Abwehr weiterer Zumutungen. Sie sind gegen die Privatisierung von Strom, Wasser, Bildung, Gesundheitsvorsorge etc. Häufig regional verankert, vereinen sie in breiten Bündnissen Marginalisierte, formell Beschäftigte und Mittelschichten bis hin zu örtlichen Kleinunternehmern alle wichtigen Kräfte, um den Ausverkauf öffentlicher Dienstleitungen oder Unternehmen wie des staatlichen Erdölkonzerns PEMEX zu verhindern. Diese Bewegungen entstehen oft lokal, bieten Möglichkeiten sozialer Einigung und kollektiver Aktion, können sich radikalisieren und als Widerstandspotential gegen Privatisierung territorial und politisch ausweiten. Gewerkschaften und betroffene Bürgerschaft entwickelten den Protest vorbei an bestehenden Parteien und bauten ihn mitunter zu einer Vetomacht aus. In einigen Fällen wie der mexikanischen Anti-Privatisierungs-Bewegung um die Gewerkschaft der Elektrizitätsarbeiter SME konnten sie Teilerfolge erzielen. Mehrfach bildeten diese Bewegungen das Rückgrat für den Sturz liberalkonservativer Präsidenten bzw. die Wählerinnenbasis für Oppositionskandidaten. In Bolivien schälte sich in einem Zeitraum von fünf Jahren aus einer Anti-Privatisierungsbewegung eine offensive Stoßrichtung in Richtung Re-Nationalisierung der Gasvorkommen heraus, die schließlich Evo Morales ins Präsidentenamt trug. In Mexiko setzt Andrés Manuel López Obrador vermutlich auf einen ähnlichen Effekt. So gesehen wäre sein Engagement zur Abwehr der PEMEX-Privatisierung nur ein Teil einer längerfristigen Strategie.

Einige antisystemische Bewegungen sprechen sich – wieder – offen für ein System mit sozialistischem Charakter aus. Eine besondere Variante einer antisystemischen, ländlich-indianischen Bewegung stellen die Zapatisten und die von ihnen gegründete »Andere Kampagne« *(La Otra)* dar. Ihre Orientierung auf Verweigerung an der Teilhabe institutioneller Macht, ihr Antiparlamentarismus und ihre Parteienfeindlichkeit, die vor dem Hintergrund der korrupten mexikanischen Politik zu sehen sind, verleihen ihnen einen Nimbus von Prinzipientreue und moralischer Unangreifbarkeit, welche der internationalen Kritik an der neoliberalen Globalisierung Impulse verlieh. Programmatisch antikapitalistische Organisationen gibt es in Mexiko wie auch in Lateinamerika derzeit vor allem in Form diverser sozialistischer und kommunistischer Kleinstparteien mit geringem gesamtgesellschaftlichem Einfluss. Im Falle Mexikos kommt dazu, dass in den letzten Jahren wieder vermehrt antisystemische Guerillabewegungen Präsenz zeigen und sich als Akteur aus dem Untergrund zu Wort melden.

## Die Linke im Plural: Das Beispiel Mexiko

Die Debatte über die Linke leidet darunter, dass häufig nur ein ganz spezielles Spektrum betrachtet wird. Im zweiten Schritt werden dann Verallgemeinerungen vorgenommen, die weder anderen Strömungen noch dem komplizierten Beziehungsgeflecht untereinander gerecht werden und die einer kritischen Prüfung deshalb nicht standhalten können. Im Falle Mexikos heißt das, dass hierzulande in allererster Linie der Zapatismus und die Andere Kampagne Beachtung finden, weit weniger die Rebellion in Oaxaca oder andere soziale Bewegungen, die der Linken zuzuordnen sind. Die institutionelle Linke um die linkszentristische PRD fungiert in dieser Sichtweise höchstens als negative Folie. Wichtige Organisationen der sozialen Linken wie die Nationale Demokratische Konvention, der Nationale Dialog sowie die in diesem Umfeld entstandenen Initiativen und Mobilisierungen, die etwa im Fall der Kampagne gegen die Privatisierung der

PEMEX der konservativen Regierung Calderón eine Menge Sand ins neoliberale Getriebe schütteten, wurden, da sich Zapatismus und La Otra abseits hielten, kaum diskutiert. Dass die bewaffneten Untergrundbewegungen seit Mitte/Ende 2006 ihre politische Marginalisierung hinter sich lassen konnten und spätestens seit den Attacken auf PEMEX-Einrichtungen im Jahr 2007 auch von den Massenmedien wieder als ernstzunehmender Akteur wahrgenommen werden, wurde offenbar übersehen.

Der Ansatz dieser Untersuchung besteht darin, ohne vorherige politisch motivierte Ausgrenzung alle genannten Strömungen in den Blick zu nehmen: den gemäßigten, parlamentarisch-institutionellen Flügel unter der Führung der PRD, die soziale Linke mit ihren vielfältigen Bewegungen, Organisationen, Verbänden und Gewerkschaften, die zapatistische Andere Kampagne und die revolutionären Untergrundbewegungen. Ihre inneren Logiken, ihre Mobilisierungsmöglichkeiten, ihre programmatischen Vorstellungen, ihre politischen wie praktischen Grenzen und auch ihr Mit- und Gegeneinander. Besonderes Augenmerk ist dabei auf die Widersprüchlichkeiten und Ambivalenzen innerhalb und zwischen den einzelnen Akteuren und Bündnissen zu legen. Nur so kann man sich den mitunter überraschenden Dynamiken und dem vorhandenen bzw. fehlenden Potential annähern, das diese Strömungen in sich bergen. Nur in der Zusammenschau der verschiedenen Kräfte, Strömungen, Parteien, Bewegungen und Organisationen kann ein annähernd realistisches Bild der Konflikte zwischen dem sich in autoritäre Richtung radikalisierenden neoliberalen Block um das Regierungsbündnis PAN/PRI einerseits und einer zunehmend breiter und massiver vorgetragenen Kritik am Neoliberalismus und seinen Erfüllungsgehilfen andererseits entstehen. Dabei ist für die Kritik am neoliberalen und zunehmend repressiveren Status quo meiner Ansicht nach kennzeichnend, dass sie sich aus den unterschiedlichsten Quellen speist und in aller Regel zunächst hinter realpolitischen Forderungen wie etwa in Oaxaca (Rücktritt des Gouverneurs) oder im Bund (gegen den Wahlbetrug; gegen die Privatisierung des staatlichen Ölkonzerns PEMEX) bündelt und organisiert. Explizit und implizit wird eine Abkehr vom neoliberalen Kurs verlangt. Außer der von López Obrador offenbar favorisierten Neuauflage des »revolutionären Nationalismus« unter Bedingungen der Globalisierung gibt es jedoch keine ausgearbeiteten positiven Vorschläge. Es fehlt bislang auch eine einigende organisatorische Klammer, ein politisches Instrument, das die vielfältigen anti-neoliberalen Kräfte bündeln könnte. Die Soziologin María José Rodríguez Rejas kommt in ihrem anregenden Aufsatz »La construcción de alternativas políticas en México« (2008) zu dem Schluss, dass die parlamentarische Linke diese Aufgabe nicht wahrnehmen kann, weil es erstens wenig wahrscheinlich ist, »dass die Legalität respektiert wird, wenn sie Schritte in Richtung eines politischen

Wandels unternimmt«. Ein zweites Problem seien die weitreichenden Zugeständnisse von López Obrador an die Unternehmerschaft und ein drittes die Tatsache, dass von der institutionellen Linken eine reale Partizipation der Anhängerschaft, obwohl vielfach gefordert, nicht ermöglicht wurde. So bleibe es die Aufgabe der popularen Organisationen, die Linke neu zu denken und zu definieren, um so die bisherige Phase des organisatorischen Spontaneismus hinter sich zu lassen und allen, die anderswo keine geeignete Möglichkeit der Partizipation finden, eine organisatorische Plattform zu bieten. Der deutlich gewachsenen Mobilisierungskapazität müsse eine höhere Organisationskapazität folgen. Von dieser Grundlage aus könne dann gesellschaftliche Gegenmacht aufgebaut werden, so María José Rodríguez. Denkt man diese Einschätzung weiter, so ist es weniger ihre aktuelle Stärke und Verfasstheit als vielmehr die Bewegung gewordene Potentialität dieser Mobilisierungs- und Organisierungsprozesse, die den politisch und ökonomisch Mächtigen Sorgen macht.

In der vorliegenden Arbeit sollen im ersten Teil unter dem Titel »Steckengebliebener Modellwechsel« die politischen, sozialen und ökonomischen Rahmenbedingungen für alle Varianten linker Politik analysiert werden. Einleitend wird kurz der Weg vom PRI-Staatsparteiensystem zur parlamentarischen Demokratie zusammengefasst und die erste Post-PRI-Regierung von Vicente Fox mit ihrem »Wechsel ohne Wandel« resümiert. Die Parlaments- und Präsidentschaftswahlen vom Juli 2006 werden in einem eigenen Punkt ausführlich behandelt, weil ihr Verlauf und Ergebnis eine Zäsur darstellen. Daran schließt sich eine erste Zwischenbilanz der aktuell amtierenden zweiten PAN-Regierung unter Felipe Calderón an mit ihrer zweifachen Radikalisierung in Richtung mehr Markt und mehr Repression.

Den Hauptteil der Untersuchung bildet der zweite Teil »Anti-neoliberaler Widerstand und politische Alternativen«. Hier soll dargestellt werden, wie sich die verschiedenen politischen Ansätze vor dem Hintergrund der gegebenen Rahmenbedingungen positionieren und wie sie versuchen Kräfte zu sammeln für ein Projekt nach dem Neoliberalismus. Dabei wird im ersten Kapitel ein Kaleidoskop von Bewegungen, Organisationen und Parteien vorgestellt, die auf unterschiedliche Art und Weise breite Bevölkerungssegmente für ihre Anliegen mobilisieren können. Das zweite Kapitel ist dem in vielerlei Hinsicht originellen Ansatz der Zapatisten vorbehalten und im dritten Kapitel werden die drei Haupttendenzen der mexikanischen Guerillabewegungen nachgezeichnet.

Ein kurzer Ausblick soll die Darstellung abrunden.

# Teil I: Steckengebliebener Modellwechsel

## 1. Vom Staatsparteiensystem zur antipopularen Demokratie

Mit der historischen Wahlniederlage der »Partei der Institutionellen Revolution« (PRI) im Juli 2000 schien für viele Beobachter der politische und ökonomische Sonderweg beendet, der mit der Mexikanischen Revolution begonnen hatte. In der nachrevolutionären Phase hatte sich ein für lateinamerikanische Verhältnisse ungewöhnlich stabiles Institutionengefüge herausgebildet, in dem der nur eine Periode amtierende Präsident, der danach als Privatmann in der Versenkung verschwand, die Staatspartei PRI sowie an die PRI gebundene gesellschaftliche Verbände wie Gewerkschaften und Bauernvereinigungen im Zentrum standen. Diese Institutionen leiteten ihre Legitimität nicht in erster Linie aus Wahlen ab, sondern präsentierten sich vielmehr als Verkörperung des »revolutionären Mythos« und der postrevolutionären Verfassung von 1917 (Loaeza, 2008). Die alle sechs Jahre stattfindenden Präsidentschaftswahlen, bei denen der PRI-Mann bis Anfang der 1980er Jahre über 70% der Stimmen holte, hatten in erster Linie die Funktion ex post die innerparteiliche Kandidatenentscheidung der PRI, den Fingerzeig, abzusegnen. Das ebenfalls gewählte Parlament mit seiner »ergebenen Opposition« um die PRI-Satellitenparteien nickte die Entscheidungen ab, die von der Exekutive vorgegeben wurden. Politische Stabilität unter Vorherrschaft der Staatspartei, dauerhafte und hohe Wachstumsraten von 6,5%, steigende Pro-Kopf-Einkommen von durchschnittlich 3,5% jährlich sowie ein allgegenwärtiger, planender und intervenierender Umverteilungsstaat hatten die Entstehung einer Mittelschicht begünstigt und in breiten Bevölkerungsschichten einen passiven Konsens erzeugt. Dieser diente als Grundlage für das mexikanische Wirtschaftswunder, das *milagro mexicano*. Um die damit einhergehende »beispielhafte Stabilität« (Rodríguez Rejas, 2008: 5) wurde Mexiko in Lateinamerika beneidet. Selbst in der Blütephase des »revolutionären Nationalismus« mexikanischer Prägung wurden jedoch relevante Teile der Unterklassen von den sozialen Transfers kaum erreicht, beispielsweise die Indígenas oder städtische Elendsviertelbewohner. Erste Krisenerscheinungen zu Beginn der 1970er Jahre konnten mit steigenden Erdölpreisen und den dadurch sprudelnden Exporteinnahmen im Verlauf der mehrjährigen Erdölbonanza ab 1973 kaschiert werden. Mit dem Ausbruch der Schuldenkrise 1982 endete die Erfolgsgeschichte des staatszentrierten und binnenmarktorientierten mexikanischen Enwicklungsmodells abrupt.

Nach einer Phase der Neuorientierung schwenkte das Land unter Präsident Miguel de la Madrid (1982 – 1988) auf einen neoliberalen Kurs um, der von seinen Parteifreunden und Amtsnachfolgern Carlos Salinas de Gortari (1988 – 1994) und Ernesto Zedillo (1994 – 2000) fortgeführt und vertieft wurde. Diese drei PRI-Präsidenten bauten auch das institutionelle Gefüge so um, dass nicht mehr die möglichst umfassende Inklusion der Unterklassen, sondern die Exklusion immer größerer Teile davon bewerkstelligt werden konnte. Mit diesem sozialpolitischen Paradigmenwechsel musste auch ein Wandel der gesellschaftlichen und politischen Normen und Kontrollmechanismen einhergehen. Der traditionelle, auf gesellschaftliche Kollektive zielende autoritär-paternalistische Stil wurde ergänzt, überlagert und teilweise abgelöst von autoritär-sicherheitsstaatlichen Mechanismen (Rivadeo, 2003: 310). Mit Ausnahme des Sexenniums unter Carlos Salinas de Gortari, der zu Beginn der 1990er Jahre unter seiner Präsidentschaft mit dem Sozialprogramm PRONASOL mit gewissem Erfolg versuchte, an den alten korporatistischen Strukturen vorbei eine neue, individualisierte Form des Tausches von sozialen Gratifikationen gegen politische Gefügigkeit zu verwirklichen (Boris, 1996: 75ff.), fehlte bei allen anderen neoliberalen Präsidenten ein in sich schlüssiges Konzept zur umfassenden sozialen Flankierung ihrer Politik. Zunehmende soziale Unrast in den Unter- und Teilen der Mittelklassen war die logische Folge. Der politische Bezugsrahmen zwischen der Minderheit von Globalsierungsgewinnern und der großen Mehrheit von Verlierern klafft seither weit auseinander. Die unterschiedlichen Bevölkerungsgruppen leben nicht nur in nicht vergleichbaren sozialen Welten. Auch ihre kulturellen und politischen Referenzsysteme sind nicht mehr dieselben. Die alten korporatistischen Vermittlungs- und Integrationsinstanzen, allen voran die Partei der Institutionelle Revolution (PRI), können seit der neoliberalen Wende Mitte der 1980er Jahre ihre historische Funktion als einigende Klammer nicht mehr ausüben. Verstärkter Partikularismus, Regionalismus, soziale Desintegration und zentrifugale Tendenzen im politischen System sind die Folge.

Die politische Herrschaft unter der PRI war nach Boris (1996: 11) geprägt von einem »Doppelverhältnis von Mobilisierung und Manipulation, von partieller Partizipation und gelegentlicher Repression«. Die Mittel der Einbindung variierten je nach Lage: »Kooptation, Bestechung, partielle Konzession und Zwang« oder mehrere Methoden gleichzeitig kamen zur Anwendung. Korporatistische und klientelistische Mechanismen prägten Politik, Wirtschaft, Kultur und Alltag. Tendenziell wurden alle gesellschaftlichen Bereiche und Gruppen einbezogen, weshalb diese Herrschaftsform auch als »inklusiver Korporatismus« (A. Stepan, zitiert nach Boris, 1996: 11) bezeichnet wird. »Der Korporatismus und die Kooptation waren nicht nur Achsen der Herrschaft, sondern die charakteristischen

Besonderheiten der populistischen Dominanz. Der Korporatismus bedeutete, dass alle sozialen Sektoren vom Staat und von der Einheitspartei aus organisiert wurden«, präzisierte Rodríguez Rejas (2008: 5). Von bundesweiten Organisationen bis zum letzten verlassenen Dorf verfügte der Staat auf diese Art und Weise über verlässliche Institutionen und treue Vasallen. Über diese Strukturen operierte auch ein Überwachungsapparat, der dissidente Forderungen und Gruppierungen detektierte und kontrollierte. Die Verfügung über die öffentlichen Haushalte war das Schlüsselelement für das Funktieren des Korporatismus. Die eng damit verknüpfte Kooptation basierte auf der Vergabe von Pfründen für Eliten bzw. abgestufter sozialer Gratifikationen für die Unterklassen. So wurde die Ausübung politischer Macht von endemischer Korruption begleitet. Wichtig zur Absicherung dieser Machtmechanismen war und ist die Straflosigkeit für jede Art von Vergehen und Verbrechen. Die politisierte, korrupte und inkompetente Justiz konnte gegenüber der dominanten Exekutive zu keinem Zeitpunkt eine reale Unabhängigkeit erlangen. Die fortwährende Garantie der Straflosigkeit, die nur von den jeweils Amtierenden abgesichert werden kann, band auch aus dem Amt geschiedene Funktionäre und Politiker weiter an das System. Dies selbst dann, wenn sie in Ungnade gefallen waren und keine unmittelbaren Vorteile mehr erwarten konnten. Der von mexikanischen Politikern tagtäglich gebrauchte Ausdruck, man werde eine Angelegenheit gemäß den Gesetzen regeln, ist in diesem Zusammenhang als Drohung mit der Willkür der Exekutive zu übersetzen, die sich hinter vermeintlich neutralen und allgemeingültigen juristischen Normen und einer hörigen Justiz verbirgt.

Die Kontrolle der Massenmedien schirmte die PRI-Herrschaft jahrzehntelang gegenüber Kritik ab. Massenmedien reproduzierten wie die Schule oder andere Sozialisationsinstanzen die herrschende Ideologie. Zu dieser herrschenden Ideologie gehörte die systematische Abwertung oppositioneller politischer Betätigung. Im harmloseren Fall wurde sie als sinn- und aussichtslose Beschäftigung von Faulpelzen und Stänkerern abgewertet. Gefährlicher für die Beteiligten wurde es, wenn sie als subversive Aktion von Aufrührern präsentiert wurde. Denn in diesem Fall habe der Staat nicht nur das Recht, sondern sogar die Pflicht, von seinen Machtmitteln Gebrauch zu machen, um oppositionelle Aktionen abzuwehren und Recht und Gesetz wieder zur Geltung zu verhelfen. Abzuweichen von den offiziellen Kanälen und Mechanismen war zumindest in sozialer und ökonomischer Hinsicht nachteilig. Demgegenüber stellte die herrschende Ideologie als Ausweg eine individuelle Verhandlungslösung mit der Macht dar. Im Alltagsbewusstsein schlägt sich das daraus resultierende Ohnmachtsgefühl in der häufig gebrauchten Phrase »ni modo«, was soll's, nieder. Reichten Klientelismus, Kooptierung, Frustration und Fragmentierung der Gegner nicht aus, um oppositionelle Kräfte zu desartikulieren, blieb die selektive und massive Repression als letzter Rekurs, um die priistische Regierbarkeit zu gewährleisten.

Unter diesen Bedingungen, auf die der Schriftsteller Mario Vargas Llosa anspielte, als er von einer »perfekten Diktatur« sprach, hatte es jedwede Opposition jahrzehntelang schwer, in der Bevölkerung Fuß zu fassen. Die linke Systemopposition, die es in Form von Streikbewegungen, isolierten Campesinoaufständen und kleinen Organisationen gab, konnte sich erst im Gefolge von 1968 aus ihrer strukturellen Marginalität befreien. Denn die Studentenbewegung brachte eine wesentliche Stütze des Regimes zum Einsturz: die politische Apathie und die auf Entpolitisierung der Gesellschaft gründende staatliche Autorität. Die mexikanischen 1968er brachten das Prinzip Partizipation in die Gesellschaft ein. Beruhte die politische Stabilität vor 1968 auf Nicht-Partizipation, so musste das politische Gleichgewicht danach mit Hilfe von entsprechend kanalisierter Partizipation neu austariert werden, argumentiert Soledad Loaeza (2008). Die »Fähigkeit der PRI-Eliten jeweils eine rechtzeitige und austarierte Kombination von Wandel und Beharrung, von Konzessionen und Repressionen, von Inklusion und Exklusion zu finden« (Boris/Sterr, 2002: 21) sowie die popular-paternalistische und sozialstaatliche Ausrichtung der staatlichen Politik hatten bis dahin die Spielräume für eine Politik links von der offiziellen Linie des »revolutionären Nationalismus« minimiert. Hinzu kamen weitere Hemmschuhe: Die moskauorientierte kommunistische Partei (PCM), die Größte unter den Kleinen, die vor allem an Universitäten und unter Intellektuellen über einen gewissen Einfluss verfügte, suchte – mit wechselndem Erfolg – immer wieder das Gespräch mit dem PRI-Regime, um einen Platz am Katzentisch der Macht zu ergattern. Die moskauorientierte KP war alles andere als eine konsequente Kritikerin des mexikanischen Staatsparteiensystems. Linke Abspaltungen davon oder trotzkistische Miniparteien, die mit der PCM und ihrer Nachfolgerin PSUM im Dauerclinch lagen, kamen über punktuelle Teilerfolge oder lokale Bedeutung nicht hinaus. Guerillagruppen, die sich in einigen Fällen mit ländlichen Aufstandspotentialen verbunden hatten, wurden militärisch niedergeschlagen, ohne dass dies international groß zur Kenntnis genommen worden wäre. Denn Kuba, der wichtigste Verbündete dieser Tendenzen in den anderen Ländern Lateinamerikas, ließ die mexikanischen Aufstandsbewegungen allein, um die besondere Beziehung zur Regierung nicht zu gefährden. Erst mit dem »Massaker von Tlaltelolco« an mehreren hundert Studentinnen und Studenten im Oktober 1968 sowie den Repressionswellen in den Folgejahren wurden tiefe Risse in der Architektur der Herrschaft sichtbar. Die mexikanischen 68er, besonders die Intellektuellen, spielten, wie Martha Zapata Galindo (2006) zeigt, eine bedeutende wenn auch mitunter ambivalente Rolle für die beginnende Demokratisierung. Dabei waren sie nicht immer nur konsequente PRI-Gegner, so

Matha Zapata Galindo. Dies hat nicht zuletzt damit zu tun, dass der Staat (potentieller) Arbeitgeber dieser kritischen Mittelschichten war und ist und dass dieser bis in die 1970er und 80er Jahre hinein eine im lateinamerikanischen Vergleich außergewöhnliche Anpassungsfähigkeit zeigte, wenn es darum ging Kritiker zu integrieren, zu kooptieren oder, falls nötig, gezielt zum Schweigen zu bringen. Das oberste Ziel blieb indessen immer gleich: Machterhalt für die PRI.

Die Klerikalkonservativen, ökonomisch vom Staat unabhängige Mittelschichten und ein Teil der Unternehmerschaft bündelten sich in der rechtsoppositionellen »Nationalen Aktionspartei« (PAN). Auch diese konnte jahrzehntelang ihren Status als machtferne Minderheit nicht abschütteln. In innenpolitischen Schlüsselsituationen wie etwa anlässlich der blutigen Niederschlagung der Studentenbewegung 1968 oder in der Zeit des »schmutzigen Krieges« in den 1970er und 80er Jahren trug die PAN immer die Politik der Staatspartei PRI aktiv mit oder sie duldete sie zumindest schweigend.

Die Demokratisierung von Gesellschaft und politischem System wurde nicht in erster Linie durch die politischen Parteien, sondern durch zwei sozialstrukturelle Entwicklungstendenzen besonders gefördert. Erstens durch die Differenzierung der Sozialstruktur und hier besonders durch die Herausbildung einer heterogenen städtischen Mittelschicht mit ihren Interessensorganisationen und Verbänden. Zweitens durch die binnenstaatliche Migration in urbane Zentren und in ihrem Gefolge die Herausbildung von Ansätzen unabhängiger, städtischer sozialer Bewegungen. Mittelschichtverbände und Unterschichtbewegungen hatten einen gemeinsamen Nenner: die Abneigung, sich von der PRI weiter bevormunden zu lassen. Diese beiden Tendenzen übten, mitunter verstärkt von ländlichen Reformbewegungen, dauerhaft Druck in Richtung Demokratisierung des politischen Systems aus. In sozioökonomischer Hinsicht standen die PRI-Gegner indessen seit jeher an einander entgegengesetzten Polen. Während die unabhängigen Mittelschichten und Unternehmer in der PAN größere Spielräume für Privatinitiative und Kapital wollten, verlangten die Unterschichtbewegungen neben Demokratie zusätzliche staatliche Sozialleistungen. Diverse Wahlrechtsreformen mit sukzessiver Ausweitung der parlamentarischen Präsenz von PRI-unabhängigen Parteien, vermehrte Meinungsfreiheit in den Printmedien und sich immer wieder neu formierende Koalitionen unabhängiger sozialer Bewegungen waren Ergebnisse des schrittweisen und von der PRI kontrollierten Öffnungsprozesses in den 1970er und 1980er Jahren. Seither wurde die Nationale Aktionspartei (PAN) langsam stärker und konnte ihren Einflussbereich über ihren katholisch-konservativen Kern hinaus ausdehnen, ohne ihre Hochburgen im Norden einzubüßen.

Zu einem qualitativen Sprung in Sachen Demokratisierung kam es 1988, als sich die corriente democrática in der PRI offen weigerte, den wirtschafts- und sozialpolitischen Kurs der neoliberalen Technokraten weiter mitzutragen, die sich der PRI-Führung bemächtigt hatten. Die neoliberal gewendete PRI-Zentrale hebelte essentielle Bestandteile des korporatistischen Gesellschaftspaktes aus. Sie setzte eine massive soziale Schlechterstellung der Unter- und Mittelklassen in Gang mit dem Ziel der Haushaltskonsolidierung zu Gunsten der Kapitaleigner im In- und Ausland. Die korrupten Dinosaurier an der Spitze der priistischen Gewerkschaften und Campesinoverbände trugen diesen Kurswechsel mit, obwohl er ihre Klientel substantiell benachteiligte. In der zweiten Hälfte der 1980er Jahre kam es aus diesem Grund innerhalb der PRI zu Spannungen und heftigen Richtungskämpfen. Unter ihrem Anführer Cuauhtémoc Cárdenas scherte die dem traditionellen Umverteilungsmodell zugeneigte Demokratische Strömung aus der Staatspartei aus, stellte sich an die Spitze einer heterogenen Anti-PRI-Koalition und konnte bei den Präsidentschaftswahlen erstmals den PRI-Kandidaten ernsthaft herausfordern. Ein massiver Wahlbetrug sicherte dem PRI-Kandidaten Carlos Salinas de Gortari zwar das Präsidentenamt, schwächte jedoch die bis dahin noch weitgehend intakten korporatistischen Integrationsmechanismen nachhaltig.

In den Folgejahren musste die PRI zuerst in einigen nördlichen Bundesstaaten Wahlerfolge von PAN-Gouverneuren akzeptieren, später in südlichen Kommunen und Bundesstaaten von Mitte-Links-Kandidaten. Der Wahlerfolg der PRD in Mexiko-Stadt 1997 und die Unabhängigkeit der Wahlbehörde IFE von der Regierung waren weitere Meilensteine. Es bildete sich ein parlamentarisches System mit drei dominierenden Parteien heraus: einer konservativ-neoliberalen (PAN) mit Schwerpunkt im wirtschaftlich dynamischen Norden, einer zentristischen, autoritären und neoliberalen (PRI) mit starker Präsenz im ganzen Land sowie einer in sich gespaltenen, deutlich kleineren Mitte-Links-Partei (PRD) mit Bastionen in der Hauptstadt und im Süden. Dieses Dreiparteiensystem, das von einigen nicht sehr bedeutenden Kleinparteien ergänzt wird, löste das jahrzehntelang intakte Staatsparteiensystem mit einer dominanten PRI, unbedeutenden Sattelitenparteien und einer ergebenen Opposition ab. Seit Mitte der 1990er Jahre verteilen sich die politischen Ämter auf die drei großen Parteien, wobei sich zuerst in einzelnen Bundesländern und ab 2000 auch im Bund die Regierungsparteien abwechselten. Diese Möglichkeit des Wechsels der Regierungspartei, in Mexiko *alternancia* genannt, ist der Kern der demokratischen Öffnung des politischen Systems. Sie schuf ein neues, fragiles Gleichgewicht zwischen den drei großen Parteien und verlieh der staatlichen Institutionalität vorübergehend einen Legitimitätsschub. Die vorher in der PRI-Parteispitze und der Exekutive konzentrierte politische Macht wurde neu verteilt. Während der Präsident Macht einbüßte, gewannen die Legislative, die Gouverneure der Bundesstaaten sowie die Bürgermeister großer Kommunen an Bedeutung. Trotz Alternancia wurde der eingeschlagene neoliberale Kurs bruchlos fortgeführt. Die Alternancia war nicht gleichbedeutend mit einer erweiterten demokratischen Mitwirkung (Inklusion) der Staatsbürgerinnen und -bürger in politischen Institutionen. Vielmehr trug sie zur faktischen Ausschließung (Exklusion) anderer Akteure als der Parteien aus der politischen Arena bei, sprich sozialer Bewegungen und ihrer Anliegen. Die neue, postkorporatistische Stabilität, die bis etwa 2005 anhielt, war »nicht das Ergebnis einer Debatte oder klarer Regeln für den politischen Wettbewerb. Vielmehr resultiert sie aus dauernden Anpassungen an die Umstände und einer permanenten Flucht nach vorne«, kommentierte Gustavo Gordillo (*La Jornada,* 17.5.2008). Die Demokratisierung erschöpfte sich weitgehend in der Stimmabgabe bei Wahlen. Aber selbst die Wahlen waren in vielen Fällen heftig umstritten, weil beim Prozedere essentielle Grundregeln verletzt wurden und eine oder mehrere Seiten von Wahlbetrug sprachen. Andere konstitutive Elemente einer parlamentarischen Demokratie westlichen Musters wie bürgerliche Freiheiten, Pressefreiheit oder die Unabhängigkeit der Justiz sind stark eingeschränkt, deformiert oder fehlen gänzlich. Dazu kommen massive Menschenrechtsverletzungen von Seiten staatlicher Organe und deren systematische Straflosigkeit. Als neues Element kommt die systematische illegale Gewaltanwendung durch paramilitärische Gruppen hinzu. Wie intensiv, wie weit und wie flächendeckend diese aus den Kellergewölben der Staatsmacht, etwa durch die Militärgeheimdienste, aufgebaut und gesteuert werden, müssen zukünftige Untersuchungen zeigen. Hinweise für die Existenz und das Handeln von Paramilitärs gibt es aus mehreren Bundesstaaten. Wie ihre Pendants in anderen Ländern Lateinamerikas erledigen sie die blutige Schmutzarbeit, mit der ein sich demokratisch nennender Staat offiziell nicht in Zusammenhang gebracht werden will. Es sind, wie im Fall der Guardia blanca in Oaxaca, vorwiegend diese schwerbewaffneten Unbekannten in Zivilkleidung, die soziale Aktivisten töten und die zivile Unterstützungsbasis linker Bewegungen terrorisieren. Immer wieder, wie zuletzt in Oaxaca, zeigte sich, dass es sich dabei um Angehörige von Militär- und Polizeieinheiten handelte, die von engen Vertrauten des Gouverneurs befehligt wurden (*Milenio,* 30.4.2008).

Der von den PRI-Technokraten implementierte Neoliberalismus änderte das in Jahrzehnten von der PRI aufgebaute Herrschaftssystem also grundlegend. »Er strukturierte die Machtbeziehungen unter einer offen konservativen Perspektive neu«, so Rodríguez Rejas (2008: 8). Um die Kapitalverwertung ohne Grenze nach oben zu ermöglichen, wurde das Modell einer vom Staat gelenkten Industrieproduktion für den Binnenmarkt ersetzt durch die Produktion für den Weltmarkt unter Vorherrschaft des Finanzsektors. Es handelt sich vor allem um die Herstellung von Primärprodukten sowie Lohnveredelungsindustrien, die *maquiladoras.* Mittels Strukturanpassungsmaßnahmen wurden die Sozialhaushalte für Erziehung, Gesundheitswesen, Renten und Wohnungsbau gekürzt und öffentliche Unternehmen wie etwa das staatliche Telekommunikationsunternehmen TELMEX in Privathände überführt. Makroökonomische Indizes wie Inflation und Handelsbilanzdefizit wurden kontrolliert. Der Staat zog sich aus ökonomischen Aktivitäten zurück und liquidierte mehrere hundert Staatsbetriebe. Die Mindestlöhne schrumpften auf ein Minimalniveau, das kaum noch das Überleben ermöglicht. Der sozialen Polarisierung und der Konzentration des Reichtums entspricht als Äquivalent die Konzentration der Macht in Form eines Elitenpaktes zwischen PAN und PRI-Technokraten. Diese stimmen ihre Politik in Form einer »antipopularen Demokratie« ab (Prodríguez Rejas, 2008: 7). Der Neoliberalismus als sozioökonomische Grundlage des Übergangs gilt stillschweigend zumindest für die Führungszirkel der drei großen Parlamentsparteien als verbindliche Leitlinie. Dass der politische Übergang von einem auf sozialen Ausgleich setzenden, autoritären Staatsparteiensystem zu einer sozial extrem polarisierten antipopularen Demokratie ab Mitte der 1990er Jahre in einem mehrjährigen Übergangsprozess ohne größere Brüche vonstatten ging, wurde im In- und Ausland als Erfolg begrüßt. Der hohe Blutzoll mit etwa 600 getöteten Mitgliedern, den die PRD in ihrem Kampf gegen die PRI-Dominanz insbesondere im Bundesstaat Guerrero zu entrichten hatte, wird damit zur Fußnote einer insgesamt erfolgreichen Transition bagatellisiert.

Die vom traditionellen »inklusiven Korporatismus« geschaffenen Institutionen, Regional- und Sozialprogramme wurden ausgeblutet oder zerstört wie das staatliche Pensionssystem ISSSTE, weil sie für die neue Politik nicht funktional sind. Ausgleichende Mechanismen zwischen reichen und armen Regionen oder zwischen Kapital und Arbeit wurden vor allem in der Privatwirtschaft ausgehebelt und durch autoritäre Vorgaben von Seiten des Kapitals ersetzt. Die Entdemokratisierung liberal-demokratischer Institutionen werde durch »eine Politik der vollendeten Tatsachen erzwungen«. Sie stütze sich dabei hauptsächlich auf die provozierte Entleerung, Ineffizienz und damit herbeigeführte Bedeutungslosigkeit der Institutionen, schreibt Ana Maria Rivaedo (2003: 310). Die staatlichen Institutionen regeln heute vielfach nicht die Angelegenheiten, für die sie eigentlich aufgebaut wurden. Persönliche Netzwerke, Einzel- und Gruppenbeziehungen zwischen staatlichen Akteuren und Unternehmensgruppen treten an deren Stelle. Konzessionen, Gesetzesreformen, Privatisierungen oder die Verwandlung privater Schulden in öffentliche werden nicht in den entsprechend dafür vorgesehenen staatlichen Institutionen geregelt. Ob es sich um den FOBAPROA-Fonds handelt, mit dem die privaten Bankpleiten mit Staatsgeldern beglichen werden, oder die Rettung der Zuckermühlen, touristische Zonen in Cancún oder die Bewältigung der Folgen des Hurrikans Katarina in Südmexiko, in all den genannten Fällen werden immense öffentliche Mittel von ad hoc ernannten Komitees oder Ausschüssen eingesetzt, von denen vieles versickert, ohne dass die Justiz je irgendeinen Fall geklärt hätte. »Unter der Herrschaft des Neoliberalismus explodiert die Korruption und hebt sie auf ein extremes Niveau.« In diesem Fall werde ein alter Herrschaftsmechanismus nicht zerstört, sondern als »komplementäres Element integriert« fasst Rodríguez Rejas (2008: 9) zusammen. Mehr noch: Eine autoritäre Politik, korrupte Behörden und monopolistische Netzwerke »arbeiten in vielen Fällen auch mit dem organisierten Verbrechen zusammen. Sie weisen strukturelle Tendenzen auf, die Grundlagen des Gesetzes und des Rechtsstaates systematisch zu missbrauchen« (Hernández Navarro/López y Rivas, 2007: 267).

Es wäre hinzuzufügen, dass diese Erfahrungen in Mexiko sich mit denen in Peru unter Präsident Fujimori oder in Argentinien unter Präsident Menem decken. Auch in diesen Fällen gingen die neoliberale Wirtschaftspolitik, autoritäre Staatsführung, heuchlerische neopopulistische Diskurse und knallharte Gewalt gegen Dissidenten eine enge Verbindung ein. Wie in den »erfolgreichen« Jahren des Neopopulismus in Argentinien und Peru handelt es sich bei den Privatisierungen öffentlicher Unternehmen in Mexiko um einen durch und durch mafiotischen Prozess, in dem die Nähe zur Macht entscheidend ist und nicht betriebswirtschaftliche oder unternehmerische Argumente. In engen politischen Zirkeln wird entschieden, wer welche Schnäppchen machen kann. Dass diese Möglichkeit eine gewisse Provision kostet, versteht sich. Wie in den frühen 1990er Jahren in Argentinien und Peru finden auch heute in Mexiko unter den PAN-Präsidenten weder die in- oder ausländischen Massenmedien noch die internationalen Verbündeten grundsätzlich etwas an den Sachwaltern des Neoliberalismus zu kritisieren. Aushöhlung der Institutionen, Korruption, Drogenhandel, Menschenrechtsverletzungen und Kriminalisierung dissidenter Bewegungen hin oder her. Die Kritik wird erst dann laut, wenn diese Regimes sich unfähig zeigen, aufgrund massiver sozialer und politischer Proteste die Regierbarkeit weiter zu gewährleisten. Wenn sie ihre Funktion im Dienste der neoliberalen Globalisierung und des Ausverkaufs ihrer Nationen nicht mehr zuverlässig erfüllen, werden sie, sofern der innenpolitische Druck stark genug ist, vor Gericht gestellt und für Taten belangt, die ihnen Menschenrechtsorganisationen schon jahrelang vorgeworfen haben, ohne dass sich die Justiz je dafür interessiert hätte.

Alle Anstrengungen laufen jedoch dahin, zu vermeiden, dass sich soziale Proteste überhaupt in einem politisch wirksamen Umfang artikulieren können. Es soll unterbunden werden, dass die breite Masse der Benachteiligten selbst aktiv wird und sich für ihre ureigensten Interessen stark macht. Konservative Medienpolitik und Ideologiepolitik sind hierfür, neben der Repression gegen die bereits Organisierten, entscheidend. Die Kontrolle der elektronischen Massenmedien

(TV und kommerzielle Radios) und deren Ausrichtung auf die ausschließliche Befürwortung neoliberaler Maximen sowie das Verschweigen und die systematische Diffamierung national-popularer und linker Gegenbewegungen sind das wichtigste Instrument. Die Nutzung öffentlicher Plätze für Protestaktionen wird verteufelt. Alle wichtigen Oppositionsbewegungen der letzten Jahre wurden von den privaten TV-Kanälen negativ etikettiert: die Streikbewegung an der Nationalen Universität (UNAM) 1999 wurde unter Vandalismusverdacht gestellt; im Fall der lokalen Widerstandsbewegung von Atenco wurde 2006 ein ums andere Mal gezeigt, wie eine Person einen Polizisten schlug, ohne je die vielen von Polizisten geschlagenen, verletzten, gefolterten und vergewaltigten Frauen und Männer aus Atenco zu Wort kommen zu lassen; um den Wahlsieg des Mitte-Links-Bündnisses um Andrés Manuel López Obrador zu verhindern, wurde zuerst eine beispiellose Angstkampagne in Gang gesetzt und ihr Anführer als Diktator in spe verdächtig gemacht; danach wurde die Bewegung gegen den Wahlbetrug im Sommer 2006 für das Verkehrschaos in der Hauptstadt verantwortlich gemacht; seit der Amtsübernahme von Präsident Calderón wird sein Ex-Kontrahent von TV Azteca und Televisa konsequent geschnitten; die Rebellion in Oaxaca wurde im Fernsehen als gewalttätiges Chaos präsentiert.

Anders als in der Staatsparteienära erfolgt die Kontrolle der elektronischen Massenmedien nicht vorwiegend von Seiten der Politik, sondern im Auftrag der Multimillionäre oder gar Milliardäre, die Eigentümer der beiden dominierenden Privat-TV-Sender sowie der meinungsbildenden Kommerzradios wie Radio Formula sind. Deren Inhaber gehören mit zu den größten Gewinnern des Kurswechsels in Richtung Neoliberalismus. Insofern ist es nicht verwunderlich, dass sie ihre privilegierte Position mit Zähnen und Klauen verteidigen. Dies gilt auch nach innen. Unbotmäßigen Journalistinnen wie Carmen Aristegui oder Lidia Cacho, die mit Verweis auf redaktionelle Unabhängigkeit oder Pluralität der Berichterstattung unerwünschte Themen publizierten oder über die national-populare und linke Opposition ausgewogen berichteten, wurde ihre herausgehobene Stellung entzogen. Das elektronische Medienduopol verschweigt und verzerrt in schon absurder Weise die Aktivitäten und Forderungen der anti-neoliberalen Bewegungen, bauscht Aktionen des zivilen Ungehorsams oder Widerstand gegen Polizei- und Militärübergriffe als massive Gewalttaten auf. Immer wieder wird in TV-Sendungen ein härteres Vorgehen des Staates gegen die Opposition verlangt. Unter der demokratischen Kontrollfunktion der Medien gegenüber dem Staatshandeln versteht man eigentlich etwas anders.

Dass die CDU-nahe Konrad-Adenauer-Stiftung neben einigen anderen ausgerechnet Kolumbien und Mexiko als »Kontrapunkt zu den populistischen und zunehmend autoritären weil demokratische Spielregeln außer Kraft setzenden Regierungen« hofiert, stellt die Realität auf den Kopf. Es ist ein Hinweis dafür, dass »sich die Rechte internationalisiert« und sich gegen die anti-neoliberalen Reformregierungen Lateinamerikas positioniert, wie Gómora (2008: 16) richtig feststellt und an mehreren Beispielen akribisch belegt. Aus diesem Grund sei »die Ähnlichkeit der Diskurse und Sichtweisen unter den Rechten Mexikos, Kolumbiens, Spaniens und anderer europäischer Länder kein Zufall.« Tariq Ali (2007: 16f.) wies darauf hin, das ökonomische und politische Konformität von Staaten und Regierungen dafür entscheidend sind, ob sie als »Freund oder Gegner des Washington Consensus« gelten. Sind sie erst einmal als »Freund« identifiziert, so führe ein »Nachrichtenmanagement« dazu, dass »in den meisten Mainstream-Printmedien und Fernsehsendern praktisch identische Kommentare« abgegeben werden. Die Stellungnahmen der Konrad-Adenauer-Stiftung zu Mexiko sind so formuliert, als ob sie als Paradebeispiel für Tariq Alis These dienen sollten. Weit entfernt von den Niederungen des zutiefst undemokratischen Alltags gaukeln diese mit abgedroschenen Floskeln und leeren Begriffshülsen eine heile Demokratie vor: »Hier sind Regierungen im Amt, die z. T. gravierende Probleme zu lösen haben und dabei erfolgreich im Rahmen von Rechtsstaatlichkeit, Meinungsfreiheit und politischem Pluralismus agieren. Diese Beispiele zeigen, dass Demokratie in Lateinamerika durchaus handlungsfähig ist«, so das Editorial der KAS-Auslandsinformationen (4/08). In welche Richtung die Handlungsfähigkeit der amtierenden Regierung Mexikos geht, illustrieren die Berichte der Menschenrechtsorganisationen, und in welche nicht, belegen Sozialstatistiken.

## 2. Die erste Post-PRI-Regierung unter Präsident Fox: Wechsel ohne Wandel

Publicity, Showtalent, Pragmatismus, eine gute Portion Hemdsärmeligkeit, kombiniert mit einer aus Unternehmerspenden gut gefüllten Wahlkampfkasse, hatten den ehemaligen Coca-Cola-Manager Vicente Fox im Juli 2000 in die Position eines Oppositionskandidaten mit ernsthaften Siegeschancen gegen die Abonnementsieger von der Staatspartei PRI katapultiert. Fox galt nicht als engstirniger und konservativer PAN-Parteibürokrat, sondern als eher liberaler und mobilisierungsfähiger Typ, der sich auf den lockeren überparteilichen Zusammenschluss »Amigos de Fox« mit seinen vielfältigen Anknüpfungspunkten in die Bürgergesellschaft stützte. Es gelang ihm, den weit verbreiteten Wunsch nach einem politischen Wechsel an seine Person zu knüpfen und so neben den Überzeugten aus der PAN auch diejenigen PRI-Gegner an sich zu binden, die taktisch wählen wollten, damit der Opposition keine Stimme verloren gehe. Die Strategie war an den Urnen überaus erfolgreich und brachte mit 45% der Stimmen einen Zustimmungswert, der weit über den bis dahin üblichen Ergebnissen der PAN -Kandidaten und 10% über dem seiner Partei lag. Untypisch für die PAN gelang es Vicente Fox auch, die städtischen Wechselwähler auf seine Seite zu ziehen.

Die Monate zwischen Juli und Dezember 2000 nutzte Fox, um mit dem scheidenden Präsidenten Zedillo die Übergabeformalitäten abzusprechen, am Haushaltsentwurf mitzuarbeiten und im Ausland erste Akzente zu setzen. Diese Aktivitäten verkaufte er mediengerecht und kündigte zudem die parteiübergreifende Besetzung der Ministerämter an. Die kontrollierte und friedliche Form der Machtübergabe, an der viele insgeheim gezweifelt hatten, vor allem daran, ob sie von der PRI so akzeptiert werden würde, sowie die Aussicht auf eine überparteiliche und plurale Regierung erhöhten die Erwartungen weiter. Seiner Antrittsrede mit dem Bekenntnis zu den Staatsunternehmen, der erklärten Bereitschaft den Konflikt in Chiapas zu lösen und die Straflosigkeit zu bekämpfen wurde auch bei politischen Gegnern Respekt gezollt. Kurz: Form und Inhalt seiner ersten Monate im Amt überraschten Freunde und Gegner. Die Zustimmungswerte schnellten auf über 60% hoch und in den ersten Regierungsmonaten, die von einer Vielzahl symbolischer Aktionen gekennzeichnet waren, bildete sich eine richtiggehende Foximania. Der Präsident war prima und omnipräsent. Große Hoffnungen korrespondierten mit einem ebensogroßen politischen Spektakel.

Allein in seiner Partei und in der PAN-Parlamentsfraktion, die keine Mehrheit im Kongress hatte, rumorte es, weil Vicente Fox den Parteikadern zufolge die PAN-Leute nicht hinreichend bei der Ämterbesetzung berücksichtigte und stattdessen Unternehmer bevorzugte. Die PRI, die mit der Wahlniederlage ihren

Daseinszweck, den Erwerb und die Verwaltung der politischen Macht, verloren hatte, war über Monate hin beschäftigt, sich mit der neuen Situation zurechtzufinden. In kontroversen innerparteilichen Debatten versuchte sie ihre Rolle neu zu definieren. Die linkszentristische PRD, die auf einen aussichtslosen dritten Platz verwiesen worden war und die als Aktivposten lediglich den hauchdünnen Sieg bei den gleichzeitig abgehaltenen Bürgermeisterwahlen in Mexiko-Stadt verzeichnen konnte, war konsterniert und in der Anfangsphase richtiggehend orientierungslos. Die sozialen Bewegungen warteten ab, wie sich die erste Post-PRI-Regierung ihnen gegenüber positionieren würde. Nach Monaten des Abtastens und der Neuorientierung, die Vicente Fox durch seinen demonstrativen Optimismus und seine Medienpräsenz dominierte, stellte der zapatistische »Marsch der indigenen Würde« die Regierung vor die erste ernsthafte politische Herausforderung. Die Ankündigung eines friedlichen Marsches auf die Hauptstadt, um so den Druck auf die Verabschiedung des bereits unterschriebenen »Abkommens von San Andrés« zu erhöhen, brach nicht nur die Lähmung der sozialen Bewegungen der neuen Regierung gegenüber auf, sondern stellte auch Präsident Fox persönlich auf die Probe, seinem lockeren Wahlkampfspruch, er werde den Chiapas-Konflikt in 15 Minuten lösen, Taten folgen zu lassen (Zimmering, 2004: 348). Vicente Fox sicherte der EZLN zu, er werde das Abkommen über die Autonomierechte im Parlament zur Abstimmung einbringen. Teilrückzüge der Armee aus bestimmten Stellungen, die Entlassung von EZLN-Häftlingen, das Zulassen einer Parlamentsrede durch eine Zapatistenvertreterin und eine mediale Umarmungsstrategie von Seiten der Regierung ließen vorübergehend den Eindruck entstehen, in Mexiko gebe es keine Gegner der Zapatisten mehr. Dass dem nicht so war, zeigte sich, als es nach der großen Zapatistenmobilisierung auf dem Zócalo mit weit über 100 000 Teilnehmenden im Kongress zum Stechen kam. Sowohl die PAN wie auch die PRI weigerten sich, das verhandelte Dokument in der vorliegenden Form als Gesetz zu verabschieden. In der PRD-Fraktion gab es unterschiedliche Positionen dazu. Präsident Fox wurde von seiner eigenen Partei brüskiert. Es zeigte sich an diesem Punkt zum ersten Mal in aller Deutlichkeit, dass der PAN-Präsident für seine Initiativen in der eigenen Partei keine Mehrheit hatte. Seine Partei wiederum hatte im Kongress keine Mehrheit. Da Fox sich in seiner gesamten Amtszeit als unfähig erwies, belastungsfähige Parlamentsbündnisse zu schmieden, kam es in seiner Amtszeit von Fall zu Fall zu wechselnden Mehrheiten. An gestalterische Initiativen war unter diesen Umständen nicht zu denken. Nach der Pleite mit dem San Andrés-Abkommen, das später in modifizierter und von den Zapatisten abgelehnter Form verabschiedet wurde und das somit seinen intendierten befriedenden Zweck nicht erfüllen konnte, scheiterte der Präsident mit einer Reihe weiterer wichtiger Gesetzesvorlagen wie der Steuerreform, der Energiereform oder der

Neuregelung der Arbeitsgesetzgebung. Der anfänglich enthusiastisch gefeierte Hoffnungsträger und selbsternannte Gestalter verwandelte sich so sukzessive in einen in vielerlei Hinsicht enttäuschenden Verwalter des Status quo. Selbst die PAN-Freunde von der CDU-nahen Konrad-Adenauer-Stiftung mussten konstatieren: »Angesichts des Ausbleibens wichtiger Reformen bildet sich ein Bild der Stagnation« (Gehring/Dieter, 2005: 77).

Wenn es, wie etwa anfänglich im Bereich Menschenrechte oder der Aufarbeitung der politischen Verbrechen der Vergangenheit, neue Ansätze gab, so versandeten diese, weil es an der nötigen Entschlossenheit fehlte, sich der Straflosigkeit der alten Mächte entgegenzustellen. Die Neuerungen auf anderen Feldern wie etwa der Außenpolitik waren umstritten. Auf der einen Seite ging der Präsident auf die linkszentristische PRD zu, indem er PRD-Mitgliedern wichtige Funktionen wie Botschafterposten übertrug. Auf der anderen stellte etwa der strikt antikubanische Kurs, den Außenminister Jorge G. Castañeda eingeschlagen hatte, zwar die USA zufrieden, blieb jedoch in Mexiko umstritten, weil er einen Bruch mit der jahrzehntelang gepflegten aktiven Neutralität darstellte. Generell orientierte sich die mexikanische Außenpolitik unter Präsident Fox weg von Lateinamerika und noch näher hin zu den USA. Die Anschläge vom 11. September 2001 akzentuierten diese Ausrichtung. Mexiko gehörte zu den ersten, die auf den Kurs »Kampf dem Terror« einschwenkten und nachfolgend die Nahost-Politik der USA verteidigten. Gegenüber Venezuelas Präsident Hugo Chávez nahm Mexiko eine ablehnende Haltung ein. Wieder eine Position, welche die USA mit Genugtuung erfüllte, jedoch im Gegensatz zur traditionellen Nichteinmischungspolitik Mexikos stand.

In Sachen Wirtschafts- und Sozialpolitik führte die Regierung Fox die neoliberale Grundausrichtung seiner Amtsvorgänger fort. Inflationsbekämpfung, Haushaltsausgleich, Handelsüberschüssen, Währungsstabilität und einer pünktlichen Bedienung der Auslandsschulden wurde oberste Priorität eingeräumt. An Armut und Einkommensunterschieden änderte sich ebenso wenig wie an der Migration von jährlich etwa 1/2 Million Menschen in die USA. In der Amtszeit von Präsident Fox wuchs die Bevölkerung um etwa 6,4 Millionen Personen auf 105 Millionen. 3,4 Millionen verließen das Land Richtung Norden. Etwa 600 von den 2445 Gemeinden hatten einen massiven Abwanderungsverlust zu verzeichnen. Dieser betrug im Durchschnitt 25%. Von den im Wahlkampf versprochenen 1,3 Millionen Arbeitsplätzen pro Jahr wurden – in der ganzen Amtszeit! – höchstens 1,4 Millionen feste und zeitlich befristete Stellen zusätzlich geschaffen. Das bei 7 Millionen junger Leute, die im Sexennium neu auf den Arbeitsmarkt kamen. Im Zeitraum zwischen 2000 und 2005 gingen in der Industrie 700 000 und in der Landwirtschaft 900 000 Stellen verloren (Moro, 2006: 2). Dem Statistikamt INEGI zufolge waren im letzten Monat der Präsidentschaft von Vicente Fox 1,8 Mio. Menschen »total arbeitslos«, das bedeutet gemäß Definition sie arbeiteten den Monat über nicht eine einzige Stunde; »unterbeschäftigt« waren 3,5 Millionen und weitere 11 Millionen waren in der informellen Wirtschaft tätig. Das Wirtschaftswachstum blieb mit durchschnittlich 1,6% zwischen 2001 und 2006 weit unter den von Fox bei Amtsantritt großmäulig angekündigten 7% jährlich. Die Ökonomie nahm wesentlich langsamer zu als der Handel. Während der Warenaustausch im Sexennium um insgesamt etwa 50% anwuchs (ca. 250 Mrd. US-$ Importe und Exporte im Jahr 2006), nahm die Wirtschaftstätigkeit im selben Zeitraum gerade einmal um 6,6% zu. Die beeindruckendste Veränderung war bei den Devisenreserven zu verzeichnen: Sie schwollen auf 76 Mrd. US-Dollar (2006) an. Dies dank hoher Ölpreise und Geldüberweisungen der in den USA arbeitenden Landsleute (11 Mio. Staatsbürger und 28 Mio. mit mexikanischer Herkunft), die zwischen 2001 und 2006 insgesamt 92 Mrd. US-Dollar nach Hause schickten. Vier Millionen Familien (17 Millionen Menschen) erhielten regelmäßig Geldüberweisungen. Dies macht in ländlichen Regionen bis zu 15% des Pro-Kopf-Einkommens aus. Nach Angaben des Finanzministeriums verfügten die ärmsten 10% der Bevölkerung über 1,1% der Einkommen, während die reichsten 10% insgesamt 39,6% des Einkommens erhalten. Knapp 50% befinden sich unter der Armutslinie *(pobreza patrimonial)*, wobei 19 Millionen Menschen sogar Probleme haben, sich ausreichend zu ernähren *(pobreza alimentaria)*. Ohne die Remesas aus den USA sähe die Lage noch weitaus düsterer aus.

Blickt man auf das Sexennium, so fällt auf, dass in der Innenpolitik 2005/2006 eine signifikante Verschiebung der Gewichte und ein Wechsel der bevorzugten Methoden stattgefunden haben. In der ersten Phase seiner Amtszeit suchte Präsident Fox den Dialog auch mit kritischen Kräften, sei es mit der PRD, den Zapatisten, Menschenrechtsgruppierungen oder kämpferischen Gewerkschaften wie jener der Elektrizitätsarbeiter SME. Große Ergebnisse waren in keinem Fall zu verzeichnen, aber immerhin ging die Regierung nicht in Konfrontationsstellung zu ihren Opponenten. In den folgenden zwei, drei Jahren machte der Dialog mit seiner erfolglosen Suche nach einvernehmlichen Lösungen einem Laissez-faire-Stil Platz, beispielsweise gegenüber den militanten Demonstrationen der Menschen von Atenco, die sich gegen den geplanten neuen Flughafen für die Hauptstadt wehrten. Dissidenz wurde geduldet, selbst in Bereichen, in denen es um etwas ging.

Mit der näher rückenden Präsidentschaftswahl und dem nicht zu übersehenden Popularitätsverlust des Präsidenten sowie dem sich herauskristallisierenden starken Oppositionskandidaten López Obrador schwenkte die Regierung Fox um. Sie setzte zunehmend auf autoritäre Mechanismen. Angst und Einschüchterung der Unzufriedenen sollten die wachsende Linksopposition eindämmen. An sechs Punkten lässt sich dieses Umschwenken im letzten Drittel seiner Amtszeit festmachen: erstens am Versuch, den Bürgermeister von Mexiko-Stadt, Andrés Manuel López Obrador, im Frühjahr 2005 mittels eines juristischen Manövers auszubooten. Der *desafuero* sollte verhindern, dass der aussichtsreichste Bewerber sich überhaupt zur Wahl stellen konnte. Als dies mittels einer bis dahin einzigartigen Massenmobilisierung verhindert werden konnte, folgte, zweitens, während des mehrmonatigen Wahlkampfes eine beispiellose Angst- und Schmutzkampagne, um dessen Siegeschancen zu mindern. Drittens töteten im April 2006 Sondereinheiten der Polizei zwei Stahlarbeiter in Lázaro Cárdenas/Las Truchas, bei der gewaltsamen Niederschlagung des Streiks. Dies war eine Warnung an die Gewerkschaften, mit der Konfliktbereitschaft nicht zu weit zu gehen. Viertens nahm die Polizei im Mai 2006 eine Banalität zum Vorwand, um sich in San Salvador Atenco festzusetzen und die dortige Bewegung gegen den Flughafenbau zu zerschlagen. Die Unmäßigkeit des Angriffs, die nachfolgende Straflosigkeit für die uniformierten Täter sowie die horrenden Strafen für die Inhaftierten konnten nur als bewusst inszeniertes Abschreckungssignal für alle sozialen Bewegungen interpretiert werden. Punkt fünf und sechs verliefen zeitlich parallel: während sich die Regierung hinter juristischen Argumenten verschanzte und sich trotz massivem Druck weigerte, die Wahlbetrugsvorwürfe durch eine einfach durchführbare Nachzählung der Stimmen auszuräumen, holte sie in Oaxaca den repressiven Hammer aus dem Sack. Sie schlug die Volksrebellion mit einem Ausmaß an Gewaltanwendung nieder, wie man sie in Mexiko seit dem »schmutzigen Krieg« der 1970er Jahre nicht mehr erlebt hatte. Sowohl in der Wahlfrage wie auch in Oaxaca zeigte sich, dass noch unter Präsident Fox PAN und PRI hinter den Kulissen ein Bündnis zum gegenseitigen Machterhalt und zur paktierten Fortführung des neoliberalen Kurses eingegangen waren. Demokratische Normen, Legitimität und Legalität waren vollkommen zweitrangig gegenüber dem unbedingten Willen, sich auf keinen Fall von den Schalthebeln der politischen Macht verdrängen zu lassen. Essentiell für diesen Elitenpakt ist die Garantie der Straffreiheit für die Beteiligten. Dies ist der Grund, warum in Sachen Übergriffe in Atenco oder Oaxaca die juristischen Ermittlungen ebenso stagnieren wie im Bezug auf die Vorwürfe, Präsident Fox habe sich und seine Familie während seiner Amtszeit auf illegale Art und Weise bereichert. Wissenschaftlerinnen wie María José Rodríguez Rejas betonen außerdem, dass es in den letzten Jahren innerhalb der PAN zu einer Verschiebung der Gewichte gekommen sei. Die »organisierte und militante Rechte« um Geheimzirkel wie »El Yunque« habe Spitzenpositionen in der Partei besetzt und liberalere PAN-Flügel an den Rand gedrängt (2008: 19). Dieser Aufstieg der organisierten Rechten in und außerhalb der PAN sei das Gegengewicht zur zunehmenden Aktivität sozialer Bewegungen. Vicente Fox, »der Mann, der nicht zu regieren wusste«, hat »sein politisches Kapital mit vollen Händen verspielt«, bilanzierte Anne Huffschmid die Amtszeit des ersten Präsidenten nach der PRI. Er habe eine triste Erbschaft hinterlassen. Das traurigste sei, »dass sich gar nichts Wesentliches geändert hat an der Armut und den Einkommensunterschieden, an lokalem Kazikentum, an der Straflosigkeit für Gewaltverbrechen, an den Wanderströmen gen Norden oder der alles durchsickernden Macht der Drogenkartelle« (Huffschmid, 2006: 32).

## 3. Die Präsidentschafts- und Parlamentswahlen vom Juli 2006

### Ruhe vor dem Sturm

Als vor den Präsidentschafts- und Parlamentswahlen vom Juli 2006 die Berichte in den großen internationalen Zeitungen und die Einschätzungen der Think tanks veröffentlicht wurden, sah keiner davon die tief greifenden politischen Umbrüche voraus, die seither eingetreten sind. Mexiko wandelte sich binnen weniger Monate von einem Hort der makroökonomischen Prosperität und der politischen Ruhe, beides ganz im Sinne des großen Nachbarn im Norden, in ein Land mit einer »potentiell explosiven Situation«, wie die *Frankfurter Allgemeine Zeitung* konstatierte (FAZ, 3.7.06). Vor den Präsidentschaftswahlen des Jahres 2006 sah das ganz anders aus. So ging etwa die Zeitschrift des englischen Finanzkapitals, der bestens informierte *Economist* davon aus, dass trotz eines vorhersehbar knappen Ausgangs bei den Präsidentschaftswahlen und fehlenden Parlamentsmehrheiten der Urnengang »das ökonomische Umfeld nicht destabilisieren« werde. »Denn die vorsichtige Geld- und Finanzpolitik wird aufrechterhalten werden und so helfen, die makroökonomische Stabilität zu konsolidieren« (*Economist*, 24.1.2006). Auch die deutsche »Bundesagentur für Außenwirtschaft« (bfai) sah den Wahlen gelassen entgegen, da »die Wirtschaft sich in den letzten Jahren zunehmend von der Politik abgekoppelt« habe.

Der Zapatisten-Sprecher, Subcomandante Marcos, betrachtete die Wahlen aus seiner Perspektive und sagte, dass sie sowieso nichts ändern könnten. Die Zapatisten riefen im Vorfeld des Wahlkampfes 2006 die »Andere Kampagne« aus. Sie gingen, erstens, von einem sicheren Sieg des Linkszentristen López Obrador aus und rechneten zweitens damit, dass dieser dann nach Amtsantritt eine Wirtschafts- und Sozialpolitik betreiben werde, welche wie die Vorgängerregierungen unter PRI und PAN den Ausverkauf an das internationale Finanzkapital fortführen und im Sinne derer »da oben« das politische Vakuum füllen werde, so Marcos in seiner vierteiligen Zwischenbilanz »Die Zapatisten und die Andere Kampagne: Die Fußgänger der Geschichte« von September/Oktober 2006. Aus der dann notwendigerweise entstehenden Enttäuschung könne und müsse eine rechtzeitig ins Leben gerufene linke Alternative, die Andere Kampagne, Einflussgewinne erzielen. Selbst mitten im Wahlkampf, der von heftigem anti-linkem Trommelfeuer der Konservativen gegen die Opposition geprägt war, machte der Zapatisten-Sprecher aus seiner Ablehnung, ja Verachtung der linkszentristischen Allianz um die »Partei der demokratischen Revolution« (PRD) und ihren Kandidaten Andrés Manuel López Obrador (AMLO) keinen Hehl. Er bezeichnete AMLO als integralen Teil einer politischen Elite, wörtlich als »linke Hand der Rechten«. Die Zapatisten, das führte er noch nach dem knappen Wahlergebnis aus, seien »Feinde von AMLO und der PRD« (*La Jornada*, 7.7.06). Diese müssten von links unten mittels sozialer Mobilisierung bekämpft werden.

## Der Wahlkampf

Der Wahlkampf begann lange vor dem Wahlkampf. Die erste entscheidende Schlacht wurde bereits 2005 ausgefochten und es war letztlich die einzige, welche die Linksopposition klar für sich entscheiden konnte. Mit Hilfe einiger juristischer Winkelzüge wurde wegen einer umstrittenen administrativen Entscheidung gegen Andrés Manuel López Obrador ein Amtsenthebungsverfahren auf den Weg gebracht, nicht mit dem primären Ziel ihn wirklich aus dem Bürgermeisteramt in Mexiko-Stadt zu verdrängen, sondern vielmehr, um ihm ein laufendes Gerichtsverfahren anzuhängen. Unter diesen Umständen hätte er aus formalen Gründen nicht mehr als Kandidat für die Präsidentschaftswahlen antreten dürfen. Das Amtsenthebungsverfahren war unschwer als von der Fox-Regierung und PAN-Führung orchestriertes Manöver zu erkennen, den eigentlichen Rivalen des konservativen Kandidaten von vorneherein aus dem Rennen zu kicken, um den Konservativen so den sicheren Sieg zuzuspielen. Der renommierte Sozialwissenschaftler Armando Bartra (2006: 62) sprach in diesem Zusammenhang von der »Präpotenz der Macht«, einer »Verschwörung, die Fox gegen die Kandidatur von López Obrador in Gang brachte«. Eins war im konservativen Plan jedoch nicht vorgesehen: Das vom konservativen Block betriebene Amtsenthebungsverfahren schwächte den beliebten Bürgermeister nicht, sondern stärkte ihn sogar. Denn es kam eine breite Mobilisierung der Hauptstädter in Gang, eine Bürgerbewegung, die sich gegen die autoritären Zumutungen der Mächtigen richtete und die weit über die Anhängerschaft der PRD hinausging. Die Bürgerbewegung gegen das Amtsenthebungsverfahren gipfelte in einer Großdemonstration mit einer Million Menschen. Diese Bürgerbewegung ist der gesellschaftliche Resonanzboden, der später die Bewegung gegen den Wahlbetrug sowie diverse sozialpolitische Mobilisierungen hervorgebracht hat. Auch die soziale und gewerkschaftliche Linke, die einer eigenen aktiven Wahlbeteiligung eher ablehnend gegenüberstand und sogar linksradikale Untergrundgruppierungen, die der PRD nicht besonders freundlich gesonnen sind, hatten zum Protest aufgerufen. Ihnen ging es um zweierlei: einmal um ein Signal gegen den Autoritarismus der Konservativen und zweitens um das Offenhalten einer anti-neoliberalen Kandidatur mit Aussichten auf Erfolg. Unter dem Druck der Straße knickte schließlich die Justiz ein und es wurde der Versuch vereitelt, López Obrador auf kaltem Wege als Präsidentschaftsanwärter loszuwerden. Der national-populare Hoffnungsträger schwamm lange Monate auf einer Welle der Sympathie und lag bei Umfragen weit vor seinen Kontrahenten. Dann wurden die Medienkampagnen stärker. Je näher der Urnengang kam, desto geringer wurden die Abstände in den veröffentlichen Sympathiekurven, desto größer die investierten Summen und desto härter die Polemik gegen den Hoffnungsträger der Armen. Nach Angaben des Vertreters der Konrad-Adenauer-Stiftung in Mexiko, Frank Priess (2006: 149), bezahlte die PAN für sich und ihren Kandidaten Felipe Calderón 66 620 TV- und Hörfunkspots, die PRI für ihren Mann Roberto Madrazo 41 632 Spots und López Obrador und seine Liste kamen immer noch auf 31 247 Werbeblöcke. Die Sendezeit für diesen Werbe-Overkill im Verhältnis 3,5:1 von PAN/PRI einerseits und Mitte-Links-Koalition andererseits kostete etwa 2 Milliarden mexikanische Pesos (143 Mio. Euro), so dass die eigentlichen Wahlgewinner schon vor dem Urnengang feststanden: die Eigentümer der privaten Fernsehsender! Die Wahlrechtsreform, die 2008 verabschiedet wurde, trug diesen Werbeexzessen der Parteien Rechnung und verbot kommerzielle TV-Wahlpropaganda in der bisher gekannten Form.

Sowohl von Seiten der Regierungspartei PAN wie auch der abgehalfterten ehemaligen Staatspartei PRI wurden nicht nur in den bezahlten Anzeigen, sondern durch ihre Lobredner und Nachbeter auch in Nachrichten- und Meinungsbeiträgen mediale Breitseiten auf die gemäßigt linke Opposition abgefeuert. Es kam zu einem aggressiven Lagerwahlkampf von Seiten des neoliberalen Blocks aus PAN und PRI gegen eine vermeintliche linke Gefahr in Gestalt von López Obrador. Der Lagerwahlkampf wurde maßgeblich im Fernsehen geführt. Die Konservativen sowie die ihnen nahe stehenden Massenmedien und hier vor allem das private TV-Duopol Televisa und TV Azteca versuchten mit nahezu allen Mitteln, den aussichtsreichen Ex-Bürgermeister von Mexiko D.F. als »unverantwortlichen Linken« zu diskreditieren, der das Land in Verschuldung, Inflation und Wirtschaftskrise stürzen werde und sich »wie Venezuelas Präsident Chávez« nicht an die demokratischen Spielregeln halte. Die Anwürfe, die wie ein Trommelfeuer auf die Medienkonsumenten hereinprasselten, waren so ausgerichtet, dass sie geeignet waren, einen Keil zwischen die wahlentscheidenden Wechselwähler und den Oppositionskandidaten zu treiben. Denn die Mobilisierung dieser unentschlossenen städtischen Wählerschichten ist entscheidend dafür, dass Kandidaten, die nicht auf die Hilfe und Unterstützung staatlicher Apparate zählen können, eine reale Siegeschance haben. Die Stammwählerschaft der PRD allein, das in Mexiko so genannte »voto duro«, ist mit ca. 13% viel zu gering, um einen Erfolg garantieren zu können. Die Taktik der konservativen und neoliberalen Eliten, mit Hilfe der von ihnen kontrollierten elektronischen Massenmedien den aussichtsreichen Kandidaten in die Defensive zu drängen, war erfolgreich. Viele Jäger waren schließlich des Hasen Tod. Die aggressive Negativkampagne, die AMLO als »Gefahr für Mexiko« darstellte, und eigene taktische Fehler wie etwa die Nichtteilnahme an TV-Debatten wirkten verunsichernd. Die fehlende Unterstützung einiger PRD-Flügel namentlich um den früheren Parteichef und dreimaligen Kandidaten Cuauhtémoc Cárdenas sowie seines Familienclans, der den Bundesstaat Michoacán kontrolliert, sowie der am rechten Rand der PRD angesiedelten Gouverneurin von Zacatecas, Amalia García, kosteten ebenfalls Stimmen. Auf der anderen Seite brachte López Obradors Anbiederung an regionale PRI-Größen im Süden des Landes sowie seine gezielte Anwerbung von PRI-Politikern für die eigenen Parlamentslisten etwa zwei Millionen PRI-Leihstimmen ein. Sie kosteten ihn jedoch auch erheblich an Reputation und Glaubwürdigkeit. »López Obrador fabrizierte eine inkongruente Mischung, aus der ein fataler Cocktail wurde. Er stellte ein Programm vor, das man kaum als links bezeichnen konnte, trat jedoch sehr hart auf. Die Kombination von Nachgiebigkeit und Härte – von Sanftmut und Rohheit – war eine Katastrophe. Weiche Ideen in einem Dickschädel, das konnte kein gutes Ergebnis bringen«, kritisierte der bekannte Soziologe Roger Bartra (2007: 5) Kurs und Stil des Oppositionskandidaten. Ähnlich argumentierte Cuauhtémoc Cárdenas in einem Brief an die bekannte Schriftstellerin und López Obrador-Unterstützerin Elena Poniatowska. Der PRD-Grande behauptete in dem Schreiben, dass der Oppositionskandidat durch sein Vorgehen, sein Politikverständnis und seinen Stil der mexikanischen Linken insgesamt geschadet habe. Es gab viele ähnliche Stellungnahmen aus der politischen Mitte und von Linksliberalen, die López Obrador vorhielten, er sei zu konfrontativ und habe sich zu sehr und zu einseitig für eine Politik zugunsten der Armen festgelegt, ohne aufzeigen zu können, wie diese finanzierbar sei. Kurz gesagt: AMLO sei ein Populist altbekannten Stils. Subkommandant Marcos' Einwände kamen von links unten. Er war schon ein Jahr vor den Wahlen zu einer sehr negativen Gesamteinschätzung aller Parteien und insbesondere der linkszentristischen PRD und ihres Kandidaten gekommen. In seinem Grundsatzartikel zu diesem Thema »La (imposible) geometría del poder en México« (20.6.2005) nahm er das Bemühen aller drei maßgeblichen Parteien

PAN, PRI und PRD aufs Korn sich als das Zentrum darzustellen, was laut Marcos gleichbedeutend sei mit einer modernen Rechten, die für das Profitstreben des internationalen Finanzkapitals funktional sei. López Obrador mit seiner Betonung der Beibehaltung der makroökonomischen Stabilität, seinen servilen Interviews mit ihren Signalen in Richtung internationaler Finanzinvestoren in der *New York Times,* könne, so Marcos, nicht wegen seines linken Projektes kritisiert werden. Er habe nämlich gar keines. Vielmehr handle es sich um die Fortführung des »sozialen Liberalismus« wie er unter dem PRI-Präsidenten Salinas de Gortari entwickelt worden sei. Dies sei vielen, die ihn als anti-neoliberale Option einschätzten, nicht klar geworden.

Wie Marcos und Roger Bartra kamen auch viele andere Beobachter zu der Einschätzung, dass weder das Programm noch der Kandidat im engeren Sinne als »links« etikettiert werden konnten. Dennoch ist als Fazit des Wahlkampfes festzuhalten, dass sich zwei Lager herausbildeten, die sich zunehmend anfeindeten und die für zwei unterschiedliche Optionen standen: der PAN-Kandidat für die Fortsetzung und Vertiefung des ach so erfolgreichen neoliberalen Kurses »mit einem klaren Bekenntnis zu Marktwirtschaft, Globalisierung und der Fortführung des aktuellen außenpolitischen Kurses« (Priess, 2006: 144) nach der unausgesprochenen Parole: mehr vom Gleichen. Dagegen stand López Obrador für eine Kurskorrektur mit dem Einbau keynesianischer und wohlfahrtsstaatlicher Elemente, die vor allem den besonders Bedürftigen zu Gute kommen sollen. Außerdem erteilte er der von den internationalen Finanzinvestoren seit Jahren geforderten Privatisierung von Erdöl, Strom und Wasser eine klare Absage. Stellvertretend für einen Großteil der Linken, die sich trotz aller Kritik im Einzelnen für López Obrador aussprachen, sei Gregorio Vidal (2006: 49) zitiert. Er hebt als grundlegenden Unterschied hervor, dass PRD/AMLO ausgehen von der Tatsache einer massiven sozialen Ungleichheit in Mexiko und sie als Ziel formulieren mit Staatsinterventionen ein höheres Maß an Gleichheit herzustellen. Dagegen zielen die Maßnahmen von PAN/Calderón darauf ab, den Privatisierungskurs fortzusetzen und somit die soziale Polarisierung noch zu verschärfen. »Optionen der Rechten und der Linken zeichnen sich klarer ab. Dies ist eines der Elemente, das unsere gegenwärtige politische Situation charakterisiert«, resümierte Gregorio Vidal. Dabei haben die Konflikte noch eine weitere, grundsätzlichere Dimension. Sie signalisieren »das Ende einer Epoche«, wie Sergio Aguayo Quezada in einer Einschätzung für die »Heinrich-Böll-Stiftung« schrieb. Die von der alten Staatspartei PRI propagierte »nationale Einheit« im Rahmen ihrer »Ideologie der mexikanischen Revolution« hat endgültig ausgedient. Der mexikanische Politikwissenschaftler stellt heraus, dass im Wahlkampf 2006 »die historisch miteinander verfeindeten Linke und Rechte wieder entstanden«. Weiter heißt es: »Sie beobachten sich mit einem Hass und einer Erbitterung, die durch die längste, teuerste und schmutzigste Wahlkampagne unserer Geschichte noch verschärft wurden.«

Diese Frontenbildung findet ihren Widerhall in der Berichterstattung der internationalen Massenmedien, welche die Zuschreibungen aufgreifen, die von den Kontrahenten vorgegeben wurden. Naturgemäß ist der Mitte-Links-Mann den Konservativen viel zu links: »Linkspopulist der übelsten Sorte, Messias der Armen, Heilsbringer und Schlangenbeschwörer, der mit klassenkämpferischer Rhetorik zur Verketzerung von Globalisierung und Privatisierung anhebt«. Alle zitierten Begriffe sind in einem einzigen Vorwahlartikel der *Neuen Zürcher Zeitung* zu finden! (NZZ, 25.6.06). Der englische *Economist* stempelte ihn als »schlechten Verlierer« ab und die NZZ (12.7.06) attestiert ihm »machiavellistische Machinationen«. Gleichzeitig ist López Obrador vielen, die sich selbst als sozialistische Linke verstehen, viel zu rechts. Als Stichwortgeber wird in diesem Zusammenhang gerne Subcomandante Marcos zitiert. Der Zapatist sieht ihn, wie bereits erwähnt, als Teil einer politischen Elite, die generell abzulehnen sei und »von links unten« mittels sozialer Mobilisierung bekämpft werden müsse. Marcos ließ in einem Interview mit der linksliberalen Tageszeitung *La Jornada* auch nach dem von Betrugsvorwürfen überschatteten Urnengang (7.7.06) keinen Zweifel daran, dass die Zapatisten »Feinde von AMLO und der PRD« seien. Sie seien noch nie auf der gleichen Seite gestanden wie die PRD, aus diesem Grunde hätten sie sich auch nie abgewendet, so der Zapatisten-Sprecher. Hierzulande griff etwa die Wochenzeitung *Jungle World* diese Sichtweise auf. Sie bemängelte beispielsweise, dass AMLO ein »Lula light« sei, sich die Forderungen radikaler Bauernverbände nicht zu Eigen mache, in Mexiko D.F. repressiv gegen Straßenhändler vorgegangen sei und sich nicht für Chávez Anti-USA-Front erwärmen könne. Von den »neokeynesianischen Versprechungen wird nicht viel bleiben«, so der kritische Augur (*Jungle World* 26/06, 28.6.2006).

## Wahlergebnisse: Spaltung in zwei Lager

Nachfolgend soll eine Analyse der Abstimmungsergebnisse vorgenommen werden, mit dem Ziel mittel- und längerfristige Veränderungen in der politischen Großwetterlage Mexikos zu erfassen. Neben den Präsidentschaftswahlen, die ja vor allem auf Grund übergeordneter Fragestellungen wie Stärkung des Linkstrends in Lateinamerika bzw. der Ablehnung neoliberaler Wirtschaftsmodelle so große Beachtung fanden, gab es auch Wahlen für das Nationalparlament sowie für die Landesparlamente in mehreren Bundesstaaten. Dabei lassen sich auf allen Ebenen interessante und signifikante Verschiebungen feststellen.

1. Der Wahlausgang bei den Präsidentschaftswahlen war äußerst knapp.

2. Einem pro-neoliberalen Block mit Schwerpunkt im ökonomisch dynamischen Norden steht ein national-popularer Reformblock mit Schwerpunkt im pauperisierten Zentrum und Süden gegenüber.

3. Es gab wieder Betrugsvorwürfe und massive Nachwahlauseinandersetzungen.

4. Die Kräfteverteilung zwischen den drei bestimmenden Parteien, der konservativ-neoliberalen PAN, der abgehalfterten Staatspartei PRI und linkszentristischen PRD hat sich deutlich verändert. Die Wählerschaft jeder Partei weist ausgeprägte soziale und geographische Besonderheiten auf.

5. Es gibt signifikante Unterschiede zwischen den Parlaments- und Präsidentschaftswahlen.

6. Die »differenzierte Stimmabgabe«, das *voto diferenciado,* (Stimmensplitting/Leihstimmen) ist mitentscheidend für den Wahlausgang.

Erstmals in der jüngeren Geschichte Mexikos kam es zu einem derart knappen Ergebnis bei Präsidentschaftswahlen. Die beiden aussichtsreichen Kandidaten lagen offiziellen Angaben zufolge nur 233 831 Stimmen oder 0,56% auseinander. Hierbei sei das Ergebnis von 1988 außer Betracht gelassen. Denn damals »gewann« der PRI-Mann Salinas de Gortari gegen den späteren PRD-Gründer Cuauthémoc Cárdenas nach einem massiven Betrug, dessen Umfang jedoch von niemandem nachgeprüft werden konnte, da die Kontrolle der PRI über die staatlichen Institutionen noch nahezu umfassend war. Es ist zunächst bemerkenswert, dass der aktuelle PRI-Kandidat Roberto Madrazo mit dem Ausgang des Rennens nichts mehr zu tun hatte. Er landete weit abgeschlagen auf dem dritten Platz. Zum ersten Mal waren beide Alternativkandidaten stärker als der PRI-Mann. Die bis dahin immer wichtige wahltaktische Überlegung, was nützt bzw. was schadet der PRI am meisten, spielte für die demokratische Opposition keine erstrangige Rolle mehr. Betrachtet man nun die Anzahl der Stimmen so stellt sich die Lage bei den Präsidentschaftswahlen laut Wahlbehörde IFE wie folgt dar:

Felipe Calderón/PAN: 15,0 Mio Stimmen (35,9%); PAN (2000): 16 Mio (42,5%);

Andrés Manuel López Obrador/ PRD: 14,7 Mio Stimmen (35,3%); PRD (2000): 6,2 Mio (16,6%);

Roberto Madrazo/PRI: 9,3 Mio Stimmen (22,2%); PRI (2000): 13,5 Mio (36,1%).

Die sonstigen Kandidaten mit ihren zusammen 2,7 Mio. Stimmen sowie die Million ungültiger Stimmen untersuche ich nicht weiter. Es ist zu berücksichtigen, dass sich die Gesamtzahl der abgegebenen Stimmen von 37,6 Mio. (2000) auf 41,7 Mio. erhöhte. Die Wahlbeteiligung sank von für mexikanische Verhältnisse außergewöhnlichen 64% (2000) auf immer noch vergleichsweise gute 58,6%. Dennoch ist natürlich die Nichtwählerquote von 41,4% enorm hoch! Der Sieger erhielt also 15 Mio. Stimmen von insgesamt 71 Millionen Wahlberechtigten. Da sind der Repräsentativität des Ergebnisses von vorne herein Grenzen gesetzt. Schon daraus ergibt sich im Prinzip die Notwendigkeit, politische und gesellschaftliche Allianzen zu suchen.

Der Konservative Felipe Calderón erzielte für das erklärtermaßen neoliberale Lager trotz Amtsbonus, Rückenwind aus dem Ausland, der Wirtschaft und nahezu allen Massenmedien eine Million Stimmen oder 6,6% weniger als sein Parteifreund und Amtsvorgänger Fox. Calderón holte die Stimmen vor allem in den an die USA angrenzenden Bundesstaaten, in Boomzentren sowie bei den städtischen Ober- und Mittelschichten. In der Mitte und im Süden Mexikos ist die PAN generell schwach und erzielte in einer Reihe von Bundesstaaten nur zwischen 15 und 20%. Im Süden konnte sie sich lediglich im touristisch geprägten und relativ wohlhabenden Bundesstaat Yucatán durchsetzen. Der PAN-Präsidentschaftskandidat band etwa 10% mehr Stimmen an sich als seine Partei, auch dies ein schlechterer Wert, als ihn sein Vorgänger aufwies. Der PAN-Kandidat weist also insgesamt eine spürbar schwächere Zustimmung auf als sein Vorgänger und Parteifreund. Dies zeigt die Ernüchterung der Wählerschaft gegenüber dem Kurs der Regierung Fox. Fazit: Sieger sehen anders aus als Felipe Calderón.

Der Linkszentrist Andrés Manuel López Obrador (AMLO) von der »Partei der demokratischen Revolution« (PRD), die mit zwei anderen Kleinparteien, der »Partei der Arbeit« (PT) und »Convergencia« eine Wahlkoalition gebildet hatte, konnte gegenüber dem Jahr 2000 trotz einer beispiellosen Kampagne gegen ihn die Stimmenanzahl mehr als verdoppeln. AMLO legte gegenüber den letzten Präsidentschaftswahlen um 20% zu, seine Partei bei den Parlamentswahlen um 10%. Damit erzielte die in den letzten Jahren von schweren internen Krisen und Korruptionsskandalen gebeutelte PRD, gezogen von ihrem Kandidaten, das weitaus beste Ergebnis in ihrer Geschichte. Sie mauserte sich von der dritten Kraft zur zweitstärksten Partei. Sie räumte geradezu ab im Großraum Mexiko-Stadt und im umliegenden Bundesstaat Mexiko. Von über 10,5 Mio. Stimmen, die hier abgegeben wurden, holte ihr Kandidat 4,5 Mio. Betrachtet man Mexiko D.F., wo er im Jahre 2000 mit 1,5 Mio. Stimmen mit äußerst knappem Vorsprung zum Bürgermeister gewählt worden war, konnte er auch hier die Stimmenzahl fast verdoppeln. 2,8 Mio. Stimmen oder 58,1% lautete das Spitzenergebnis. Sowohl die Bürgermeister- wie auch die Stadtrats- und Bezirkswahlen im Bundesdistrikt endeten mit absoluten Mehrheiten für die PRD. Im Großraum um Mexiko-Stadt sowie in den armen, ländlich geprägten Bundesstaaten in der Mitte und im Süden Mexikos liegen die Hochburgen der linken und national-popularen Kräfte. Bemerkenswert ist, dass die PRD in diesen Regionen mittlerweile ihre langjährige

Stärke zur Mehrheitsfähigkeit ausgebaut hat. In den dynamischen Industrieregionen des Nordens sind ihre Ergebnisse schwach und liegen z.T. unter 20%. Dennoch hat López Obrador im Vergleich zu seinem Vorgänger auch hier deutlich Boden gutgemacht. Unter dem Strich hat das Reformlager bei den Wahlen 2006, verglichen mit dem Urnengang im Jahr 2000, von einer abgeschlagenen Minderheitenposition aus einen deutlichen Schub nach vorne verzeichnen können, ohne jedoch im ganzen Land eine eindeutige Mehrheitsfähigkeit zu erlangen. Im Lager der PRD regierte trotz dieses an sich guten Ergebnisses Katzenjammer und beleidigter Trotz, da man bei den Präsidentschaftswahlen den Sieg erhofft hatte. Viele Monate lang war man geradezu siegessicher.

Der PRI-Dinosaurier Roberto Madrazo war der große Verlierer. Mit nur 9,3 Mio. Stimmen oder 22,2% landete er weit abgeschlagen auf dem dritten Platz. Gegenüber der letzten Präsidentschaftswahl verlor er in absoluten Zahlen betrachtet 1/3 der PRI-Stimmen. Außerdem schloss er deutlich schlechter ab, als seine Partei, die 2,3 Mio. Stimmen mehr holte. Dies ist insofern außergewöhnlich, als die PRI-Stammwählerschaft, und vor allem dieses »voto duro« ist von der ehemaligen Staatspartei ansprechbar, bisher immer sehr geschlossen gewählt hat; d.h. die Partei und ihre Kandidaten erzielten auf allen parlamentarischen Ebenen in der Regel immer sehr eng zusammen liegende Ergebnisse. Als Kandidat hatte Roberto Madrazo also keine positive Ausstrahlung in die Gesellschaft und selbst in der eigenen Anhängerschaft war er umstritten. Dazu kam, dass zwei Parteien aus dem engeren und weiteren PRI-Umfeld, PANAL und PVEM, Stimmen aus dem Reservoir der PRI absaugten.

Die bereits vor der Wahl unter dem Label »Allianz für Mexiko« vertraglich vereinbarte Koalition mit der sich selbst so bezeichnenden Grünen Ökologischen Partei Mexikos (PVEM), die im Jahr 2000 noch mit der PAN koaliert hatte, hatte für die PRI hohe Kosten zur Folge, ohne dass sich dies in spürbaren Stimmengewinnen ausgezahlt hätte. Zehn Prozent der Sitze (17 Abgeordnete und 4 Senatoren) sowie 393 Millionen Pesos oder 28 Millionen aus der staatlichen Wahlkampfkostenerstattung für die »Allianz für Mexiko« konnte die Grüne Ökologische Partei Mexikos einsacken. Die PRI-Entscheidung, sich mit dem dubiosen Familienclan um den PVEM-Gründer Jorge González Torres und seinen Sohn Jorge Emilio González einzulassen, um auf diese Weise eine vermeintliche Offenheit und Bündnisfähigkeit demonstrieren zu können, erwies sich aus Sicht der PRI unter machtpolitischen Gesichtspunkten im Nachhinein als kontraproduktiv. Die ursprünglich im PRI-Umfeld entstandene PVEM wird seit jeher wie ein profitorientiertes politisches Familienunternehmen betrieben und ist alles andere als eine kalkulierbare Partei oder ein verlässlicher Bündnispartner. Dieselbe Erfahrung musste im übrigen 2000/2001 auch schon die Nationale Aktionspartei

(PAN) machen. Damals hatte sie aus einer vergleichbaren Motivation heraus mit der PVEM gemeinsame Sache gemacht und die »Allianz für den Wandel« gegründet, was der »ökologischen« Partei 233 Mio. Pesos in die Kasse spülte und so eine Gruppierung stärkte, die entstanden ist »mit Hilfe von Scharlatanerie, fauler politischer Trickserei, Verblendung und Zynismus«, so Silke Helferich in einem Papier für die Heinrich-Böll-Stiftung.

Eine Rechtsabspaltung der PRI, die unter dem Namen PANAL alleine antrat, holte 4% der Parlamentsstimmen und stärkte bei den Präsidentschaftswahlen mittels Stimmensplitting den PAN-Kandidaten. Die mit ehemaligen PRI-isten bestückte PANAL wurde von der Gewerkschaftsfunktionärin, ehemaligen PRI-Generalsekretärin und Intimfeindin des PRI-Kandidaten Elba Esther Gordillo aus persönlichen und machtpolitischen Erwägungen heraus lanciert. Mit gutem Recht könnte man eine ganze Reihe negativer Etikettierungen, die für die »ökologische« PVEM zutreffen, auch für die PANAL verwenden. PVEM und PANAL sind zwei Parlamentsparteien, die zum herrschenden neoliberalen und autoritären Block zu rechnen sind. Außer Opportunismus, Sprechblasen und einer allgemeinen Präferenz für autoritäres Politikmachen verfügen sie über keinerlei politische Programmatik, die der Rede wert wäre. Sie unterscheiden sich untereinander lediglich dadurch, dass sie ihre Netze in unterschiedlichen Fischgründen auswerfen (PANAL: korporatistische Gewerkschaftskreise alten Stils; PVEM: junge, unbedarfte städtische Mittelschichtsleute), um politische Ämter zu erwirtschaften, die sie dann postwendend in bare Münze verwandeln. Ihre Abgeordneten sind nichts anderes als politische Prostituierte, die sich an die Meistbietenden verkaufen. Ihre Ideologie ist der unmittelbare persönliche Vorteil, ihre Handelsware politischer Einfluss. Letzterer wird nicht um seiner selbst willen gesucht, sondern um ihn gewinnbringend zu investieren. In Sachen Macht- und Personalpolitik ist Elba Esther Gordillo, die Vorsitzende der mächtigsten Gewerkschaft des Landes, der Lehrergewerkschaft SNTE, wesentlich geschickter als der unbedarfte Jorge Emilio González, der als das »grüne Kind« die PVEM-Partei vom Vater übertragen bekam. Elba Esther Gordillo nutze ihren Einfluss in der PANAL zielgerichtet, um ihren Schwiegersohn und drei weitere enge Mitarbeiter umgehend in Schlüsselpositionen zu hieven. Das verbliebene Paradepferd des Korporatismus, die durch und durch autoritäre und korrupte Lehrergewerkschaft SNTE, konnte ihren Generalsekretär Rafael Ochoa als einzigen PANAL-Vertreter in den Senat bringen.

Vergleicht man nun die Präsidentschafts- und Parlamentsergebnisse, so fällt auf, dass die PRI-Zahlen für die Präsidentschaft in aller Regel deutlich (je nach Region bis zu 15%) unter jenen für die Abgeordnetenwahlen liegen. Das Stimmensplitting kam zu etwa gleichen Teilen der konservativen PAN und der linkszentristischen

PRD zu Gute. Während die PRI-Leute im US-orientierten und industrialisierten Norden des Landes vorwiegend für den Konservativen votierten, gaben sie in den verarmten und ländlich geprägten Bundesstaaten in der Mitte und im Süden ihre Stimme dem Mitte-Links-Kandidaten. Trotz aller Rückschläge ist die ehemalige Staatspartei PRI aber weiterhin diejenige Kraft, die über das ganze Land gesehen am gleichmäßigsten verankert ist. Ihr Anteil schwankt zwischen gut 20 und knapp 40%. Sie verfügt weiterhin über die größte Stammwählerschaft, den best funktionierenden Parteiapparat sowie über viele institutionelle, organisatorische und persönliche Einflusskanäle. Dieses politische Kapital, das die Staatspartei während ihrer jahrzehntelangen Herrschaft angehäuft hat, geht nicht einfach von heute auf morgen verloren. Die PRI hat allerdings das schwerwiegende Manko, dass sie in Mexiko-Stadt mit seiner bedeutenden Wählerschaft besonders schwach ist. Hier sind die traditionellen korporatistischen Bindungen weitgehend zerbrochen. Die jungen, nachwachsenden Wählerschichten waren nie in deren Maschen gefangen. So konnte der PRI-Präsidentschaftskandidat hier gerade noch 8,5% holen. Die PRI-Kandidatin für das Bürgermeisteramt, die als vergleichsweise liberal gilt, kam auf 22%. Diese Ergebnisse scheinen mir insofern paradigmatisch, als sie darauf hinweisen, dass PRI-Kandidaten, die vorwiegend oder ausschließlich auf die alten, mit deren verlorenen Staatsparteiencharakter zusammenhängenden Mobilisierungsmechanismen setzen, sich gesamtgesellschaftlich auf einem toten Gleis befinden und keine Chance mehr haben, die Politik zu prägen, wie dies bis zum Jahr 2000 der Fall war. Insgesamt setzt sich der Erosionsprozess der Staatspartei fort. Sie hat ihre Mehrheitsfähigkeit weitgehend eingebüßt. Sie kann zwar noch Landtags- oder Bürgermeisterwahlen gewinnen, jedoch nur dann, wenn PAN und/oder PRD aus welchen konkreten Gründen auch immer die Erst- und Wechselwähler nicht mobilisieren können bzw. vollkommen unattraktive Kandidaten präsentieren. Offensichtlich ist die alte Staatspartei kaum in der Lage, in relevantem Umfang neue Schichten zu erschließen, während gleichzeitig die korporatistischen Bindungen lockerer werden. Die von verschiedenen Beobachtern wie etwa dem in Mexiko angesiedelten Vertreter der Konrad-Adenauer-Stiftung nach diversen PRI-Erfolgen bei Landtagswahlen im Jahre 2007 und auch 2008 geäußerten Befürchtungen, wonach die PRI sich wieder im Aufwind befinde, teile ich im Kern nicht. Denn die Erfolge hatten erstens die beiden oben genannten Bedingungen zur Voraussetzung und wurden zweitens bei generell sehr niedriger Wahlbeteiligungen erzielt. So votierten sowohl in Oaxaca 2007, als auch beispielsweise in Hidalgo im Februar 2008 nur jeweils 1/3 der Wahlberechtigten. Auf dieser Grundlage reichte der PRI die Mobilisierung ihrer Stammwählerschaft für Stimmenmehrheiten, die sich aufgrund des Wahlrechts in einem großen Vorsprung bei den Parlamentsmandaten auswirkten.

Die 2006 parallel zu den Präsidentschaftswahlen abgehaltenen Parlamentswahlen (Abgeordnetenhaus und Senat) sowie die Landtags- und Gouverneurswahlen in einigen Regionen bestätigten im großen und ganzen die angesprochenen Trends: die Spaltung in einen konservativ ausgerichteten und klar von der PAN dominierten Norden und einen verarmten Süden des Landes, wo die linkszentristische PRD von der alten Staatspartei PRI massiv Stimmen holte. Der Rückschlag bei den Stimmprozenten wirkte sich für die PRI bei der Sitzverteilung in beiden Kammern besonders negativ aus. Die PRI verlor jeweils etwa die Hälfte ihrer Mandate und muss daraus folgend einen bedeutenden finanziellen und personellen Aderlass hinnehmen. Weder ist es der Linken gelungen in die konservativen Hochburgen einzubrechen, noch konnte die PAN im Großraum um Mexiko-Stadt größere Fortschritte machen. Da es hier zu weit führen würde, die Ergebnisse systematisch auszuwerten, mögen einige Hinweise genügen. Im Grunde brachten die Abgeordnetenwahlen drei ähnlich starke Blöcke hervor:

Konservative PAN: 13,9 Mio Stimmen (33,5%); PAN (2000): 14,3 Mio 38,3%;
Links-zentristische PRD: 12,3 Mio (29,7%); PRD (2000): 7 Mio (18,7%);
Ex-Staatspartei PRI: 11,6 Mio (28%); PRI (2000):13,8 Mio (36,9%);
Die Sitzverteilung im Abgeordnetenhaus (gesamt: 500 Sitze):
PAN: 206 (2000: 207);
PRI/PVEM: 121 (2000: 121);
PRD/Allianz für das Wohl Aller: 160 (2000: 52).
*Die Sitzverteilung im Senat (gesamt 128 Sitze):*
PAN: 52 (2000: 51);
PRI/PVEM: 39 (2000: 57);
PRD/Allianz für das Wohl Aller: 36 (2000: 16).

Der Präsident hat, wie sein Vorgänger, in der abgelaufenen Legislaturperiode auch keine parlamentarische Mehrheit hinter sich und ist deshalb auf Bündnisse angewiesen. Dieser Umstand hatte unter der ersten PAN-Regierung zwischen 2000 und 2006 Richtungsänderungen blockiert, da es Präsident Fox nicht gelungen war, Parlamentsmehrheiten für seine Initiativen zu finden. Die Staatsbürokratie ist ohnehin noch dominiert von den Leuten der ehemaligen Staatspartei. Allein aus diesem Grund wären für einen linkszentristischen Präsidenten wie López Obrador die Spielräume sehr eng gewesen. Hier wäre die Situation vergleichbar mit jener in Brasilien, wo sich Präsident Lula auch seine Mehrheiten zusammensuchen muss und dementsprechend Zugeständnisse macht. Ob dabei der Spielraum optimal ausgeschöpft wird, sei hier erst einmal dahingestellt.

Es ist auffällig, dass die konservativ-neoliberale PAN in armen Bundesstaaten mit starken sozialen und politischen Konflikten wie Chiapas, Oaxaca oder

Guerrero jeweils sehr schwach ist und über 17% nicht hinauskommt. Weiterhin fällt auf, dass in zwei dieser Bundesstaaten die Wahlbeteiligung weit unter dem Durchschnitt lag und gleichzeitig die Zahl der ungültigen Stimmen etwa in Chiapas mit 3,5% aller abgegebenen Stimmen fast doppelt so hoch war, wie in der Regel. Mit anderen Worten: der faktische Wahlboykott der Zapatisten hinterließ sichtbare Spuren bzw. die Unzufriedenheit mit dem gesamten politischen System ist in diesen Landesteilen ausgeprägter als andernorts. Wenn es wie in Oaxaca massive Unruhen gibt, ist die konservative Bundesregierung auf die Zuarbeit der regionalen PRI-Kaziken angewiesen, um die Lage wieder in den Griff zu bekommen. Eine Strategie der »harten Hand«, die mittels von außerhalb entsandter Sicherheitskräfte durchgesetzt wird, wie in Oaxaca wiederholt praktiziert, eskaliert die Konflikte und weist keine praktikable politische Perspektive auf. Wenn auch die alte Staatspartei PRI mit ihrer umfassenden Kontrolle der Staatsapparate in den letzten zwei Dekaden einige Regionalkonflikte auf diese Weise niederschlagen konnte, so dürfte dies der konservativen PAN nicht auf Dauer gelingen. Dazu fehlt ihr die nötige regionale Massenverankerung im Sinne einer antiemanzipatorischen und antidemokratischen Gegenbewegung von unten, die gegen linke Basisbewegungen ausgespielt werden kann. Der PAN fehlt auch die umfassende Kontrolle über die verschiedenen Staatsgewalten. Schließlich sollte auch nicht vergessen werden, dass die PRI in den vergangenen Dekaden nach dem Einsatz der repressiven Peitsche, wie in Oaxaca oder Guerrero mehrfach geschehen, immer auch Zuckerbrot verteilte. Was diese sozialen Transfers betrifft, hat die PAN ländlichen Protestbewegungen heute sehr wenig anzubieten. Die derzeitigen Bündnisse der PAN-Bundesregierung mit den PRI-Kaziken in Oaxaca bzw. mit opportunistischen PRD-Gouverneuren in Guerrero und Chiapas sind meiner Einschätzung zufolge der Tendenz nach labil, weil sie vorwiegend auf tagespolitisch motivierten Tauschgeschäften bzw. dem gegenseitigen Zuschanzen von für persönliche Zwecke ausbeutbare Pfründen fußen. Bei größeren Belastungen etwa in Form breiter sozialer Bewegungen können diese pragmatisch geschmiedeten Notallianzen schnell wieder auseinander brechen.

## Politische Krise und Massenaktionen nach Betrugsvorwürfen

So hilfreich die Detailanalyse für die Wahrnehmung von mittel- und längerfristig wirksamen Verschiebungen des politischen Einflusses und von Veränderungen in der politischen Tektonik des Landes ist, so wurde sie doch von einer kurzfristig viel aktuelleren Debatte in den Hintergrund gedrängt: den kurz nach Bekanntgabe der ersten Zwischenergebnisse aufgeflackerten Zweifeln und in den Tagen nach dem 2. Juli 2006 massiv verstärkten Vorwürfen, bei der Abstimmung über die Präsidentschaft sei es mittels vieler Einzelmaßnahmen zu einem groß angelegten

Wahlbetrug gekommen. Der wirkliche Sieger heiße López Obrador und nicht Felipe Calderón. Andrés Manuel López Obrador sprach von »Unregelmäßigkeiten in 50 000 Stimmbezirken« und gab als Parole aus: »Alle Wahlurnen müssen geöffnet und einzeln nachgezählt werden.« Der Oppositionsmann kritisierte seinen Gegner, die Regierung, den gesamten Wahlprozess und nicht zuletzt das Wahlinstitut IFE, das nicht unparteiisch gearbeitet habe. Es habe eine »manipulierte vorläufige Auszählung« gegeben, bei der »drei Millionen Stimmen verschwunden« seien. Die »Auszählung sei voll von Unregelmäßigkeiten und Inkonsistenzen«. In der Wahlnacht hatte Luis Carlos Ugalde, der Chef des Wahlinstituts IFE, das mit einem Haushalt von insgesamt 850 Mio. Euro die »best ausgestattetste Wahlbehörde der Welt ist« (Priess, 2006: 136), mit seiner Weigerung konkrete Zwischenergebnisse zu nennen und seinen nach in alle Richtungen interpretierbaren Andeutungen über ein Kopf-an-Kopf-Rennen zweier nicht namentlich genannter Kandidaten in kritischen Kreisen für eine regelrechte Deja-vu-Stimmung gesorgt. Die Erinnerung an den »Computerabsturz«, der im entscheidenden Moment die Auswertung unterbrochen und so den Sieg von Cuauthémoc Cárdenas verhindert hatte, drängte sich jedem politisch Denkenden geradezu auf. Die Zweifel an der Glaubwürdigkeit der Stimmenauszählung wurden mit dem IFE-Eingeständnis verstärkt, dass, wie López Obrador lautstark moniert hatte, in der Tat 2,5 Millionen Stimmen nicht in die Auszählung eingegangen waren. Das Wahlinstitut IFE begründete dies damit, dass es Stimmen seien aus Bezirken mit »Inkonsistenzen«. Diese hätten erst geklärt werden müssen. Wie es der Zufall so will, ließ deren Einbeziehung in die Auszählung den Vorsprung des Konservativen schmelzen. Vor diesem Hintergrund und belegt mit vielen Einzelbeispielen vertrat López Obrador die These, das Wahlergebnis sei systematisch verzerrt worden. Nur wenn alle Urnen geöffnet und alle Voten »Stimme für Stimme« nachgezählt würden, akzeptiere er das Ergebnis. Gegen diese in einer derart umstrittenen Situation vollkommen logische und legitime Forderung gab es einen Haupteinwand: das Wahlgesetz. Dieses sieht vor, die Urnen nur dann zu öffnen, wenn es im Einzelfall offenkundige konkrete Hinweise auf Unregelmäßigkeiten gibt.

In den Tagen und Wochen nach dem Urnengang kam es zu einem gewaltigen politischen Tauziehen: auf der einen Seite der unterlegene Kandidat und seine in die Millionen gehende Gefolgschaft, die in bisher nicht gekannter Weise gegen den Wahlbetrug auf die Strasse gingen. Einer ersten »Informationsversammlung« am 8. Juli auf dem Zócalo der Hauptstadt folgten wochenlange Mobilisierungen mit Massenblockaden der Hauptverkehrsadern in Mexiko-Stadt, Versammlungen, Demonstrationen. Diese Aktionen der Opposition sprengten den gesetzlichen Rahmen, der die Meinungsfreiheit regelt. Sie hatten den Charakter kalkulierter und kalkulierbarer Grenzüberschreitungen, blieben durchweg friedlich und paralysierten das öffentliche Leben weitgehend. Derart breit getragene Aktionen des zivilen Ungehorsams hatte es in Mexiko bis dahin nicht gegeben. Das Ziel: Urne für Urne sollte nachgezählt und so der vermutete große Wahlbetrug vereitelt werden. Auf der Gegenseite standen der konservativ-neoliberale Block und seine Verbündeten. Sie wollten die Nachzählung mit Rekurs auf die Rechtssituation um jeden Preis verhindern, die Protestbewegung in Scheingefechte verwickeln, ins Leere laufen lassen und im Land selbst sowie international Fakten schaffen durch die schnelle Anerkennung des Nationalkonservativen Felípe Calderón als Sieger der Wahlen. Mit Nachwahlauseinandersetzungen dieser Art und Dimension hatte noch am Wahlabend niemand gerechnet. Es war eingetreten, was die *Neue Züricher Zeitung* drei Tage nach dem Urnengang als »Schreckensszenario« bezeichnete, worauf jedoch »kaum etwas hindeutet« (NZZ, 5.7.06).

Für eine Neuauszählung sprach vor allem, dass diese und nur diese geeignet gewesen wäre, das Vertrauen breiter Bevölkerungsschichten in den Wahlprozess wieder herzustellen und den Unterlegenen zur Anerkennung seiner Niederlage zu bewegen. Dies wäre eine Voraussetzung dafür gewesen, die heftigen innenpolitischen Konflikte wieder einhegen zu können. Dennoch war es von vorneherein wenig wahrscheinlich, dass sich die konservativen Eliten und ihre Verbündeten dazu durchringen würden. Denn die Neuauszählung aller Stimmen wäre ein schwerer Schlag gegen die Glaubwürdigkeit der Wahlbehörde IFE gewesen. Ebenso ein Schlag ins Gesicht der internationalen Wahlbeobachter, unter ihnen die EU-Gesandten, welche, frei von konkreter Detailkenntnis und Möglichkeiten der empirischen Überprüfung, dem Wahlgang unisono und pauschal demokratische Unbedenklichkeitsbescheinigungen ausstellten. Auch die EU-Regierungen sowie die USA wären düpiert worden. Diese konnten sich gar nicht genug beeilen, dem Konservativen zu seinem Sieg zu gratulieren. Hierzu gibt es von Seiten des angesehenen mexikanischen Magazins *Proceso* eine minutiöse Recherche darüber, wie die schnelle Gratulation am Tag nach der Wahl noch vor der Bekanntgabe vorläufiger amtlicher Endergebnisse geradezu organisiert wurde, um auch auf diese Weise Felipe Calderón als »Sieger« international durchzusetzen und so Fakten zu schaffen. Für die EU-Staaten diente dabei die konservative spanische Partido Popular als Multiplikator und Strippenzieher.

Der Antagonismus zwischen den beiden Strömungen Pro- und Contra-López Obrador wuchs im Zuge der heftigsten Nachwahl-Auseinandersetzungen in der Geschichte des Landes weiter. Mexiko, das die jahrzehntelange, autoritäre Einparteienherrschaft erst wenige Jahre davor beendet hatte, durchlebte eine äußerst turbulente Phase mit einer Rückkehr zu autoritären politischen Verkehrsformen, welche die PRI-Herrschaft gekennzeichnet hatten. Dies umso mehr, als parallel zum Ringen um das Wahlergebnis aber in der Sache und von den involvierten

Akteuren unabhängig davon im südlichen Bundesstaat Oaxaca der wochenlange Lehrerstreik sich im August zu einer Rebellion auswuchs mit dem Ziel, die PRI-Landesregierung zu stürzen. In beiden Fällen ging es um die Legalität und Legitimität der Regenten, die ihnen von breit getragenen Massenbewegungen bestritten wurde. Bemerkenswert und ein Umstand, der die Niederlage beider Bewegungen mit erklärt, ist, dass beide Bewegungen zeitgleich agierten, jedoch unabhängig voneinander und unkoordiniert handelten. Während López Obrador mit der ihm nahe stehenden städtische Wahlprotestbewegung von der Straße aus Druck entfalten wollte, um innerhalb des gegebenen institutionellen Rahmens Präsident zu werden und Sozialreformen anstoßen zu können, setzte die sozialpolitische Basisbewegung Oaxacas auf die Karte einer außer- und zum Teil antiparlamentarischen Straßenmobilisierung mit stark systemkritischen Untertönen. Diese weit auseinander liegenden Oppositionskonzeptionen verhinderten, dass es auf dem jeweiligen Höhepunkt ihrer Mobilisierungsfähigkeit, also zwischen Juli und September 2006, zu einem Aktionsbündnis beider Bewegungen kam. Darauf waren beide Akteure weder politisch-ideologisch noch praktisch vorbereitet. In beiden Fällen handelte es sich um schnell wachsende und im wesentlichen spontane Massenbewegungen, die ausgehend von konkreten demokratischen Forderungen gewissermaßen aus dem Nichts entstanden und kaum über innere Strukturen und Abstimmungsmechanismen verfügten. Angesichts der stürmischen politischen Prozesse und der genannten organisatorischen und politischen Grenzen beider Bewegungen ist es von einer abstrakten Warte aus betrachtet zwar bedauerlich, jedoch nicht wirklich überraschend, dass es zu keiner Aktionseinheit der Wahlprotestbewegung in der Hauptstadt und der Rebellion in Oaxaca gegen den neoliberalen Block aus PAN und PRI kam. Eine derartige Aktionseinheit, die weder von den Einen noch von den Anderen ernsthaft ins Auge gefasst wurde, hätte die Konfrontation der Unzufriedenen mit dem autoritär-neoliberalen Block auf eine qualitativ höhere Stufe gehoben. Deren Fehlen ermöglichte, beide Konflikte jeweils für sich und auf eine jeweils spezifische Art und Weise zu Gunsten der Status-quo-Bewahrung zu beenden. Während in der Hauptstadt die parlamentarisch orientierten Reformer das inner- und zwischeninstitutionelle Ringen verloren, tat in der Provinz die blanke Repression das Ihre, um die radikalere und außerparlamentarische Basisbewegung unter dem Dach der APPO vorerst zurückzuschlagen.

Die Auseinandersetzungen um die Legalität und Legitimität des Wahlsiegers flauten zwar im Herbst 2006 langsam ab, prägten Mexiko jedoch bis zur Amtseinführung des neuen Präsidenten im Dezember 2006 und in den ersten Monaten seiner Präsidentschaft. Formell wurde der Konflikt durch das oberste Wahlgericht (TEPJF) zugunsten des Konservativen beendet, der mit einem offiziellen Vorsprung von 233 000 Stimmen oder einem halben Prozentpunkt zum Sieger erklärt wurde. Das Wahlgericht wies die Klage wegen systematischer Unregelmäßigkeiten im Wesentlichen ab. Es erklärte die Wahlen trotz festgestellter Unregelmäßigkeiten für gültig und begnügte sich mit einigen kosmetischen Korrekturen des Ergebnisses. Damit waren aber die Protestbewegung und Andrés Manuel López Obrador nicht einverstanden und beharrten auf ihrer ursprünglichen Forderung nach einer vollen Überprüfung des Ergebnisses, wenngleich sie damit auf der institutionellen Ebene auf verlorenem Posten standen. Dennoch stellte die von López Obrador und den Parlamentariern der Mitte-Links-Fraktion verweigerte Anerkennung für den Präsidenten Felipe Calderón eine schwere Hypothek dar.

## 4. Die aktuelle Regierung Calderón: Marktfreiheit und politische Repression

Die Amtsübernahme von Felipe Calderón erfolgte am 1. Dezember 2006 in Form einer Schmierenkomödie. Wegen seiner Ablehnung durch die Mitte-Links-Parlamentsfraktion FAP, die Proteste angekündigt hatte, griff die regierende Rechte zur Taktik des Blitzkriegs, so kritische Berichterstatter. Schwer bewacht von einem Tross aus Polizei und Militär leistete der Präsident in rekordverdächtiger Kürze von nur fünf Minuten seinen Amtseid und verließ danach schleunigst wieder das Parlament, in dem sich die Abgeordneten eine Schlägerei lieferten. »Gitter, Schranken und bewaffnete Männer mussten eine Art Schutzblase bilden, um Felipe Calderón vor dem Zorn jener zu schützen, die in ihm einen Thronräuber sahen«, schrieben Hernández Navarro und López y Rivas (2007: 263). Die Eile und das Sicherheitsaufgebot waren nötig wegen der politischen Schwäche und dem Mangel an Legitimität, die dem Amtsantritt des zweiten PAN-Präsidenten anhafteten. Selbst das englische Wirtschaftsmagazin *Economist*, das über Neoliberale kein schlechtes Wort zuviel verliert, attestierte Felipe Calderón »ein schwaches Wahlmandat« (*Economist*, 20.8.2007). Die TV-Sender Mexikos mussten all ihre Manipulationskunst aufbieten, um Bilder übertragen zu können, die Normalität vortäuschten. Von einer Aufbruchstimmung, welche die ersten Monate seines Parteifreundes und Amtsvorgängers Fox begleitete, war nicht das Mindeste zu spüren. Wenige Tage davor war in Oaxaca die Volksrebellion fürs Erste blutig niedergeschlagen worden, mit Toten, Verletzten und hunderten Verhafteten. Diese wurden in den Provinzgefängnissen entwürdigt und gefoltert, während die PAN in der Hauptstadt hektisch ihre Amtsübergabe über die Bühne brachte.

Die Zusammensetzung der zweiten PAN-Regierung sowie die ersten Maßnahmen, zu denen die drastische Erhöhung des Soldes für Militärangehörige gehörte, zeigten bereits, in welche Richtung der Zug fahren soll: mehr von demselben, *más de lo mismo,* aber das mit harter Hand. Die Berufung des autoritären Rechtsaußen und ehemaligen Gouverneurs von Jalisco, Francisco Ramírez Acuña, war in dieser Hinsicht eindeutig. Der neue Innenminister war in Guadalajara für die Verhaftung mit nachfolgender Folter hunderter Jugendlicher verantwortlich, die gegen einen Präsidentengipfel protestiert hatten. Weitere Minister wie Ana Teresa Aranda (Soziale Entwicklung) oder der Chef des Präsidentenbüros und aktuelle Innenminister Juan Camilo Mouriño sind ebenfalls für ihre engen Verbindungen zur Rechten bekannt. Vom ersten Moment an hofierte die zweite PAN-Regierung das Militär. Im Falle des katholischen Klerus, der Massenmedien und des Finanzkapitals war das nicht nötig, die hatte sie ohnehin voll auf ihrer Seite.

Anders als sein Vorgänger Vicente Fox, der auch im eigenen Lager seinen eigensinnigen Laissez-faire-Stil pflegte, kontrolliert Präsident Felipe Calderón seine Partei. Ein »langjähriger Weggefährte«, so Frank Priess, der über rechte Interna gut informierte Vertreter der Konrad-Adenauer-Stiftung in Mexiko, übernahm mit 97% der Stimmen den Vorsitz, wobei sich andere Kandidaten über »die einseitigen Wettbewerbsbedingungen beklagt« hatten und zurückzogen. Der Präsidenten-Intimus an der PAN-Spitze räumte sogleich im Funktionärsapparat auf. Er entließ von 200 PAN-Mitarbeitern rund 2/3 und ersetzte sie »durch Vertrauensleute des neuen Mannes an der Spitze« (Priess, 2008: 14). Nach dieser Machtdemonstration von oben dürfte gewährleistet sein, dass die Abstimmung zwischen PAN-Partei und PAN-Präsident klappt. Wie zu Zeiten der PRI-Präsidenten dürfte nach diesem Manöver die Partei kuschen, wenn Präsident Calderón die Richtung vorgibt.

Die zweite Änderung gegenüber dem Vorgänger betrifft die Bündnisbildung im Parlament. Während Vicente Fox de facto auf eine Kohabitation zwischen PAN und PRI gesetzt hatte, ohne diese jedoch in verbindliche Absprachen zu gießen, hat Felipe Calderón mit der PRI-Führung von vorneherein feste Vereinbarungen getroffen. Er sicherte der PRI offensichtlich in Sachen Haushalt und anderen Fragen Mitgestaltungsmöglichkeiten zu. Kritische Beobachter wie Pedro Echeverría gehen davon aus, dass die Zentralregierung in informellen Absprachen weitere Verpflichtungen einging. So etwa alle Versuche zu vereiteln, die unpopularen und wegen verschiedener Vergehen unter Druck stehenden PRI-Gouverneure in Oaxaca und Puebla vorzeitig aus dem Amt zu drängen. Die Zusage, den Verbrecher Ulises Ruiz Ortíz als Gouverneur in Oaxaca im Amt zu halten und die Opposition gegen ihn zu unterdrücken, war das erste politische Tauschgeschäft, das Calderón, noch nicht im Amt, und die PRI-Führung aushandelten. Weitere betrafen die PRI-Zustimmung für den Einsatz der Armee auf den Straßen oder die Straffreiheit für die Geschäfte von Vicente Fox und seiner Familie. Im Gegenzug sicherte der neue Präsident der korrupten Führerin der Lehrergewerkschaft SNTE, Esther Gordillo, freie Hand in Oaxaca zu, beim Versuch die dortige oppositionelle Sektion XXII der SNTE zu spalten und so politisch zu neutralisieren. Er sagte, so Pedro Echeverría (*Rebelión,* 26.4.2008), der PRI Funktionen und Posten im Parlament zu etc. pp. Im Wechsel für diese Zugeständnisse bekam Präsident Calderón eine stabile Parlamentsmehrheit aus PAN und PRI. Um die Regierung und die PAN/PRI-Fraktion gruppieren sich seither diejenigen, die das neoliberale Projekt fortführen und vertiefen wollen. Der Regierungsblock findet dabei immer wieder Unterstützung in den übrigen fünf Kleinparteien, die neben den drei Großen derzeit im Kongress Abgeordnete stellen: sei es von Seiten der neoliberalen PANAL, einer rechten PRI-Abspaltung, sei es von der pseudo-ökologischen PVEM oder sei es vom rechtssozialdemokratischen Flügel der Mitte-Links-Fraktion FAP. Bei mehreren Gelegenheiten trug der PRD-Parteiflügel um Jesús Ortega dem Regierungsblock seine Stimmen an, obwohl dieser sie gar nicht benötigte, um mehrheitsfähig zu sein. Sinn macht dieser vorauseilende Gehorsam nur aus der Perspektive des PRD-internen Flügelstreits. Gegenüber López Obrador, der jedwede Kooperation mit der Regierung Calderón strikt ablehnt, will sich Jesús Ortega als führender Vertreter einer »vernünftigen, pragmatischen und modernen« Linken darstellen. Diese Strategie kommt sowohl bei den nationalen wie auch den internationalen Massenmedien gut an. Auch von Seiten der internationalen Rechten wird Jesús Ortega als der PRD-Mann gehandelt, mit dem man reden und verhandeln kann. López Obrador gilt dagegen als politisch unzurechnungsfähiger Demagoge und Populist. Indessen ist die Wahrnehmung in den sozialen Bewegungen eine gänzlich andere: Während den PRD-Flügel um López Obrador viele als parlamentarischern Bezugspunkt sehen, wird dem Flügel um Jesús Ortega unterstellt, er habe sich kaufen lassen und fungiere als verlängerter Arm der Regierung in der institutionellen Linken.

Der erfahrene Parteipolitiker Calderón, der unter seinem Vorgänger das Amt des Energieministers bekleidete, hat offenbar aus den gesetzgeberischen Misserfolgen der Regierung Fox gelernt: Sehr professionell formte er eine Ministerriege, in der keiner aus der Reihe tanzte, zentralisierte die Medienarbeit in der Hand eines vertrauten Profis, zog hinter den Kulissen die Strippen, um mit der PRI eine verlässliche Allianz im Parlament zu bilden und setzte gegenüber der Öffentlichkeit sofort nach Amtsantritt einen Akzent, der Eindruck machte: Präsident Calderón beorderte 24 000 Soldaten aus den Kasernen, damit sie auf der Straße und in den Städten den Kampf gegen die Drogenmafia führten. Auf die Vielzahl der schlecht ausgebildeten, schlecht bezahlten und deshalb korrupten Polizeien sei kein Verlass, deshalb müsse die Armee ran, sekundierte neben anderen auch die Konrad-Adenauer-Stiftung (Priess, 2008: 27f.). Ausnahmegesetze in Regionen und großen Städten, Razzien, Straßensperren, Verhaftungen und Schusswechsel mit Mafiakillern waren das Begleitprogramm dieser ersten Maßnahme. Des Weiteren entließ der Minister für öffentliche Sicherheit, Genaro García Luna, im Zuge einer Anti-Korruptions-Maßnahme an einem einzigen Tag knapp 300 Führungskräfte der Bundes- und Steuerpolizei. Unter ihnen waren die 34 obersten Befehlshaber der Bundespolizei in allen Bundesstaaten. Dies kam in der Bevölkerung gut an, die unter der wachsenden öffentlichen Unsicherheit leidet. Es keimte die Hoffnung, der neue Präsident mache ernst mit dem Kampf gegen die Drogenmafia. Die Meinungsforschungsinstitute meldeten höhere Zustimmungsraten. Auch in Sachen Reformen schlug Präsident Calderón ein forsches Tempo an. Vorabsprachen mit der PRI und die Kontrolle der PAN-Fraktion führten dazu, dass schon nach wenigen Monaten einige heikle Themen in abstimmungsreife Gesetze gegossen werden konnten. In der Außenpolitik behielt die zweite PAN-Regierung ihre Ausrichtung auf die USA bei, korrigierte aber Übertreibungen ihrer Vorgängerin, die für Kontroversen gesorgt hatten. So bemühte sie sich wieder um ein besseres Verhältnis zu Venezuela, beendete die anticastristische Ausrichtung der Kuba-Politik und verbesserte die Zusammenarbeit. Mexiko signalisierte Lateinamerika, dass es sich nicht nur einseitig nach Norden ausrichtet, sondern auch Richtung Süden eine verstärkte Kooperation sucht. In jeder Hinsicht demonstrierte der neue Amtsinhaber Regierungsfähigkeit und strafte so die vielen Skeptiker Lügen, die angesichts der anfänglich geringen Legitimität und des erklärten Widerstandes seines Widersachers López Obrador eine schwache Regierung befürchtet hatten.

Die Abstimmung der Rentenreform (Ley ISSSTE), welche die Renten der Staatsangestellten auf Kapitalkonten umstellt und die Altersversorgung gerade für Geringverdiener verschlechtert, wurde im Einvernehmen mit der PRI bestanden. Straßenproteste und gewerkschaftliche Mobilisierungen wurden einfach ignoriert. Bei den nächsten Vorhaben, der Wahlreform und der Fiskalreform, gelang es Präsident Calderón im Tausch für einige Zugeständnisse auch die PRD-Fraktion mit ins Boot zu holen. López Obrador wetterte zwar auf den Straßen und Plätzen gegen diese Reformen, allein die PRD-Fraktion schenkte seinen Argumenten kein Gehör. Zwar mobilisierte der Ex-Präsidentschaftskandidat weiter auf den Strassen, es war aber offensichtlich, dass die PRD-Fraktion im Parlament sein Kontaktverbot mit dem »unechten Präsidenten« nicht ernst nahm. Sie verhandelte und kooperierte vielmehr. Die Zerstrittenheit und der unklare Kurs machten auf die Wechselwähler, die sich von der PRD abwandten, keinen guten Eindruck. Meist wurde für die selbst gemachten Probleme der PRD der vermeintlich »wirklichkeitsfremde« Kurs von López Obrador verantwortlich gemacht. Ein Jahr nach der umstrittenen Präsidentschaftswahl befand sich Präsident Calderón auf dem Höhepunkt seiner Macht: die PRI in eine verlässliche Allianz eingebunden und die PRD mit Hilfe weniger Zugeständnisse in verfeindete Flügel gespalten. Die außerparlamentarischen Bewegungen standen noch unter dem Eindruck der bestialischen Repression in Oaxaca, die, Rechtsstaat hin oder her, einfach durchgezogen wurde.

Ab Sommer/Herbst 2007 begann sich das Blatt zu wenden. Trotz anhaltender Unterdrückung, trotz flächendeckender Polizeipräsenz und trotz interner Differenzen meldete sich die APPO in Oaxaca im Mai, Juni und Juli 2007 mit Massenaktionen wieder auf der politischen Bühne zurück. Es kam im Juli 2007 zu einer zweiten brutalen Repressionswelle, die jedoch nicht ausreichte, um die APPO erneut in die Knie zu zwingen. Diese Widerständigkeit machte Eindruck. Ein zweiter Punkt, ebenfalls in Oaxaca, die Verhaftung und das nachfolgende Verschwindenlassen von zwei zivilen Kadern der EPR-Guerilla entwickelte sich aus Sicht des Staates regelrecht zu einem politischen Rohrkrepierer. Die EPR forderte ihre Leute lebend zurück und begann nach Wochen des Zuwartens im Juli eine folgenschwere Militärkampagne gegen Ziele des staatlichen Ölkonzerns PEMEX. Die PAN-Bundes- und die PRI-Landesregierung, die zunächst geschwiegen hatten, leugneten beide mit dem Fall irgendetwas zu tun zu haben. Die EPR schlug ein weiteres Mal zu und erhöhte so den Druck. Der PRI-Gouverneur von Oaxaca ließ eine Zeitungsanzeige schalten, in der die Verhaftung der beiden zugestanden wurde, allerdings wisse er nichts über deren Verbleib. Seine Landesbehörden seien nicht in den Fall verwickelt. Die PAN-Bundesregierung machte weiter auf unwissend und wechselte im Herbst den Innenminister aus. Die EPR-Guerilla sicherte zu, die Anschlagserie sofort zu beenden, wenn die Verhaftet-Verschwundenen wieder auftauchten. Damit manövrierte sie die Regierung Calderón in eine Zwickmühle, aus der sie bis heute nicht entkommen konnte. Die Debatte um die EPR-Verschwundenen brachte die Regierung in Sachen Menschenrechte ins Zwielicht. Den von den Folgewirkungen der Guerillaaktionen vor allem betroffenen internationalen Konzernen wurde schmerzlich bewusst, dass die Regierung die Sicherheitslage entgegen ihren vollmundigen Verlautbarungen nicht im Griff hatte. Überdies ermöglichte die Kampagne um die beiden Verschwundenen der EPR die politische Isolation zu durchbrechen, in der sie sich seit ihrer Gründung vor zwei Jahrzehnten befunden hatte. Mit weiteren Aktionen gab die soziale Opposition links von der PRD deutliche Lebenszeichen von sich. Im Herbst 2007 nahm eine landesweite Mobilisierung der Campesinos Fahrt auf. Minenarbeiter begannen an mehreren Standorten erbitterte Streiks, die sich über Monate hinzogen.

Im Winter 2007/2008 formierte sich auch der linke PRD-Flügel um López Obrador neu. Mit Blick auf die bevorstehende Debatte um die Privatisierung der PEMEX konnte López Obrador eine breit getragene, städtische Anti-Privatisierungsbewegung aufbauen, deren Aktionen im Frühjahr 2008 die Regierung das

Fürchten lehrte und die neoliberale Offensive an diesem Punkt fürs Erste stoppen konnte. Der gescheiterte Versuch, die PEMEX-Privatisierung via fast-track durchs Parlament zu peitschen, war die erste schwere Niederlage der Regierung Calderón. Kurz danach gingen im Mai/Juni 2008 in Oaxaca die Lehrerinnen und Lehrer zusammen mit der APPO wieder massiv auf die Straßen. Zu größeren Streiks und Mobilisierungen im Bildungssektor kam es auch in anderen Bundesländern im Süden, vor allem in Michoacán und Chiapas. Die EPR-Guerilla lancierte im April 2008 – zum ersten Mal in ihrer langjährigen Geschichte – eine Verhandlungsinitiative mit dem Ziel, das Schicksal ihrer beiden Verhaftet-Verschwundenen aufzuklären. Damit brachte sie die Regierung Calderón erneut in eine schwierige Lage. Denn diese musste erstmals zumindest implizit anerkennen, dass es sich bei der Untergrundorganisation nicht um eine Terrorgruppe, sondern um eine systemfeindliche Kraft handelt, die ernst zu nehmende politische Forderungen stellt.

Präsident Calderón geriet aber nicht nur von Seiten der außerparlamentarischen Bewegungen und dem López Obrador zugeneigten Flügel der PRD unter Druck. Der Wirtschaftsabschwung in der USA ließ auch in Mexiko erste Folgewirkungen sichtbar werden: So musste die Wachstumsprognose auf unter 3% abgesenkt werden. Auch die Remesas, die Überweisungen der im benachbarten Ausland lebenden Mexikanerinnen und Mexikaner waren im ersten Quartal 2008 mit minus 3% seit langem wieder einmal rückläufig. In den USA nimmt der Druck auf die 6,2 Millionen Landsleute zu, die keine Aufenthaltserlaubnis haben. Gleichzeitig schossen im ersten Quartal 2008 die Aufwendungen für Lebensmittelimporte geradezu in die Höhe, Vorboten weiterer Preissteigerungen bei Grundnahrungsmitteln.

Ebenso ungünstig wie der neue Aufschwung sozialer Bewegungen und die abgeschwächte Wirtschaftsentwicklung dürfte für die Regierung die Tatsache sein, dass sie mit der Militarisierung ihrer Antidrogenpolitik keinerlei spürbare positive Effekte bewirken konnte. Zwar versuchen Regierungsstellen die Lage gesund zu beten mit dem Tenor, die erhöhte Gewaltbereitschaft der Drogenmafia sei ein Anzeichen für deren Nervosität und Schwäche. »Wenn man sie in die Enge treibt und sie schwächer werden, müssen sie mit Gewalt antworten«, so der Generalsstaatsanwalt Eduardo Medina Mora. Diese These findet ausserhalb des Regierungslagers jedoch kaum Anhänger. Vielmehr wächst die Zahl der kritischen Stimmen, weil trotz des hohen Militäraufgebots und trotz Ausnahmegesetzen in Städten und ländlichen Regionen die Gewalt nicht ab-, sondern vielmehr weiter zugenommen hat. 2001, im ersten Jahr einer PAN-Regierung, wurden 1080 Exekutionen im Drogenmilieu registriert. 2005 waren es bereits 1600 Tote. Die Zahl stieg 2006 bereits auf 2200 um sich 2007 auf über 2500 Gewalttote im Zusammenhang mit Drogenkonflikten einzupendeln. In den ersten fünf Monaten des Jahres 2008 sind die Gewaltverbrechen im Zusammenhang mit organisierter Kriminalität und Drogenhandel erneut um 47% nach oben geschnellt, so der Generalstaatsanwalt Eduardo Medina Mora. In den 18 Monaten der Amtszeit von Präsident Calderón seien 4152 Morde zu verzeichnen gewesen, darunter 450 an Polizisten, Justizangehörigen und Soldaten (BBC, 24.5.2008). Unter den Toten war auch eine Reihe hochrangiger Sicherheitsleute. Vor allem die an die USA angrenzenden Bundesstaaten im Norden leiden besonders unter der Gewaltwelle. Es geht um die Kontrolle von Territorien und Schmuggelrouten. Etwa 90% des Kokains, das in den USA konsumiert wird, passiert Mexiko. Die mexikanischen Kartelle lieferten zudem neun Millionen Tonnen Marihuana und 17 Tonnen Heroin sowie eine unbekannte Menge an synthetischen Drogen. Der Gesamtwert der auf diese Weise pro Jahr vermarkteten Drogen soll nach Schätzungen der US-Anti-Drogenbehörde DEA bei über 20 Milliarden US-Dollar liegen. Davon fließen 10 Milliarden US-Dollar jährlich nach Mexiko zurück. Der mexikanische Staat gibt nach eigenen Angaben 3,9 Milliarden US-Dollar im Anti-Drogen-Kampf aus (*Mercado,* 2008). Im Rahmen der Merida-Initiative will die Regierung Bush in einem Zeitraum von drei Jahren 1,4 Milliarden US-Dollar zu Verfügung stellen, um »Drogenhandel und organisierte Kriminalität zu bekämpfen«, so der offizielle Diskurs. Die mexikanische Regierung hat nach eigenen Angaben in der Amtszeit Präsident Calderóns Drogengelder in Höhe von 909 Millionen US-Dollar konfisziert. Man habe 55 Tonnen Kokain, 2805 Tonnen Marihuana, sowie bedeutende Mengen an Crack, Heroin, Opiummasse sowie Waffen, über 7000 Fahrzeuge und sogar Flugzeuge beschlagnahmt. Weiterhin seien, so Vize-Generalstaatsanwalt José Luis Vasconcelos, über 30 000 Hektar Marihuana und etwa 20 000 Hektar Mohnpflanzungen vernichtet worden.

Das erste Problem, das sich aus der Militarisierung der Drogenbekämpfung ergibt, besteht darin, dass bereits die jetzige Gewaltwelle »in bedeutendem Masse von einem dritten Akteur ausgelöst wurde: dem Staat«. Die Militarisierung habe ein »zwiespältiges Resultat« gezeitigt, so die *Neue Zürcher Zeitung* (NZZ, 26.5.2008). Zwar seien beträchtliche Mengen an Drogen beschlagnahmt und führende Kartellbosse getötet oder verhaftet worden. Andererseits habe dies bewirkt, dass Angehörige der zweiten Hierarchiestufe nach vorne drängten und hierbei von allem Mitteln Gebrauch machen. Das zweite Problem ist noch wesentlich gravierender: Der NZZ-Autor Alex Gertschen umreißt die Dimension: »Der Grund, weshalb diese internen Konflikte entlang den Transitrouten die ganze Gesellschaft betreffen, liegt darin, dass tatsächlich die ganze Gesellschaft involviert ist. In Städten wie Culiacán, der Hauptstadt Sinaloas, Laredo, Tijuana oder Juárez hat sich das organisierte Verbrechen in den letzten zwei Jahrzehnten wie ein Krake ausgebreitet.« In Chihuahua, seit jeher Hochburg der konservativen PAN, »verfügen rund 60% aller Unternehmen über Eigentum, das zumindest indirekt aus dem Drogenhandel stammt« (NZZ, 26.5.2008). In diesem Bundesstat liegt auch einer der Gewaltschwerpunkte. Allein in den ersten fünf Monaten 2008 wurden knapp 450 Menschen ermordet, gegenüber 317 im Jahr 2007 (*La Jornada,* 30.5.2008). »Politikern und Polizisten ist es unmöglich, diese finanzielle Macht ausser acht zu lassen. Entweder man lässt sich von ihr kaufen – oder man stellt sich gegen sie. In jedem Fall lebt man gefährlich«, so NZZ-Autor Gertschen.

Organisierte Kriminalität braucht offizielle Protektion. Aber abgesehen von einigen wenigen Ausnahmen wie im Falle des ehemaligen Gouverneurs von Yucatán, Mario Villanueva, oder des PAN-nahen Geschäftsmannes chinesischer Herkunft, Zhenli Ye Gon, in dessen Haus die Polizei 205 Mio US-Dollars in Bargeld fand, wurden weder Mentoren in der Politik noch Geldwäscher festgenommen. Zu Ausnahmen kommt es mitunter, wenn die USA entsprechend Druck ausüben. Insgesamt jedoch, so Experten der Vereinten Nationen, gebe es »taktische oder explizite Allianzen zwischen politischen Akteuren und Unternehmern sowie kriminellen Organisationen«. Die organisierte Kriminalität dringe mittels persönlicher Beziehungen, Bestechungen oder Erpressungen in die politischen Institutionen ein. Sie feudalisiere die betroffenen Gemeinden regelrecht, wenn die finanzierte Person Bürgermeister, Abgeordneter oder Gouverneur werde. Nach Angaben der UN-Experten seien 60% aller mexikanischen Gemeinden auf diese Art und Weise feudalisiert. Von den Kommunen aus dringe die Drogenmafia auf höhere politische Ebenen wie die Regierungen der Bundesländer vor (*La Jornada,* 26.6.08). Die mexikanische Regierung will der zunehmenden Gewalt der Drogenmafia mit einer weiteren Aufstockung der auf den Straßen aktiven Soldaten auf über 30 000 Mann begegnen. Damit verschärfen sich auch die damit zusammenhängenden Probleme: Die Soldaten sind für Polizeiaufgaben weder ausgebildet noch ausgerüstet und deshalb nicht besonders gut für den Einsatz gegen die Drogenmafia geeignet. Die Anfälligkeit für Korruption steigt mit jedem Tag, den die Armee auf den Strassen ist. Das vermeintlich kleinere Übel erweist sich, zumal es weder gelingt das Übel krimineller Gewalt einzudämmen noch eine zeitliche oder räumliche Begrenzung der Maßnahmen definiert wurde, als zusätzliches Übel. Denn immer wieder kommt es im Zuge der Armeeoperationen zu schweren Übergriffen und Menschenrechtsverletzungen. Schließlich rekrutieren die Drogenmafiosi gezielt die besten Soldaten für ihre Privatarmeen. Die mexikanischen Streitkräfte verlieren jährlich tausende Soldaten durch Desertion. Allein zwischen Januar und September 2007 verließen 4956 Soldaten aller Ränge die Kasernen ohne wiederzukehren. Die meisten kehrten der Armee aus Gründen der schlechten Bezahlung den Rücken. Ein Soldat bekam 2006 etwa 350 US-Dollars im Monat, bevor die neue Regierung den Sold auf 500 US-Dollars erhöhte (*Mercado,* 2008). Von der Regierung als »Vaterlandsverräter« gescholten, wechseln viele zu besser betuchten Mafiajobs. Aus Elitesoldaten, die Funktionsweisen, Denkweise und Sprache der Militärs bestens kennen, werden Killer. Einige Banden, wie die so genannten Zetas, die Killertruppe des Golf-Kartells, bestehen offenbar zu einem erheblichen Teil aus Ex-Militärs.

Hier gilt es einen weiteren, in der breiten Öffentlichkeit noch kaum diskutierten Punkt zu beachten: Zumindest bei der Niederschlagung der ersten Welle der Volksrebellion in Oaxaca haben offenbar die Zetas Funktionen und typische Aufgaben paramilitärischer Banden übernommen. Sie agierten, wie im Falle der von Drogencapos finanzieren Privatarmeen in Kolumbien, in enger Kooperation mit Armee- bzw. Polizeikräften. Da sich die Zetas aus ehemaligen Militärs rekrutieren, wird die Lage ziemlich unübersichtlich. Aber genau das ist ja auch der Zweck der Übung. Die selektive und massive Einschüchterung legaler Bewegungen und ihrer Unterstützungsbasis soll erfolgen, ohne dass dabei in den besonders schweren Fällen wie Mord und Verschwindenlassen Armee und Polizei verantwortlich gemacht werden können. Die EPR-Guerilla (12.5.2008) hat die These aufgestellt, dass es Belege gebe »für die Existenz von paramilitärischen Gruppen und deren Operationsfähigkeit im ganzen Land«. Diese würden von »Polizisten, Marineangehörigen und Militärs strukturiert und dirigiert und spezialisieren sich auf die Jagd nach sozialen Aktivisten.« Um ihre »schmutzigen und verfassungsfeindlichen Aktivitäten aufrechterhalten zu können, entführen, erpressen und überfallen sie Unternehmer, kleine Drogenhändler und reiche Kaufleute.« Ihre kriminellen Aktivitäten führten »sie unter der Tarnung als Zetas« durch. Auch andere Gruppierungen der außerparlamentarischen Linken wie die Demokratische Revolutionäre Tendenz (TDR-EP) gehen davon aus, dass Drogenhandel und staatliche Institutionen eng miteinander verflochten seien und hinter einer »Nebelwand aus Terror« (TDR-EP, 18.5.2008) die politisch motivierten Verbrechen der Staatsapparate verschwinden bzw. verschleiert werden sollen. Die Menschenrechtsorganisation Afadem präzisierte diese Arbeitsteilung am Beispiel einiger Fälle von Verschwundenen (Camacho 2008: 2).

In der Tat ist es etwa den unterschiedlichen Militärgeheimdiensten ein Leichtes, ihre Angehörigen als vermeintlich zur Mafia übergelaufene Ex-Militärs einzuschleusen und sie unter dieser Maske agieren zu lassen. Die Frage ist, siehe Kolumbien, nicht, ob das Militär in diesem Sinne handelt, sondern lediglich in welchem Umfang. Zukünftige Untersuchungen müssen zu Tage bringen, auf welchen Stufen der Befehlskette derartige Strategien erdacht und umgesetzt werden. Da es sich bei Delikten wie dem Verschwindenlassen von Personen um schwerste Verbrechen handelt, die der arbeitsteiligen Mitwirkung Vieler bedürfen, ist nicht davon auszugehen, dass niedrige militärische Ränge oder lokale Kaziken dafür eigenverantwortlich die Initiative ergreifen. Die historische und juristische Aufarbeitung der Menschenrechtsverletzungen in Süd- und Mittelamerika belegt: Verbrechen wie das Verschwindenlassen von politischen Gegnern fanden auf Anweisung oder mit stillschweigender Duldung höchster Regierungsebenen statt.

Die Gesamtschau Mitte 2008 zeigt, dass der Regierung Calderón der Wind ins Gesicht bläst. Es scheint, dass sie die politische Initiative verloren hat. Das Zeitfenster, in dem sie die Chance hat, ihre neoliberalen Strukturreformen in Sachen PEMEX und Deregulierung des Arbeitsrechts durchs Parlament zu bringen, ist knapp bemessen. Der stets gut informierte und vorausschauende *Economist* hatte dies schon vor einem Jahr konstatiert. Angesichts »mächtiger Gegeninteressen« sei bei diesen Themen »erheblicher politischer Widerstand« zu erwarten. Die PAN sei auf eine keineswegs homogene PRI-Fraktion angewiesen, deren interne Disziplin unter den Verwerfungen der letzten Jahre gelitten habe. Eingedenk deren Bereitschaft zu abrupten Kurswechseln, wenn es dem Wahlerfolg dient, »könnte sich die Lage schnell ändern« (*Economist,* 21.8.2007). Die Parlamentswahlen, die 2009 stattfinden, werfen ihre Schatten voraus. Ebenso wie die PAN will die PRI vermeiden, an den Urnen die politischen Kosten für unpopulare Entscheidungen übernehmen zu müssen. Aus diesem Grund hält sie sich zwischen Mitwirkung an der Regierungspolitik und Obstruktion alle Wege offen. Auch die Konrad-Adenauer-Stiftung macht sich diesbezüglich Sorgen: »Derzeit ist nicht abzusehen, ob die Kraft der Regierung und ihr Verhandlungsgeschick ausreichen, signifikante Modernisierungen durchzusetzen« (Priess, 2008: 27). Wenn es im Sommer und Herbst 2008 den sozialen Bewegungen in ihrer Gesamtheit mit weiteren Mobilisierungen gelänge, die Regierung auf mehreren politischen Feldern zu verausgaben, wäre es möglich, die Vertiefung des neoliberalen Kurses bis auf weiteres zu blockieren. Sollte diese Variante eintreten, könnte die anti-neoliberale Opposition gestärkt nach vorne schauen. Sie hätte Zeit gewonnen, sich organisatorisch zu konsolidieren und Aktionseinheiten aufzubauen und zu stärken.

# Teil II: Anti-neoliberaler Widerstand und politische Alternativen

Der Amtsantritt des Konservativen Felipe Calderón zum Präsidenten eröffnete eine neue Phase, die von Beginn an mitgeprägt war von linken und popularen Mobilisierungen. Zuvor hatte Mexiko unter dem Druck der bedeutendsten Massenbewegungen seit Jahrzehnten seine sprichwörtliche politische Stabilität eingebüßt. Das Schreckgespenst »Unregierbarkeit« geisterte vorübergehend durch die Leitartikel, bis sich der neue Präsident Dank seiner mächtigen Verbündeten in Wirtschaft, Medien, Parlamentsparteien und im Ausland im Amt konsolidieren konnte. Derzeit findet ein spannender und für das Kräftespiel des gesamten amerikanischen Doppelkontinents bedeutsamer Prozess der Neugruppierung aller politischen Kräfte statt. Dabei kommt linkszentristischen und linken Bewegungen, Bündnissen und Parteien eine Schlüsselrolle im Kampf gegen den autoritär-neoliberalen Kurs des Blocks aus Nationaler Aktionspartei PAN und Partei der Institutionellen Revolution (PRI) zu.

Die Bewertungen und Einschätzungen über den derzeitigen Zustand der mexikanischen Linken könnten jedoch unterschiedlicher kaum sein, wie ein Kurzüberblick veranschaulicht. Ein Teil der reformorientierten und kritischen Intellektuellen sieht nach der Wahlniederlage des Mitte-Links-Kandidaten Andrés Manuel López Obrador die Linke insgesamt gelähmt. Der Soziologe Roger Bartra sprach in einem Beitrag für die von der SPD-nahen Friedrich-Ebert-Stiftung in Caracas herausgegebene und in Lateinamerika sehr beachtete Zeitschrift *Nueva Sociedad* (Nr. 211: 2007) polemisch von einer »aussterbenden Art«. Die konservative Regierung unter Felipe Calderón habe sich trotz aller Anfangsprobleme gefestigt und überdies sei AMLO kein Linker, sondern vielmehr ein populistischer Caudillo altbekannter Art. Einen »tropischen Messias« hatte ihn der Historiker Enrique Krauze genannt. Die angesehene Politikwissenschaftlerin Soledad Loaeza wirft der Linken vor, sie sei weiter von der Tradition des Präsidentialismus und einer »reaktionären Nostalgie« geprägt und ihr Lider, López Obrador, führe sie geradewegs in eine »priistische Restauration« (*La Jornada,* 17.4.2008). Anne Huffschmid, hierzulande mit Berichten über den Zaptistenaufstand bekannt geworden, konnte die ganze Aufregung um López Obrador nicht recht verstehen. Das Programm des Oppositionsmannes sei doch nur »harmlos sozialdemokratisch« (2006: 35). In die selbe Kerbe schlug der Zaptistensprecher Subkommandant Marcos. Seine seit dem Ausrichtungsartikel »La (imposible) geometría Del Poder en México« (20.6.2005) vielfach variierte These: Die Modernität der »neuen Linken besteht darin, dass sie immer mehr der modernen Rechten gleicht«. Schließlich wurde in einem Leitartikel der linksliberalen Tageszeitung *La Jornada,* die sowohl Zapatisten wie auch PRD und López Obrador publizistisch wohlwollend begleitet, in Richtung der Parlamentsopposition höhnisch gefragt: »Wo ist die Linke?« (11.12.2007).

Auf den Straßen, in den armen Barrios und bei Aktionen in ländlichen Gegenden, könnte man antworten. Aber, so ist hinzuzufügen, die Massenmedien sind mit Ausnahmen, die an einer Hand abzuzählen sind, dabei in aller Regel nicht präsent. Wenn die Aktivitäten entweder so groß sind, dass sie nicht mehr »übersehen« werden können oder wenn sie in Mexiko D.F. stattfinden, so berichten die Mainstream-Medien darüber negativ. Dennoch: die soziale Konfliktivität war seit Jahrzehnten nicht mehr so ausgeprägt, wie seit der Amtsübergabe der ersten nationalkonservativen PAN-Regierung von Vicente Fox an die zweite PAN-Regierung unter Felipe Calderón. Aber offenkundig spielen weder Roger Bartra in seiner Analyse noch José Blanco in seinem Kommentar darauf an. Bei ihnen wird die Frage in Richtung der institutionellen Linken, dem Parlamentsbündnis FAP bzw. der linkszentristischen Partei PRD formuliert. Ihr Thema sind die schwache Vorstellung, welche die institutionelle Linke im Parlament abgab, die Konflikte innerhalb der PRD sowie zwischen der Parlamentsfraktion, PRD-Gouverneuren und ihrem 2006 gescheiterten Präsidentschaftskandidaten López Obrador. Die soziale Linke, die außerparlamentarische Bewegungen und Organisationen interessieren sie nur am Rande. Die Kräfte, die sich um die Andere Kampagne der Zapatisten gruppieren oder gar die wieder erstarkten Guerillabewegungen bleiben bei ihrer Betrachtung völlig außen vor. Wie umgekehrt dem Subkommandanten Marcos das Mitte-Links-Lager, dem er unter dem Stichwort »Zivilgesellschaft« bis Ende der neunziger Jahre einen roten Teppich nach dem anderen ausgerollt hatte, mittlerweile nur noch pauschale Abqualifizierungen wert ist.

Dabei scheint mir das Interessante gerade zu sein, alle genannten Strömungen im Blick zu haben: den gemäßigten, parlamentarisch-institutionellen Flügel unter der Führung der PRD, die soziale Linke mit ihren vielfältigen Bewegungen, Organisationen, Verbänden und Gewerkschaften, die zapatistische Andere Kampagne und die revolutionären Untergrundbewegungen. Ihre inneren Logiken, ihre Mobilisierungsmöglichkeiten, ihre programmatischen Vorstellungen, ihre politischen wie praktischen Grenzen und auch ihr Mit- und Gegeneinander. Besonderes Augenmerk ist dabei auf die Widersprüchlichkeiten und Ambivalenzen innerhalb und zwischen den einzelnen Akteuren und Bündnissen zu legen. Nur so kann man sich den mitunter überraschenden Dynamiken und dem vorhandenen bzw. fehlenden Potential annähern, das diese Strömungen in sich bergen. Nur in der Zusammenschau der verschiedensten Kräfte, Strömungen, Parteien,

Bewegungen und Organisationen kann ein annähernd realistisches Bild der Konflikte entstehen zwischen dem sich in autoritäre Richtung radikalisierenden neoliberalen Block um das Regierungsbündnis PAN/PRI einerseits und einer zunehmend breiter und massiver vorgetragenen Kritik am Neoliberalismus und seinen Erfüllungsgehilfen andererseits. Dabei ist für die Kritik am neoliberalen und zunehmend repressiveren Status quo meiner Ansicht nach kennzeichnend, dass sie sich aus den unterschiedlichsten Quellen speist und in aller Regel zunächst hinter realpolitischen Forderungen wie etwa in Oaxaca (Rücktritt des Gouverneurs) oder im Bund (gegen den Wahlbetrug; gegen die Privatisierung des staatlichen Ölkonzerns PEMEX) bündelt und organisiert. Explizit und implizit wird eine Abkehr vom neoliberalen Kurs verlangt. Außer der von López Obrador offenbar favorisierten Neuauflage des »revolutionären Nationalismus« unter Bedingungen der Globalisierung gibt es jedoch keine ausgearbeiteten positiven Vorschläge. Es fehlt bislang auch eine einigende organisatorische Klammer, ein politisches Instrument, das die vielfältigen anti-neoliberalen Kräfte bündeln könnte. Die Soziologin María José Rodríguez Rejas kommt in ihrem anregenden Aufsatz »La construcción de alternativas políticas en México« (2008) zu dem Schluss, dass die parlamentarische Linke diese Aufgabe nicht wahrnehmen kann, weil es erstens wenig wahrscheinlich ist, »dass die Legalität respektiert wird, wenn sie Schritte in Richtung eines politischen Wandels unternimmt«. Ein zweites Problem seien die weitreichenden Zugeständnisse von López Obrador an die Unternehmerschaft und ein drittes die Tatsache, dass von der institutionellen Linken eine reale Partizipation der Anhängerschaft, obwohl vielfach gefordert, nicht ermöglicht wurde. So bleibe es die Aufgabe der popularen Organisationen, die Linke neu zu denken und zu definieren, um so die bisherige Phase des organisatorischen Spontaneismus hinter sich zu lassen und allen, die anderswo keine geeignete Möglichkeit der Partizipation finden, eine organisatorische Plattform zu bieten. Der deutlich gewachsenen Mobilisierungskapazität müsse eine höhere Organisationskapazität folgen. Von dieser Grundlage aus könne dann gesellschaftliche Gegenmacht aufgebaut werden, so María José Rodríguez. Denkt man diese Einschätzung weiter, so ist es weniger ihre aktuelle Stärke und Verfasstheit als vielmehr die Bewegung gewordene Potentialität dieser Mobilisierungs- und Organisierungsprozesse, die den politisch und ökonomisch Mächtigen Sorgen macht. Populare, emanzipatorische, linke und revolutionäre Politik richtet sich heute in Mexiko an mehreren unterschiedlichen Achsen aus: 1) ein breites Spektrum massenwirksamer Akteure; 2) Zapatismus und Die Andere Kampagne; 3) Guerillabewegungen.

Wir beginnen zunächst mit der Darstellung der wichtigsten massenwirksamen Akteure: der »Partei der demokratischen Revolution (PRD) und der im Anschluss an die Bewegung gegen den Wahlbetrug von López Obrador gegründeten

Bürgerbewegung »Nationale Demokratische Konvention« (CND). Es folgen Bewegungen gegen die Privatisierung, Gewerkschaften und das hauptsächlich gewerkschaftliche Forum »Nationaler Dialog«. Die »Nationale Demokratische Konvention« und der »Nationale Dialog« sowie die von ihnen angestoßenen Kampagnen und Mobilisierungen sind die wichtigsten gesellschaftlichen Foren des national-popularen Reformlagers. Ihre Anhängerschaft überschneidet sich mit jener der linkszentristischen PRD-Partei und von López Obrador. Sie ist jedoch nicht deckungsgleich. Sowohl in der Nationalen Demokratischen Konvention wie auch beim Nationalen Dialog wirken Kräfte wie zum Beispiel die APPO aus Oaxaca mit, deren programmatische Vorstellungen deutlich radikaler sind, als die patriotische und staatsinterventionistische Agenda der beiden Reformbündnisse. Die anti-neoliberalen Bewegungen greifen auf Aktionsformen des zivilen Ungehorsams zurück, was auf Grund der Massenhaftigkeit der Regelverstöße jedoch vielfach geduldet wird. Die Rebellion im Bundesstaat Oaxaca und die daraus entstandene »Volksversammlung der Völker Oaxacas (APPO) ist die bedeutendste regionale Kraft. Dann sind eine Reihe lokaler Basisbewegungen mit überregionaler Ausstrahlung, sowie Organisationen und Kampagnen von Campesinos, Indígenas, Studenten, Menschenrechtlern etc. zu nennen. Sie alle sind Teil eines geographisch und sozial breit gefächerten, organisatorisch und politisch jedoch zersplitterten und zerstrittenen Widerstands gegen die neoliberal-autoritäre Regierung von Felípe Calderón. Sowohl die politische Linke in Form ihrer Organisationen und Parlamentsparteien wie auch die soziale Linke in Gestalt von Gewerkschaften, Campesinovereinigungen, Basisorganisationen, Komitees, Aktionsbündnissen und Mobilisierungen bergen – in unterschiedlichem Maße und auf verschiedenste Art und Weise – anti-neoliberale, emanzipatorische und sozialistische Potentiale. Sie alle arbeiten öffentlich und legal für soziale Verbesserungen und die Demokratisierung des Landes. Einige kleinere Strömungen darunter verstehen sich als Sozialisten, Kommunisten oder Revolutionäre.

Bei den Zapatisten und der von ihnen gestarteten »Anderen Kampagne« *(La Otra)* verhält es sich anders. Die Zapatisten pendeln zwischen den Polen Autonomie der Indígenagemeinden und Widerstand gegen die neoliberale Globalisierung bzw. Antikapitalismus. Wie die legalen massenwirksamen Bewegungen agieren sie ebenso öffentlich und mit friedlichen Mitteln, operieren jedoch – juristisch betrachtet – zum Teil in Grauzonen. So haben die Zapatisten zwar erklärt, sie wollten keine militärischen Aktionen durchführen, die Waffen haben sie dennoch nicht abgegeben. Es gibt auch keinen formellen Friedensvertrag mit dem Staat. Die von unten ins Werk gesetzte Autonomie in den von ihnen kontrollierten Gebieten entsteht am staatlichen Normensystem vorbei, steht im Widerspruch zur staatlichen Institutionalität und muss sich der Begehrlichkeiten von Großgrundbesitzern und Biopiraten erwehren. Der Subkommandant Marcos agierte 2006/2007 wieder als ganz Mexiko bereisender Kommunikator und Antreiber der antikapitalistischen Anderen Kampagne, um dann anlässlich des »Kolloquiums Aubry« Mitte Dezember 2007 in San Cristóbal de las Casas zu betonen, er sei militärischer Chef der EZLN, der die Verteidigung ihrer in zunehmendem Maße vom Militär eingekreisten Zapatistengebiete organisieren müsse und sich deshalb bis auf weiteres aus der Öffentlichkeit zurückziehe.

Abschließend werden in diesem Kapitel in einem dritten Punkt die verschiedenen Tendenzen der Guerillabewegung dargestellt, die sich offen den Sturz der bestehenden Gesellschaftsordnung auf die Fahnen geschrieben haben und dazu nicht nur auf die Waffen der Kritik, sondern auch auf die Kritik der Waffen vertrauen. Im Kontext einer Strategie, die erklärtermaßen »auf alle Formen des Kampfes« setzt, greifen sie, je nach Situation, auf legale oder auch illegale Aktionsformen zurück. Die Besonderheit der Untergrundbewegungen ist es, dass sie »zwei Gesichter« haben, ein legales und ein klandestines.

Wie in anderen Ländern Lateinamerikas auch ist es die Vielfalt und Dynamik dieser unterschiedlichen Akteure, die auf ihre jeweils spezifische Weise daran beteiligt sind im heutigen Mexiko dafür zu sorgen, dass, um ein Bild von Gustavo Esteva zu benutzen, »Dampf in den Kessel« kommt. Meiner Einschätzung nach gibt es in Mexiko, wie auch in einer Reihe anderer Länder, nicht einen oder einige wenige Akteure, die diesen gesellschaftlichen Druck aufbauen, verdichten, kanalisieren und in konkrete Erfolge verwandeln können. Entsprechend den vielfach gebrochenen gesellschaftlichen und sozialen Realitäten konstituieren sich auch die politischen Akteure nicht als einheitlicher Block, sondern als Vielheit. Daher scheint es mir für das Verständnis der politischen Prozesse unabdingbar, die verschiedenen Facetten in der nötigen Tiefe und Detailschärfe auszuleuchten. Der Platz, der nachfolgend den verschiedenen Akteuren und ihren politischen Positionen eingeräumt wird, korrespondiert nicht notwendigerweise mit ihrer gesamtgesellschaftlichen Bedeutung. Zum Teil, wie im Falle des Zapatismus oder der institutionellen Linken um die »Partei der Demokratischen Revolution« (PRD) gibt es auch hierzulande ein Maß an verfügbaren Informationen, die es erlauben, sich in dieser Darstellung auf die Hauptseiten der Auseinandersetzung und die politische Einschätzung zu konzentrieren. Bei anderen Akteuren wie sozialen Basisbewegungen, gewerkschaftlichem Widerstand oder den Guerillagruppen ist die Informationslage schlechter. Aus diesem Grunde werden sie nachfolgend auch vergleichsweise ausführlich und besonders im Falle der Guerillagruppen auch detailliert abgehandelt. Auf diese Weise können sich die Leserinnen und Leser selbst ein Urteil bilden. Bei einer verknappten Darstellung wäre die Einschätzung des Autors angesichts fehlender Informationen kaum überprüfbar gewesen.

# 1. Massenwirksame Parteien, Organisationen und Bewegungen

## 1.1. Der linkszentristische Parlamentarismus: die Partei der demokratischen Revolution (PRD)

Die linkszentristische »Partei der demokratischen Revolution« (PRD), die mit den zwei kleinen Mitte-Links-Parteien »Arbeiterpartei« (PT) und »Convergencia« im Parlament das «Breite Fortschrittliche Bündnis« (FAP) gebildet hat, ist das Rückgrat der »institutionellen Linken«, wie sie von einem Teil der Beobachter bezeichnet wird. Außerhalb der PRD gibt es derzeit keine linke Wahloption von Belang. Aus diesem Grund hat die PRD, ungeachtet aller Schwächen und negativen Aspekte, im mexikanischen Parteiensystem eine Funktion inne, die sie trotz mancher programmatischer und politisch-praktischer Überschneidungen grundlegend von ihren Wahlkontrahenten, der konservativen Nationalen Aktionspartei (PAN) und der jahrzehntelang regierenden Partei der Institutionellen Revolution (PRI), unterscheidet. In ihrem Parteikongress vom August 2007 definierte sich die PRD selbst als »moderne, plurale und sozialistische Linkspartei«. Kritik von sozialistischer aber auch von neoliberaler und konservativer Seite an der PRD spricht dieser ab, dass sie »links« sei. Konservative und Neoliberale definieren die PRD wegen ihrer Sozialprogamme als »populistisch«, während sie Subkommanandant Marcos als »moderne Rechte« sieht, weil sie die neoliberale Weltmarkteinordnung Mexikos nicht grundsätzlich in Frage stellt.

Es soll hier nicht im Einzelnen auf PRD-Programmdebatten eingegangen werden, weil ihnen für die innerparteiliche Weiterentwicklung im Vergleich zur Bildung personen- und interessenbezogenener Koalitionen eine weitaus geringere Bedeutung zukommt. »Die PRD hat immer noch nicht zu sich gefunden«, umschrieb Octavio Rodríguez Araujo diesen Tatbestand in seinem Artikel »La Izquierda que tenemos« (*La Jornada,* 17.4.2008). Einige Essentials, die für die PRD als Ganzes wichtig waren und sind, sollen dennoch genannt werden: die Respektierung des Wählerwillens, Verteidigung der Bürgerrechte, Meinungsfreiheit und Bekämpfung der Korruption. Die PRD ist eine Anhängerin der Marktwirtschaft, sie verficht jedoch die staatliche Beteiligung an »strategischen Sektoren« wie Energiewirtschaft und Kommunikation. Auch in der Sozialpolitik setzt sie auf eine Führungsrolle des Staates. Sie spricht sich für eine laizistische und kostenfreie Erziehung auf allen Niveaus aus und verlangt die Unterstützung der am meisten benachteiligten Bevölkerungsgruppen. Dazu sollen Güter des täglichen Bedarfs subventioniert werden. Die ländliche Entwicklung solle die Forderungen der Campesinos berücksichtigen. In gesellschaftspolitischen Fragen setzte die

Hauptstadt-PRD das Recht auf Schwangerschaftsabbruch durch. Sie will auch die rechtliche Diskriminierung von Homosexuellen beenden. Mit den beiden letztgenannten Positionen zog sie sich die scharfe Kritik des katholischen Klerus und der katholischen Fundis in der PAN zu.

Es gibt außerdem ein Bündel ungeschriebener Positionen und Handlungsweisen, welche für alle Parteiflügel, unabhängig von ihren sonstigen Differenzen maßgeblich sind: 1) Der einzige Weg, um gesellschaftliche Veränderungen zu erreichen, sind Wahlen; 2) Man muss in den Staatsinstitutionen möglichst viele Ämter erringen; 3) Man muss Basisarbeit machen, um Stimmen zu gewinnen; 4) Die Bündnispolitik ist auf Wahlen ausgerichtet; 5) Die staatliche Normativität und Legalität muss absolut respektiert werden; 6) Alle Kämpfe müssen friedlich sein; 7) Man muss lateinamerikanische Regierungen wie jene von Hugo Chávez respektieren, auch wenn man politisch nicht damit übereinstimmt.

Aktuell sind die Hauptunterschiede folgende: 1) Der Umgang mit Präsident Calderón: Nichtanerkennung vs. Verhandlungen mit ihm; 2) Unbedingter Gehorsam gegenüber Entscheidungen der staatlichen Institutionalität vs. taktischer Umgang damit in begründeten Fällen wie der Parlamentsbesetzung im Verlauf der PEMEX-Debatte; 3) Persönliche oder Gruppenambitionen nach mehr Macht; 4) Aufruf zu Straßenmobilisierungen oder Priorität für Verhandlungen durch Partei und Parlamentsfraktion.

Das politische Gewicht der PRD fußt auf ihren Wahlerfolgen und den dadurch errungenen Mandaten, öffentlichen Ämtern und Finanzressourcen. Ihre organisatorische Verankerung in sozialen Bewegungen ist insgesamt schwach ausgebildet. Die PRD war historisch und bleibt weiterhin eine Wahlvereinigung. Wohl gibt es etwa Angehörige von sozialen Bewegungen oder Gewerkschafter, die auf PRD-Listen in die Parlamente kamen, aber die gegenseitige Verzahnung ist nicht annähernd mit jener zu vergleichen, wie wir sie etwa zwischen der SPD und den DGB-Gewerkschaften kennen. Die Wahlerfolge finanzieren der PRD den mit Abstand größten und bestausgestatten Apparat aller linkszentristischen und linken Kräfte Mexikos. Sie hat vielfach mehr Mittel, als alle anderen Organisationen und Bewegungen zusammen.

Die Partei und ihr Präsidentschaftskandidat holten 2006 jeweils etwa ein Drittel der abgegebenen Stimmen. Mit den 160 von insgesamt 500 Sitzen erzielte die in den Vorjahren von schweren internen Krisen und Korruptionsskandalen gebeutelte PRD-Fraktion, gezogen von ihrem Kandidaten, das weitaus beste Ergebnis in ihrer Geschichte. Die Partei mauserte sich von der dritten Kraft zur zweitstärksten Partei im Parlament. 2007/2008 musste die PRD jedoch bei verschiedenen Regional- und Kommunalwahlen schwere Rückschläge hinnehmen. So holte sie im nördlichen Bundesstaat Baja California gerade einmal 2% der Stimmen, während sie in ihrem Stammland Oaxaca auf Grund ihrer wenig glaubwürdigen Politik gegenüber der Volksrebellion sowie ihrer undemokratischen Form der Listenaufstellung bei den Regionalwahlen im August 2007 im Vergleich zu 2006 etwa 80% der damals errungenen Stimmen verlor. Deutlicher kann die Basis einer außerparlamentarischen Bewegung die Partei, die sich als ihre Repräsentantin geriert, nicht abstrafen. In weiteren Bundesstaaten wie Veracruz – Halbierung ihrer bisherigen Anteile – und Aguascalientes – bedeutungslose Position – waren schwere Rückschläge zu verzeichnen. Nach einer Umfrage des Meinungsforschungsinstitutes Mitofski soll die PRD bei den Parlamentswahlen 2009 ihre Rolle als zweitstärkste Fraktion wieder an die PRI verlieren. Die Stellungnahmen aller Meinungsführer, die rechts von López Obrador angesiedelt sind, prophezeien der PRD unisono, dass sie die 15-tägige Besetzung beider Kammern des Parlamentes während der PEMEX-Privatisierungsdebatte an den Urnen in Form hoher Stimmverluste teuer zu stehen kommen wird.

Die TV- und Radiokommentatoren, die meinungsbildenden Printmedien sowie Teile der sozialdemokratisch orientierten Intellektuellen machen für die Rückschläge den Konfrontationskurs verantwortlich, den Andrés Manuel López Obrador gegenüber der Regierung Calderón eingeschlagen hat. Dieser habe die PRD von linksliberalen und liberalen Sektoren entfremdet und ihn selbst einen Großteil des Ansehens gekostet, das er in den Jahren davor genossen hatte. Es gelang der PRD auf regionaler und kommunaler Ebene vielfach nicht, ihre kleinen linkszentristischen Partner PT und Convergencia in Bündnisse einzubinden. Dies hat jedoch nur zum Teil mit dem Unvermögen der betreffenden PRD-Gliederungen zu tun. Andere Faktoren sind die politische Gesichtslosigkeit und der Opportunismus dieser beiden Fraktionspartner auf Bundesebene. Einige Beobachter bewerten sie ähnlich wie die laut Selbstdefinition grüne Partei (PVEM). Wie diese seien auch PT und Convergencia »richtige politische Söldner, Besitzer von politischen Familienbetrieben, die sich Parteien nennen, von öffentlichen Geldern leben und sich ansonsten an den meistbietenden verkaufen« (Priess, 2007: 94). In diesem Absatz, der versucht die »institutionelle Linke« darzustellen und einzuordnen, werden PT und Convergencia nicht gesondert betrachtet.

Der Schwerpunkt des wahlpolitischen Einflusses liegt im Großraum Mexiko-Stadt mit seinen 20% der gesamten Bevölkerung des Landes. Die PRD regiert in Mexiko D.F. seit der Einführung von direkten Wahlen im Jahr 1996 ununterbrochen. Die PRD-Bürgermeister im Bundesdistrikt, zur Zeit Marcelo Ebrard, sind gewissermaßen die »natürlichen« Präsidentschaftskandidaten der Zukunft. Hier und im umliegenden Bundesstaat Mexiko holte ihr Kandidat López Obrador 4,5 Mio. von den 10,5 Mio. Stimmen, die 2006 abgegeben wurden. Das waren fast ein Drittel aller Voten für ihn. Weitere Hochburgen sind die armen, ländlich geprägten Bundesstaaten in der Mitte und im Süden Mexikos. Die PRD hat in diesen Regionen, die ökonomisch am Tropf der Gastarbeiterüberweisungen der in den USA lebenden Migranten hängen, ihre langjährige Stärke zur Mehrheitsfähigkeit ausgebaut. In den dynamischen Industrieregionen des Nordens sind die Ergebnisse dagegen durchweg schwach, in vielen Gegenden dort ist die PRD nicht einmal präsent. Eine signifikante Ausnahme bildet im Norden lediglich der dünn besiedelte Bundesstaat Baja California Sur, im Süden auf der Halbinsel Yucatán der Bundesstaat Quintana Roo.

Ähnlich wie schon in den ersten Jahren unter dem Konservativen Vicente Fox tat sich die Parlamentsfraktion der PRD auch nach dem Amtsantritt des autoritär-neoliberalen Präsidenten Felipe Calderón schwer, im Parlament ihre neue Rolle zu definieren. Sie schwankte zwischen prinzipienloser Mitmacherei bei einigen Themen und Frontalopposition bei anderen wild hin und her. Nach innen ist ihre Fraktion als andere als geschlossen. Mehrere Strömungen artikulieren sich in zwei großen Parteiflügeln, der »Neuen Linken« (NI) um den gemäßigten und verhandlungsbereiten Jesús Ortega auf der einen Seite und den Anhängern von López Obrador auf der anderen. Letztere haben sich im »Politischen Bündnis der Linken« gesammelt. Die Heterogenität der Parlamentsfraktion ist umso gravierender, als die PRD, wie schon im abgelaufenen Sexennium, den Schwerpunkt ihrer Anstrengungen auf die Parlamentsarbeit legt. Die linkszentristische Partei ist weder willens noch praktisch dazu in der Lage, soziale Basismobilisierungen anzustoßen oder bereits existierende erfolgreich anzuführen. Sie springt häufig erst auf das Pferd, wenn es bereits in vollem Galopp ist und versuchte es dann in mehreren Fällen auch noch zu bremsen. In Oaxaca nicht einmal das. Beim wichtigsten Großkonflikt des Jahres 2008, dem Widerstand gegen die Privatisierung bzw. Teilprivatisierung der Ölindustrie, waren der Großteil der PRD und Abgeordnete ihrer Fraktion allerdings aktiv an der Anti-Privatisierungsbewegung beteiligt. So blockierten FAP-Parlamentarier die Podien von Senat und Abgeordnetenhaus von der Ankündigung des Gesetzesvorhabens am 10. April 2008 bis zur Einigung über eine Tagesordnung und einen Zeitplan für die PEMEX-Debatte am 25. April. Der López-Obrador nahe stehende PRD-Flügel verhinderte mit seiner 15-tägigen Parlamentsblockade, dass die Privatisierungsinitiative im fast-track-Verfahren durchgepeitscht werden konnte. Angestoßen und vorangetrieben wurde diese Basisbewegung jedoch nicht vom mit Personal und Ressourcen reichlich ausgestatteten Parteiapparat der PRD, sondern von ihrem gescheiterten Präsidentschaftskandidaten Andrés Manuel López Obrador und seiner »Nationaldemokratischen Konvention« (CND) bzw. den von dieser gegründeten »Komitees zur Verteidigung des Öls«. Diese siebköpfigen Komitees, denen jeweils drei Parteimitglieder der Mitte-Links-Fraktion FAP, drei Gewerkschafter und Mitglieder von sozialen

Bewegungen sowie ein CND-Vertreter angehören, brachten mit viel Engagement und geringen Mitteln eine gesamtstaatliche Organisationsstruktur auf den Weg. An vielen konkreten Punkten der Kampagne zur Verteidigung des Öls kam es immer wieder zu Kontroversen und Reibereien zwischen dem gemäßigten Mehrheitsflügel der PRD-Fraktion und López Obrador bzw. der von der Nationalen Demokratischen Konvention mit angestoßenen Massenbewegung. Diese Kontroversen zwischen den verschiedenen Flügeln der PRD bzw. ihrem Umfeld wurden mit schrillen Tönen und schweren Anwürfen ausgetragen, wie wir sie etwa innerhalb des Spektrums SPD/DGB nicht kennen. Da beschuldigte etwa, nur um ein Beispiel zu nennen, im Anschluss an die erste Kundgebung gegen die Privatisierung der staatlichen Ölindustrie der Führer der PRD-Senatsfraktion, Carlos Navarrete, die Anhänger von López Obarador, einen »schmutzigen Krieg« zu führen und innerparteilich ein »Lynchklima« zu erzeugen. Der PRD-Präsidentschaftskandidat billige durch sein Schweigen »marktschreierische, radikale, intolerante und gewalttätig aggressive PRD-Mitglieder«, so Carlos Navarrete weiter. Umgekehrt werden die zugeständnisbereiten und pragmatischen PRD-Abgeordneten wie er von ihren innerparteilichen Gegnern als »Verräter, Vaterlandsverräter und Überläufer« bezeichnet, denen es nur um den persönlichen Vorteil gehe und die längst von der autoriär-konservativen Regierung gekauft worden seien (*La Jornada,* 25.2.2008). Wiederholte Aufrufe von denselben Parteiführern an die Mitgliedschaft »angemessen, tolerant und respektvoll« miteinander umzugehen, um Aggressionen und physische Angriffe zu vermeiden und die Einheit der Partei zu erhalten, verpuffen (*Milenio,* 25.2.2008). Dies ist angesichts der Tonlage, die von der Parteispitze her vorgegeben wird, nicht weiter verwunderlich. Vor diesem Hintergrund erstaunt es kaum, dass die Richtungswahl um den Parteivorsitz im März 2009 für die Partei in einem Desaster endete. Die Kopf an Kopf liegenden Kandidaten der beiden Flügel zweifelten die Sauberkeit des innerparteilichen Urnenganges an und schleuderten sich in einer mehrwöchigen Schlammschlacht alle Arten von Beschuldigungen und Unterstellungen an den Kopf. Der rechtssozialdemokratische Parteiflügel um Jesús Ortega fuhr sogar in der Hochphase der PEMEX-Kontroverse damit fort, während sich sein Umfeld gleichzeitig vom zivilen Widerstand distanzierte. »Die ewige Wiederkehr des Immergleichen, die Sisyphus-Metapher« allein sei geeignet, die »Tragödie der PRD« zu beschreiben, so Àlvaro Delagado im Wochenmagazin *Proceso* (28.3.2008).

Die Politikwissenschaftlerin Soledad Loaeza wirft den Parteien allgemein und der PRD und ihrem lopezobradoristischen Flügel im Besonderen vor, dass sie ihre »zivilisatorische Mission«, das »Trainieren verbindlicher demokratischer Regeln« und die »Vermittlung von Werten, Ideen und demokratischen Verhaltensweisen« nicht wahrnehmen. Dies sei umso gravierender, als die Parteien für ihre Mitglieder auf lange Sicht bei der Inkorporierung einer demokratischen Kultur eine bedeutende Rolle spielten. Autoritarismus und Intoleranz, wie sie für die Subkulturen der PRD kennzeichnend sei, trage durch ihre Logik der Ausschließung der Anderen mit zur Fragmentierung des Parteiensystems bei. Die einfachen Mitglieder »werden die Haltungen der Parteielite um López Obrador imitieren«. Von diesem Flügel sei eine Taktik der Einschüchterung der Gegner zu beobachten, denen man in einer freien Debatte nicht gewachsen sei. Gleichzeitig argumentierten die PRD und López Obrador mit Blick auf die regierungstreuen Massenmedien immer wieder, »sie wollen uns zum Schweigen bringen«. Diese autoritären Haltungen stellten nicht zu unterschätzende Hindernisse für den Aufbau einer Demokratie dar, so Loaeza in ihrem Beitrag »Construyendo democracia« (*La Jornada*, 21.2.2008). Der PRD-Flügel um López Obrador ist jedoch keineswegs die einzige Kraft im Parteiensystem, in der autoritäre Haltungen und Diskurse anzutreffen sind. Die Zeitschrift *Proceso* erinnerte in einem knappen Überblick daran, dass ausnahmslos alle im Parlament vertretenen Parteien in den vergangenen Jahren in innerparteilichen Konflikten undemokratisch agierten. Letzteres gestand für die PRD auch der Gründer und langjährige Parteichef, Cuauhtémoc Cárdenas, in einem offenen Brief vom 21.3.2008 ein. Darin beklagte er das hohe Maß parteiinterner Konfrontationen sowie den offenkundigen Widerspruch zwischen Worten und Taten. Der systematische Bruch innerparteilicher Regeln und der Verlust ethischer Maßstäbe habe die Partei insgesamt in einen moralischen Morast geführt, der sehr schädlich sei. Die innerparteilichen Defizite seien dafür verantwortlich, dass die beträchtlichen Wahlerfolge der Partei und der daraus erwachsende Einfluss sich wieder auflösten, bilanziert das Wochenmagazin *Proceso* (28.3.2008).

In der Parlamentsarbeit taumelt die politisch wenig kohärente Fraktion «Breites Fortschrittliches Bündnis« (FAP), worin die PRD die dominierende Kraft ist, zwischen pragmatischem Tauschhandel und einer parlamentarischen Quasi-Insurrektion hin und her. So wird mit dem neoliberalen Block aus PRI und PAN einerseits um Posten in Parlament und Staatsapparat sowie um die konkrete Ausgestaltung von Gesetzesvorhaben wie etwa bei der Wahlrechts- oder der Justizreform gefeilscht, um bei anderer Gelegenheit mit Besetzung der Podien, Sitzungsblockaden oder bis hin zu physischem Schlagabtausch die Arbeit des Parlaments zu blockieren. Da spricht López Obrador dem Präsidenten weiterhin systematisch jede Legitimität ab, bezeichnet ihn wahlweise als »unechten Präsidenten« und »Usurpator« und reist als »legitimer Präsident« mit seiner zwölfköpfigen »legitimen Regierung« durch die 2500 Landkreise Mexikos, um die Menschen gegen die neoliberale Politik zu mobilisieren. Die PAN-Regierung und ihre führenden Repräsentanten wie der neue Innenminister Juan Camilo Mouriño, der wegen öffentlichen Aufträgen der PEMEX für das Transportunternehmen IVANCAR, das seiner Familie gehört, unter Druck geraten war, oder auch Präsident Calderón seien, so der «legitime Präsident« wortwörtlich, »Räuber und Delinquenten. Sie sind noch schlimmere Diebe, als die PRI-isten«. López Obrador wirft der PAN-Führung und insbesondere Innenminister Juan Camilo Mouriño, auf den er mit dem Vorwurf unlauterer Vorteilsnahme wochenlang richtiggehend eindrosch, vor, dass sie »ihre öffentlichen Ämter mit privaten Interessen vermischen. Die Männer des Geldes verstehen es nicht, zwischen ihrem Privatgeschäft und öffentlichen Funktionen zu unterscheiden«, heißt es etwa in der Presseerklärung seiner »legitimen Regierung« vom 1.3.2008. Obwohl die PAN-Regierung von ihrem politischen Anführer ständig in dieser scharfen Art und Weise angegriffen wird, hinderte dies die fünf PRD-Gouverneure nicht, sich mit dem PAN-Präsidenten zu Unterredungen zu treffen. Um, wie es in Verlautbarungen hieß, »in »sachlicher Atmosphäre« Aspekte der operativen Regierungsarbeit zu diskutieren. Schließlich seien auch die PRD-regierten Bundesländer auf die Mittelzuweisungen der Zentralregierung angewiesen, so die PRD-Gouverneurin Amalia García. Pedro Echeverría, ein umtriebiger Kommentarist aus der demokratischen, oppositionellen Lehrergewerkschaft CNTE, sieht die PRD auf »Messers Schneide zwischen Opportunismus und Sektierertum« (*Rebelión*, 30.10.2007). Das widersprüchliche Hin und Her zwischen Fundamentalopposition und politischer Kapitulation, so bezeichnete es Marco Rascón (*La Jornada*, 12.2.2008), sowie die Spaltung der PRD und der linkszentristischen Parlamentsfraktion in mehrere untereinander konkurrierende Strömungen verhinderten im ersten Amtsjahr der zweiten PAN-Regierung, dass die PRD ihre parlamentarischen Möglichkeiten ausschöpfen konnte. Im Gegenteil: ihre erratischen Kurswechsel in einigen kontroversen Fragen »verschaffte der PRI Luft«. Sie ermöglichte den »alten Kräften und der Rechten ruhig zu spazieren, weil ihr stärkster Gegner sich in den schwächsten Rivalen verwandelte und den Kampfplatz verlassen hat«, fasst der kritische Beobachter Rascón zusammen. Ein Hauptproblem sei, dass die unterschiedlichen PRD-Strömungen das Parlament als geeignetes Feld betrachten, um »mit der Guillotine auf den Schultern«, innerparteiliche Richtungsauseinadersetzungen zu führen, anstatt das »Votum der Bürger zu verteidigen und zu demonstrieren, dass die Linke demokratisch ist«. Da der Präsidentschaftskandidat López Obrador zur Zeit kein wichtiges Parteiamt inne hat und auch nicht als Oppositionsführer im Parlament präsent ist, kommt es ständig zu Reibereien zwischen dem Ex-Kandidaten und jenen, die ihn in dieser Funktion beerben wollen. Diese Konflikte werden nicht in Parteigremien debattiert und abgearbeitet, sondern mittels Interviews und offener Briefe in der Öffentlichkeit ausgetragen. Dies verstärkt den Eindruck, dass die PRD nicht weiß, was sie will und dass sie vor allem mit sich selbst beschäftigt ist.

Eine negative Presse und die Reihe schwerer Wahlschlappen auf kommunaler und regionaler Ebene im Verlauf des Jahres 2007 und 2008 waren die Quittung.

In der Tageszeitung *La Jornada* hat José Blanco (11.12.2007) in einem vernichtenden Kommentar mit dem Titel »Wo ist die Linke?« Fragen zusammengetragen, die sich aus Sicht der Wählerschaft in Richtung der »linken Flanke« im Parlament ergeben. Sein Ausgangspunkt ist, dass es für Außenstehende kaum ersichtlich sei, wer heute in Mexiko wirklich zur Linken zu zählen sei und aus welchen Gründen. Man müsse schon ein »Experte sein, in der jüngeren und ferneren Geschichte von Personen, Strömungen und Stämmen um zu verstehen«, was in der PRD vorgehe. Denn dort finde »keine linke Debatte statt, sondern Abqualifizierungen und schwere persönliche Beleidigungen zwischen den Einen und den Anderen.« Nur absolute Experten würden die innerorganisatorischen Vorgänge und Streitereien in der PRD interpretieren können, das gemeine Volk oder gewöhnliche Staatsbürger könnten diese überhaupt nicht nachvollziehen. Zu politischen Sachfragen merkte José Blanco an, dass etwa die Bündnispolitik der PRD ihm vollkommen unerklärlich sei. Sie werde von niemandem dargelegt und er verstehe nicht, wie diese an einigen Orten selbst auf die PAN und die PRI zugehen könne. Die entscheidende Frage, die eine Linke als solche definiere, ihr Beitrag zur gerechteren Verteilung des Reichtums und ihr Einsatz für die soziale Gleichheit aller Gesellschaftsmitglieder, sei im Falle der PRD heruntergekommen zu einem kaum entwirrbaren Bündel von »Taten, Diskussionen, Abqualifizierungen, Vorschlägen und Anspielungen.« Er sehe nicht, dass dies zu einer Strategie beitrage, um die soziale Ungleichheit zu verringern. Diese Frage sei auch an die PRD-Gouverneure zu stellen. Es sei doch wohl nicht zuviel verlangt, von ihnen eine strategische Reflexion darüber zu erwarten, wie Armut und soziale Ungleichheit zu minimieren seien. Was López Obrador betrifft, hält er ihm den Versuch zugute, »größere Teile aus dem Meer der Armen zu organisieren, er ist die einzige Persönlichkeit aus der PRD, die dies tut.« AMLO sei strategisch mit der sozialen Macht der Armen verbunden. »Aber er macht es außerhalb der PRD, ohne aus der PRD auszutreten«. Er baue eine neue politische Kraft außerhalb der PRD auf, die Nationale Demokratische Konvention (CND), betone aber gleichzeitig, keine Konkurrenzorganisation gründen zu wollen. Es stelle sich auch hier die Frage, ob sich die Zielsetzungen ausschließen bzw. wie sich das Verhältnis zwischen PRD-Partei und der sozialen Bewegung Nationale Demokratische Konvention (CND) gestalte.

Das Grundproblem ist keineswegs, wie es uns etwa die CDU-nahe Konrad-Adenauer-Stiftung glauben machen will, dass sich die PRD in einer »babylonischen Gefangenschaft der Politikvisionen Andrés Manuel López Obradors« befinde (KAS-Auslandsinformationen 10/07: 93). In Wirklichkeit stellt sich aus Sicht vieler Funktionsträger der Partei und ihres Kandidaten die Lage wohl recht ähnlich dar: Man braucht sich gegenseitig, obwohl man der anderen Seite weder vertraut noch richtig mit ihr klarkommt. Während die mit dem neoliberalen Block verhandlungsbereiten Kräfte um Jesús Ortega innerhalb der PRD-Parlamentsfraktionen und im Funktionärskörper stark sind und López Obrador hier mit seinem harten Konfrontationskurs gegenüber der Regierung klar in der Minderheit ist, kommt er außerhalb der Partei in der Wählerschaft besser an, als die schwammige PRD. Diese stagnierte in den neunziger Jahren bei weniger als 20% der Stimmen, bei den Präsidentschafts- und Parlamentswahlen im Juli 2000 lag sie noch einige Punkte darunter. Die politisch relevante Ausnahme war jeweils eine deutlich bessere Position in der Hauptstadt. Im Gefolge ihres im Jahr 2000 zum Bürgermeister der Hauptstadt gewählten Kandidaten López Obrador erholte sich die die PRD wieder und entwickelte sich schließlich zu einer ernsthaften Herausforderung für den neoliberalen Block. Seit ihrem Hoch 2006 fiel die PRD wieder auf lediglich 15% der Stimmen zurück, während López Obrador, dessen Popularität zwischenzeitlich auch abrutschte, immer noch für 30% gut ist. Bis auf weiteres hat die PRD nur mit ihrem Kandidaten eine Chance Wahlen zu gewinnen, nicht gegen ihn. Diese Tatsache ist für den rechtssozialdemokratischen und mit der Regierung verhandlungsbereiten Parteiflügel um die Neue Linke das eigentliche Problem. Überdies dürfte die zu Beginn des Jahres 2008 gestartete Kampagne gegen die Privatisierung der Ölindustrie, die AMLO federführend vorantreibt, seine Zustimmungswerte wieder nach oben treiben. Aus diesem Grund will die pragmatische und parlamentsfixierte PRD-Mehrheit, die Neue Linke (NI) unter Jesús Ortega, bis auf weiteres keinen Bruch mit AMLO. Das, obwohl sie weder dessen politische Formen mit radikalem Anti-Calderón-Diskurs und Straßenmobilisierung noch dessen Vorliebe für eine keynesianistische Sozialpolitik teilt. Umgekehrt sucht auch der gescheiterte Kandidat keinen finalen Konflikt mit der PRD-Fraktion, die ihm in vielen grundlegenden Fragen nicht folgt, weil er einstweilen die Partei noch für seine Ambitionen einspannen will, etwa in der Anti-Privatisierungs-Kampagne. Auf diese Weise ist der Dauerstreit, der für die Öffentlichkeit so unappetitliche Züge trägt und das Ansehen der Partei unterminiert, auch für die nächste Zukunft weiter vorprogrammiert. Hierin liegt das Hauptproblem für die PRD und nicht in der Konfrontationsstrategie López Obradors. Seine Konfrontationsstrategie ist jedoch insofern problematisch, als sie »unter der Hand«, so Gerold Schmidt (2007: 207), von der Mehrheit des Parteiapparats und der Parlamentsfraktion abgelehnt wird.

Politische Richtungsstreitigkeiten sind für die am 5. Mai 1989 gegründete »Partei der Demokratischen Revolution« weder etwas Neues noch etwas Besonderes. Bis zum Überdruss bekannt ist auch die Art und Weise ihrer Austragung: Das Vermeiden offener und kontroverser Sachdebatten und stattdessen klüngeln, persönliche Abqualifizierungen und mehrdeutige Anspielungen. Die PRD ist seit ihrer Entstehung nichts anderes als ein mehr oder weniger lockerer Zusammenschluss recht unterschiedlicher politischer Strömungen, die sich vor allem darin einig sind, dass sie mit Hilfe ihrer Partei politische Posten und staatliche Ämter erringen wollen.

Es waren drei Haupttendenzen, die sich seinerzeit in der PRD gruppiert hatten: Erstens abtrünnige PRI-Leute und Satellitenparteien aus dem PRI-Orbit, die lange Jahre als »ergebene Opposition« ihren Anteil daran hatten, das PRI-zentrierte politische System mit einem demokratischen Anstrich zu versehen. Vor allem die aus der PRI ausgestiegene »Corriente democrática«, die demokratische Strömung«, wollte den neoliberalen Kursschwenk der PRI-Führung nicht nachvollziehen. Die bekanntesten Köpfe aus diesem Spektrum der »revolutionären Familie« sind Cuauthémoc Cárdenas und Porfirio Muñoz Ledo, die beide höchste Ämter in der PRI innehatten. Heute grollt Cuauhtémoc Cárdenas, der dreimal als Präsidentschaftskandidat antrat und jedes Mal scheiterte, der von ihm gegründeten Partei, weil sie dem seiner Ansicht nach zu konfrontativen López Obrador, seinem Ziehsohn, erlag. Der mit allen Wassern gewaschene Porfirio Muñoz Ledo, der schon in verschiedenen Parteien Führungspositionen bekleidete, hat zurzeit das wichtige Amt des Koordinators der linkszentristischen Parlamentsfraktion inne. Zusammen mit López Obrador warb er in den letzten Jahren gezielt PRI-Leute ab und versorgte sie mit Ämtern und guten Listenplätzen. So sollte die PRD wahlpolitisch gestärkt werden. Porfirio Muñoz Ledo und Andrés Manuel López Obrador verkörpern eine politische Position, die man zugespitzt als zeitgemäße Variante des revolutionären Nationalismus in seiner mexikanischen Spielart bezeichnen könnte. Ein positiver Bezug auf die Errungenschaften im Gefolge der mexikanischen Revolution, eine national-populare politische Konzeption, ein theoretisch und programmatisch unscharf definierter Staatsinterventionismus bei gleichzeitiger Akzeptanz der Hauptprämissen neoliberaler Globalisierung, soziale Umverteilung zugunsten der Armen in Stadt und Land, straffer Autoritarimus und eine reservierte Haltung in Bezug auf den nördlichen Nachbarn USA kennzeichnen sie. Wie im Falle der deutschen SPD, wo die klassisch sozialdemokratischen Positionen und ihnen nachfolgend auch die Personen in die »Linkspartei« immigriert sind, hat die neoliberale Wende in Mexiko dazu geführt, dass der revolutionäre Nationalismus seine Organisation, die PRI, zum Teil verlassen hat und in die PRD eingewandert ist. Die sozialpolitischen Inhalte wie auch die mitgebrachten klientelistischen, autoritären und populistischen Formen des Politikmachens werden in der Bevölkerung wieder erkannt. Die Mischung aus sozialer Straßenmobilisierung, welche die weit verbreitete Unzufriedenheit punktuell bündelt, und positiver Bezugnahme auf bereits errungene und durch die neoliberale Wende wieder verlorene soziale Standards verhilft heute López Obrador – wie zuvor schon Cuauhtémoc Cárdenas – zu seiner anhaltend großen Popularität. Bei Teilen der Intellektuellen und der Mittelklassen jedoch stoßen der explizite und implizite Autoritarismus, der als PRI-Erblast wahrgenommen wird, sowie Stil und Sprache López Obradors auf Ablehnung.

Eine zweite innerparteiliche PRD-Strömung bestand aus den Mitgliedern von mehreren mexikanischen Linksparteien, eingeschlossen die moskauorientierte Kommunistische Partei, die sich Ende der achtziger Jahre in die PRD hinein aufgelöst haben. Hier trafen sich Sozialdemokraten, Sozialisten, Kommunisten und Linksintellektuelle. Bedeutende Persönlichkeiten waren Gilberto Rincón Gallardo und Herberto Castillo, langjähriger Chef der Sozialistischen Arbeiterpartei. Formell übernahm die neue PRD die offizielle Registrierung von der Mexikanischen Sozialistischen Partei (PMS), indem sich diese umbenannte. PRD-Mitglieder, die zu dieser Traditionslinie zu rechnen sind, vertreten weiter sozialistische Vorstellungen. Sie waren innerparteilich seit jeher in der Minderheit. Ein Großteil der früheren Sozialisten hat sich nach der Implosion des Realsozialismus von kapitalismuskritischen Positionen verabschiedet und vertritt heute sozialdemokratische Ansichten.

Eine kleinere dritte Strömung schließlich wurde von Aktivisten ziviler Bürgerbewegungen gebildet. Amalia García, zwischenzeitlich Parteivorsitzende und heute Gouverneurin von Zacatecas, gilt als ihre Identifikationsfigur.

Diese Gründungstendenzen, die ursprünglich unterschiedliche programmatische Vorstellungen hatten, differenzierten sich in den 1990er Jahren aus, gruppierten sich um und formierten sich neu um Persönlichkeiten und politische Konjunkturen. Heute machen Fachleute wie José Gil Olmos (*Proceso,* 20.3.2008) in der PRD bis zu acht unterscheidbare innerparteiliche Strömungen aus: 1) das Movimiento Cívico, Los Cívicos, mit revolutionären, sozialistischen und antikapitalistischen Positionen. Sie gehören ebenfalls zu den Mitgründern der Partei und kommen aus der revolutionären »Asociación Cívica Nacional Revolucionaria« (ANCR) der siebziger Jahre. Ihre wichtigsten Vertreter sind Mario Saucedo Pérez und Humberto Zazueta Aguilar. 2) Das »Red de Iziquierda Revolucionaria« mit ehemaligen KP-Mitgliedern und ehemaligen Angehörigen von Untergrundorganisationen. Diese linke Tendenz gibt die Zeitschrift *La Izquierda a Debate* heraus und wird von José Antonio Rueda und Pablo Franco geführt. 3) »Unidad y Renovación« versammelt ehemalige Unigewerkschaftler, Taxifahrer und Wohnungssuchende. 4) »Movimiento de Base Insurgente« und 5) »Alternativa Democrática Nacional« sind, wie die vorgenannte Gruppierung, kleine Tendenzen, welche die Hausmacht von bestimmten Politikern bilden. Bedeutender sind 6) »Izquierda Democrática Nacional«, 7) »Izquierda Social« mit seinem Umfeld in der Hauptstadtregierung von Marcelo Ebrard und schließlich 8) die »Nueva Izquierda« (NI). Die »Neue Linke« wird von Jesús Ortega und Jesús Zembrano geführt und ist umgangssprachlich als »Los Chuchos« bekannt. Diese Strömung ist die am besten organisierte innerparteiliche Kraft. Ihre Mitglieder haben die meisten innerparteilichen Posten sowie die meisten Abgeordnetenmandate inne. Die Chuchos sind eine gemäßigte, sich selbst als moderne Sozialdemokraten verstehende Kraft. Sie kontrollieren den Parteiapparat und verfügen über den besten Zugang zu den Massenmedien. Die pragmatische Neue Linke, die zur Zusammenarbeit mit der neoliberal-autoritären Regierung Calderón bereit ist und dies bei mehreren Gesetzesvorhaben mit ihrem Abstimmungsverhalten unter Beweis gestellt hat, ist der Gegenpol zum »Politischen Bündnis der Linken«. Unter diesem Begriff sammelt sich parteiintern die Anhängerschaft von López Obrador. Das große Plus von López Obrador ist sein Draht zu den einfachen Leuten, seine Mobilisierungskapazität bei den Armen und Marginalisierten. Dem stehen der privilegierte Zugang und die ideologische Nähe zu einigen Massenmedien gegenüber, welche die PRD-Pragmatiker für sich nutzen können. In entscheidenden Momenten gelingt es den Chuchos im Verein mit den Massenmedien immer wieder, die auf Straßenmobilisierung setzende Parteilinke regelrecht vor sich herzutreiben. Lappalien, wie etwa Protestrufe einiger Dutzende Leute in der hauptstädtischen Kathedrale während einem Meeting auf dem Zócalo im Dezember 2007 oder kleinere Rempeleien und verbale Attacken gegen PRD-Parlamentarier bei einer Anti-Privatisierungskundgebung im Februar 2008 wurden zuerst von den Massenmedien maßlos aufgebauscht. Es wurde eine Gewalthysterie und in ihrem Gefolge ein unglaublicher Distanzierungsdruck erzeugt, dem sich der Flügel um López Obrador bisher immer wieder gebeugt hat.

Bei wichtigen innerparteilichen Richtungsentscheidungen wie etwa anlässlich der innerparteilichen Wahlen zum Parteipräsidenten am 16. März 2008 gruppieren sich die anderen Tendenzen um die beiden Pole Neue Linke/Los Chuchos und »Politisches Bündnis der Linken«/López Obrador. Der wesentliche Unterschied der beiden innerparteilichen Lager besteht im Umgang mit der PAN-Regierung unter Felipe Calderón: während die Chuchos und der Großteil der Parlamentsfraktion zu Verhandlungen und Übereinkünften bereit sind, lehnen López Obrador und seine Gefolgschaft jedwede Zusammenarbeit prinzipiell ab. Sie sehen den Präsidenten als Profiteur eines Wahlbetrugs und sprechen ihm deshalb jede Legitimität als Verhandlungspartner ab. Sie setzen auf eine Mischung aus Straßenmobilisierung und parlamentarischer Fundamentalopposition.

In vielen inhaltlichen Fragen sind die Unterschiede zwischen den PRD-Tendenzen eher graduell als grundsätzlich. Häufig sind es die unterschiedliche

Bewertung der konkreten Lage, der politische Stil, das Terrain der Auseinandersetzung (Parlament vs. Straße) und die bevorzugten Bündnispartner, welche die Neue Linke um Jesús Ortega und den Flügel um López Obrador unterscheiden. Die innerparteiliche Flügelbildung in »gemäßigte Verhandler« und »radikale Verhandlungsgegner« ist eine Konstante, die sich seit der Parteigründung durchzieht. Ob es um die Parteiregistrierung und die Fesseln ging, welche die PRI dabei der neuen Kraft von Beginn an anlegen wollte, später um die Anerkennung der Regierung von Salinas de Gortari oder die Anerkennung des Wahlergebnisse von 2006, immer wieder stellte sich dieselbe Frage: Akzeptiert man die Vorgaben der Staatsmacht im Grundsatz und versucht in Verhandlungen Detailverbesserungen zu erreichen oder weist man die Staatsvorgaben prinzipiell zurück und versucht mittels Druck von der Straße eine neue Ausgangssituation zu erzwingen? Das faktische Patt zwischen den beiden PRD-Flügeln bei den innerparteilichen Wahlen im März 2008 sowie die verschiedensten gravierenden Vorwürfe der Anhänger von Alejandro Encinas und die Gegenvorwürfe des Lagers um Jesús Ortega, die Wahlen manipuliert zu haben, führten – wieder einmal – zu einem heftigen internen Konflikt und zum öffentlichen Ansehensverlust. Beide Seiten erklärten sich zum Sieger, die zuständigen Parteigremien setzten die Auszählung aus und verschoben die Bekanntgabe des Wahlsiegers mehrmals. Ein unübersichtliches Szenario, wie man es aus den Zeiten der alten Staatspartei PRI und auch aus der Geschichte der PRD nur zu Genüge kennt. Hinter den Kulissen gab es langwierige Verhandlungen über einen »Waffenstillstand« zwischen den beiden sich befehdenden Flügeln und eine von allen Seiten akzeptierte Übergangslösung, um aus der verfahrenen Situation herauszukommen. Beide Seiten hätten wohl gerne einen klaren Sieg davongetragen mit dem Ziel, dann die Partei von oben her auf den jeweiligen Kurs auszurichten. Bemerkenswert ist, dass sich beide im Machtkampf die Einmischung dritter, hier in Form des Parteigründers Cuauhtémoc Cárdenas, verbeten haben. Dessen Vorschlag, die umstrittenen Ergebnisse zu annullieren, ein neues Wahlregister anzulegen und dann Neuwahlen anzusetzen, wurde unisono abgelehnt. Wenn das umstrittene Ergebnis der innerparteilichen Abstimmung irgendetwas belegt, dann dass die PRD-Mitgliedschaft in etwa zwei gleich große Flügel gespalten ist. Will man die Spaltung entlang personeller Gefolgschaften pro/contra López Obrador vermeiden, so bleibt kein anderer Ausweg, als die Kräfte in der Partei sowie in parteinahen Vereinigungen wie der Nationalen Demokratischen Konvention (CND) unter Einbeziehung beider Flügel neu auszubalancieren. Denn die politischen Differenzen geben in der Sache keine Grundlage für eine Trennung der Flügel her. Es handelt sich bei beiden Flügeln um reformerische, gemäßigte und parlamentsorientierte Linke. Während sich die Neue Linke um Jésus Ortega an der internationalen Sozialdemokratie in ihrer Variante »light« orientiert, stellt der Flügel um López Obrador im Grundsatz eine aktualisierte Neuauflage des »revolutionären Nationalismus« mexikanischer Prägung dar.

Im Laufe der Zeit und insbesondere in Regionen mit größeren Wahlerfolgen schliffen sich die inhaltlichen Differenzen vielfach ab auf persönliche Ambitionen mit dem Ziel in der Partei oder für die Partei öffentliche Ämter zu gewinnen. Diese Ambitionen kulminierten vielerorts in Stammeskriegen. So bezeichnen die mexikanischen Kommentatoren die heftigen Konfrontationen, die von wechselnden Koalitionen mit dem Ziel ausgetragen werden, innerparteiliche Terraingewinne zu erzielen. Der Aufbau korrupter Netze, die Abqualifizierung unterlegener Koalitionen und aus der PRI bekannte Methoden des Klientelismus, der Kooption und des Betruges kennzeichneten den innerparteilichen Umgang. Der negative Höhepunkt in der inner- und zwischenparteilichen Schlammschlacht waren die Vorgänge, die unter dem Schlagwort »Videoskandale« bekannt wurden. Zu Beginn des Jahres 2004 waren geheim gedrehte Videos aufgetaucht, die bekannte Persönlichkeiten der PRD und Funktionäre der Stadtregierung von Mexiko D.F. dabei zeigten, wie sie Geldbeträge entgegennahmen. Die Parteipräsidentin Rosario Robles, die als Hoffnung der Parteilinken angetreten war, musste ihr Amt abgeben, weil sie mit korrupten Persönlichkeiten in enger Verbindung gestanden haben soll. Der Finanzchef der hauptstädtischen Parteigliederung, Gustavo Ponce, wurde in einem Spielcasino in Las Vegas gefilmt, wie er Gelder unklarer Herkunft ausgab. Ponce floh. Gegen ihn wurde wegen Geldwäsche ermittelt. In einem Folgevideo tauchte der Bezirksbürgermeister von Tlalpan, Carlos Ímaz, auf wie er vom Unternehmer Carlos Ahumada Geld entgegennahm. In weiteren Videos wurde gezeigt, wie politische Ämter hinter verschlossenen Türen ausgehandelt wurden etc. pp. Über Monate sorgten die Videos für hohe Einschaltquoten bei TV-Sendern und gaben für die Printmedien griffige Schlagzeilen her. Der politische Schaden für die PRD war immens und der Interimsparteichef Leonel Godoy Rangel sah sich genötigt, sich öffentlich für das Verhalten der Parteimitglieder zu entschuldigen. Es kam zu Parteiausschlüssen und Gerichtsverfahren. Die Angriffe sollten auch den damaligen Bürgermeister von Mexiko D.F., Andrés Manuel López Obrador, schwächen. Dieser wies jede Verantwortung weit von sich, verurteilte die Korruption und brachte sie mit einer politischen Offensive gegen sein Wirken als Bürgermeister in Verbindung. Der ehemalige PRI-Staatspräsident Carlos Salinas de Gortari, PAN-Chef Diego Fernández de Cevallos und der Präsident Vicente Fox instrumentalisierten die Videoskandale, behauptete der Bürgermeister, um seine Popularität zu mindern. Wie so oft in der mexikanischen Politik ist es letztlich schwierig zu beurteilen, was an den gegenseitigen Anschuldigungen wirklich dran ist. Eine gewisse Plausibilität ist ihnen nicht abzustreiten,

Indizien gibt es auch. Da aber Staatsanwaltschaft und Gerichte alles andere als unabhängig sind, bleibt der Schatten des Zweifels über den Darstellungen der Betroffenen. Klar wurde durch die Videoskandale jedoch, dass es innerhalb der PRD korrupte Netze bis in die höchsten Sphären der Partei gab. Wie, warum und zu welchem Zeitpunkt dies an die Öffentlichkeit kam, ist ein Thema für sich, das jedoch nur deshalb diskutiert wird, weil es die Korruptionsfälle vorher gab. Bis heute hat es kein Parteichef vermocht, korrupte und undemokratische Praktiken abzustellen und die innerparteilichen Spaltungen zu überbrücken.

Angesichts dieser alles andere als kapitalismuskritischen und kohärenten Identität der PRD gibt es von Strömungen, die links von der PRD stehen, keine einheitliche Strategie, wie mit der linkszentristischen Wahlpartei umgegangen werden soll. Zapatisten und *La Otra* stellen sich am striktesten dagegen. Sie bekämpfen die Linkszentristen von »links unten«, wie sie sagen und lehnen jede Zusammenarbeit von vorneherein und pauschal ab, weil die PRD und ihre Abgeordneten integraler Teil der herrschenden neoliberalen Eliten seien. Da die Zapatisten, anders als in den 1990er Jahren, nicht zwischen unterschiedlichen PRD-Strömungen differenzieren und auch PRD-Wählerschaft, Mitglieder und Führung über einen Leisten schlagen, arbeiten sie nicht in breiten Bündnissen mit, in denen die PRD maßgeblich mit beteiligt ist. Seit dem gescheiterten Anlauf im Jahre 2001 mit dem Ziel die Autonomierechte für die Indígenas gemäß den Vereinbarungen von San Andrés durch das Parlament zu bringen, haben sich die Zapatisten von allen Parteien strikt abgewandt. Dies hat sich soweit zugespitzt, dass von Seiten des Zapatistensprechers Marcos in Richtung PRD nur noch Negatives zu hören ist. Differenzierende Töne sucht man seit Jahren vergeblich. Dass diese wegen ihrer Einseitigkeit und Ausschließlichkeit bornierte Haltung, die fatal an die blinde Konfrontation der KPen mit den Sozialdemokraten in der Hochphase der Sozialfaschismusthese erinnert, vor allem den Zapatisten schadet und weniger den opportunistischen PRD-Politikern, muss wahrscheinlich nicht besonders betont werden. Die Pauschalität der PRD-Kritik dürfte auch dafür mit verantwortlich sein, dass den Klagen der Zapatisten, die Angriffe auf die von ihrer Bewegung kontrollierten Gemeinden würden unter der neuen chiapanekischen PRD-Landesregierung fortgesetzt, kaum noch Gehör geschenkt wird. Leider übernehmen medial präsente Zapatistenanhänger hierzulande diese schematische Sichtweise. So verallgemeinerte Lutz Kerkeling (*Junge Welt,* 4.4.2008) in einem langen Artikel allen Ernstes die sicher kritikwürdige Politik des PRD-Gouverneurs von Chiapas wie folgt: »Von politischen Konflikten zwischen der sozialdemokratischen PRD und der rechtskonservativen PAN keine Spur.« Diese These Lutz Kerkelings wurde in einer Phase formuliert, in der sich der López-Obrador-Flügel der PRD der PEMEX-Privatisierung des neoliberalen Blocks entschieden in den Weg stellte und weder EZLN noch *La Otra* in der Öffentlichkeit auch nur einen Satz zu diesem Thema äußerten, was für einen sich antikapitalistisch verstehenden Organisationsansatz von der Sache her unverständlich ist.

Eine sehr kritische Haltung gegenüber der PRD nehmen die Basisbewegung APPO in Oaxaca sowie verschiedene linksradikale Organisationen und Untergrundbewegungen ein. Neben grundsätzlichen und konkreten Vorwürfen gegen die Partei, ihre Politiker und tagespolitische Positionen und Entscheidungen bleibt jedoch bei all den Genannten ein Rest von Verständnis. Sei es für die »betrogenen Wähler«, die »unterlegenen Kandidaten und Strömungen« oder ehrenwerte Abgeordnete und Partei-Gruppen, mit denen man aller Kritik zum Trotz zusammenarbeiten könne und wolle. In diesem differenzierten praktischen Umgang sowie im Ton liegt der Unterschied zum Zapatismus und *La Otra*. So kommt es zur scheinbar paradoxen Situation, dass die Guerillabewegungen die institutionelle Linke umfassender wahrnehmen, als die auf friedliche und legale Mobilisierung setzenden Zapatisten und *La Otra*. In der Tagespolitik macht das einen grundlegenden Unterschied: Während die Guerillagruppen und offen systemkritische Basisbewegungen immer wieder Aktionseinheiten mit der gemäßigten Linken suchen und dabei die PRD als eine Kraft unter anderen mit einbeziehen, lehnen die Zapatismus/*La Otra* dies von vorneherein und prinzipiell ab.

Soziale Bewegungen, seien es Campesino-Mobilisierungen, Anti-Privatisierungs-Kampagnen, der Nationale Demokratische Konvent (CND) oder der Nationale Dialog (DN) stehen der PRD in zentralen inhaltlichen Positionen nahe, achten jedoch auf ihre organisatorische Eigenständigkeit und personelle Unabhängigkeit. Hier kommt es mitunter zu macht- und organisationspolitisch motivierten Konflikten. Wenn von diesen sozialen Bewegungen Kritik geübt wird, dann konkret und weniger in Bezug auf die grundsätzliche Positionierung der PRD im politischen System.

Der bekannte Schriftsteller Paco Ignacio Taibo II, der in der Hauptstadt im PRD-Umfeld kulturpolitisch aktiv ist, hat zusammengefasst, wie vermutlich auch viele unabhängige Linke denken. »Ich bin keineswegs ein vollkommen überzeugter Anhänger von López Obrador. In vielen Fragen habe ich Widersprüche zu ihm. Aber es war offenkundig, dass er eine riesige soziale Bewegung hinter sich hatte, die für sehr respektable Forderungen auf die Straße ging. Auch mit einem »Sozialdemokraten light« hast du viele Dinge gemeinsam. Zum Beispiel die Vorstellung, dass die Forderungen sozialer Bewegungen nicht mit polizeilichen Interventionen gelöst werden sollten. Oder dass du die laizistische Erziehung einer religiösen vorziehst. Schon hast du zwei wichtige Gemeinsamkeiten. Man muss zu einer nicht-sektiererischen Mentalität zurückkehren. Man muss versuchen auf den Feldern, wo wir uns einigen können, das Maximum an Kräften zu akkumulieren und dort gemeinsam zu handeln. Das lässt uns die Freiheit, auf anderen Feldern gemäß den eigenen Vorstellungen zu agieren«, sagte der Krimiautor im Interview mit Verónica Gago (*Rebelión,* 29.11.2006). Der bereits an anderer Stelle zitierte Kommentarist Pedro Echeverría, der aus der 1968er-Bewegung kommt, argumentiert hinsichtlich der gesamten PRD in eine ähnliche Richtung: »Die PRD als sozialdemokratische Partei ist keinerlei Gefahr für das kapitalistische Ausbeutungssystem. Dennoch kann sie es werden, insofern sie eine Rolle spielt bei der Unterstützung popularer Kämpfe, der Verurteilung sozialer Ungerechtigkeiten oder wenn sie zu den Mobilisierungen von López Obrador aufruft. Deshalb und solange die Armen und Ausgebeuteten über kein besseres Instrument verfügen, um ihren Kampf gegen die Mächtigen zu führen, muss man nach Möglichkeiten suchen, die PRD und andere linke Organisationen für diese Kämpfe zu nutzen.« Echeverría bringt noch ein weiteres Argument: Er versteht die PRD trotz ihrer sozialdemokratischen Orientierung, ihrer Festlegung auf Wahlen und den geringen Erfolgen ihrer fünf Landesregierungen als »Druckmittel«, das mit dazu beiträgt zu verhindern, dass sich der neoliberale Block nicht »mit noch viel größerer Brutalität durchsetzt« (*Rebelión,* 24.3.2008). Eine dauerhaft in zwei Flügel gespaltene und politisch paralysierte PRD würde auch für die sozialen Bewegungen als Bremsklotz wirken. Auf der anderen Seite ist die »ethische und moralische Krise« der PRD evident und wird sich 2009 an den Urnen sicher negativ auswirken, so Víctor García Zapata (*Rebelión,* 24.4.2008). Angesichts der vielfältigen Schwächen der parlamentarischen Mitte-Links-Partei muss die Vielheit der sozialen Bewegungen die Aufgabe übernehmen, als wichtigste Plattform für die Organisation und Mobilisierung breiter Bevölkerungsschichten zu dienen.

## 1.2. Städtisches Aufbegehren I: Die Bürgerrechtsbewegung Nationale Demokratische Konvention (CND)

Das denkbar knappe Wahlergebnis im Juli 2006 und die heftigen Betrugsvorwürfe, die vom unterlegenen Mitte-Links-Kandidaten López Obrador vorgebracht wurden, änderten das politische Mexikos Szenario völlig. Die sich verschärfende Links-Rechts-Konfrontation zwischen der konservativ-neoliberalen Regierungspartei PAN und der städtischen Massenbewegung, an deren Spitze der unterlegene Präsidentschaftskandidat stand, brachen den Jahrzehnte alten klebrigen Ideologiekitt der »Nationalen Einheit« auf. Auf vielen Ebenen stehen sich seither neoliberale Rechte und eine globalisierungskritische und auf sozialen Ausgleich setzende national-populare Strömung um López Obrador gegenüber. Das außerparlamentarische Spektrum mobilisierte mit gegen die neoliberale Rechte und beteiligte sich zum Teil an der per Akklamation gegründeten »Nationale Demokratische Konvention« (CND), einem locker strukturierten Sammelbecken pro López Obrador, das sich in Begriff und Bündnischarakter an einen von den Zapatisten lancierten Vorläufer anlehnt. Sie ist im Wesentlichen ein plurales und klassenübergreifendes Forum unzufriedener Städter, die sich um die Verteidigung demokratischer und verfassungsbezogener Rechte gruppieren. Die Nationale Demokratische Konvention ist eine sozialreformerisch orientierte Bürgerrechtsbewegung. Eine Besonderheit, auf die Roger Bartra (2006: 10) hinwies, ist, dass der CND in erwähnenswertem Umfang auch gewählte Repräsentanten von Kommunen und Stadtteilparlamenten angehören. Auf diese Weise verfügt diese soziale Bewegung indirekt auch über einen Zugang zu Ressourcen, der anderen sozialen Bewegungen fehlt.

López Obrador legte den Maßstab für sein zukünftiges Handeln sehr hoch, indem er sich vor zehntausenden Anhängern auf dem zentralen Zócalo per Akklamation zum »legitimen Gegenpräsidenten« ausrufen ließ und eine zwölfköpfige Gegenregierung bildete. Mit geringen Ressourcen und ohne institutionelle Verankerung nahm er sich vor, in einer erschöpfenden Tour die 2500 mexikanischen Munizipien zu bereisen, um durch seine Präsenz vor Ort den Widerstand gegen die Regierung Calderón anzufachen und die weit verbreitete Unzufriedenheit zu organisieren. Mit der Weigerung der links-zentristischen Parlamentsopposition den Sieg des Konservativen anzuerkennen, bekam die staatliche Institutionalität einen Riss, der von bürgerlichen Beobachtern mit Sorge registriert wird. Die Konrad-Adenauer-Stiftung beispielsweise wirft der Opposition vor, sie betreibe ein »Spiel mit dem Feuer« (KAS-Auslandsinformationen 8/06, S.133). Für das geordnete Funktionieren einer parlamentarischen Demokratie ist die Anerkennung der Oppositionsrolle durch die Wahlverlierer von grundlegender Bedeutung. Die neue Regierung hat weiter ein ernst zu nehmendes Legitimitätsdefizit. Dieses äußert sich in großen sozialen Oppositionsbewegungen aber auch in den vielfältigen kleineren Protesten, die Präsident Calderón entgegenschlagen, wenn er auftritt. Seine öffentliche Präsenz ist im Übrigen regelmäßig von einer beeindruckenden Demonstration staatlicher Sicherheitsapparate begleitet. Die Militarisierung der Präsidentenauftritte ist in Mexiko in dieser Form neu.

Der Staatspräsident hat vor allem in seiner Hauptstadt keine mobilisierungsfähige Massenbasis. Die Kampagne gegen den Wahlbetrug und die Gründung der »Nationalen Demokratischen Konvention« hat das Spektrum um Oppositionsführer Andrés Manuel Lòpez Obrador und die parlamentarisch tätige PRD-Partei um eine aktionsfähige bürgerrechtliche Bewegung erweitert. Diese stellt eine qualitativ neue Kraft dar, die vor allem von parteipolitisch Unorganisierten getragen wird. Sie ist ein Ventil für die angestaute Unzufriedenheit. Sie speist sich nicht nur aus Wut über die Wahlniederlage, sondern aus vielen Quellen und geht weit über die klassische PRD-Anhängerschaft hinaus. Die Bewegung entwickelte sich von der Kritik am vermuteten Wahlbetrug weiter zu einer Forderung nach Demokratisierung und der Verteidigung eines durchaus unterschiedlich interpretierten politischen Wechsels. Für viele gehören dazu eine neue Sozialpolitik sowie die Beendigung der brutalen sozialen Ausschließung, die mit der neoliberalen Wende einherging. Die Beschränktheit dieser Bürgerbewegung besteht vor allem darin, dass sie auf den Volkstribun López Obrador zugeschnitten ist und von diesem von oben her mobilisiert, in Bahnen gelenkt und auch demobilisiert werden kann. Sie verfügt zwar über eine relative Autonomie gegenüber der PRD-Partei, nicht jedoch gegenüber ihrem Gründer López Obrador. Sie trägt, so María José Rodríguez Rejas (2008: 18), den grundlegenden Widerspruch in sich für die Demokratisierung Mexikos einzutreten und gleichzeitig einen charismatischen Führer zu haben. Dennoch wäre es verkürzt anzunehmen, der Lider könne die »Proteste nach eigenem Gutdünken einfach an- und ausknipsen«, wie Anne Huffschmid (2006: 35) zutreffend anmerkte. Die weit verbreitete Unzufriedenheit, für die der Wahlbetrug lediglich als Katalysator diente, ist, das belegte eindrucksvoll die Kampagne gegen die PEMEX-Privatisierung, keine individuelle Frage von López Obrador, sondern eine kollektive. Es gilt festzuhalten, dass es seit Jahrzehnten auf Seiten der progressiven und linken Kräfte keine vergleichbare Mobilisierungskapazität gab. Das gilt sowohl für die Quantität, die in die Millionen ging, als auch die Qualität, die dadurch zum Ausdruck kam, dass Zehntausende an Blockaden und Aktionen des zivilen Ungehorsams teilnahmen und die Hauptstadt auf diese Weise lahm legten. Gerade die Massendauerblockade übte auf die PRD-Basis eine starke Anziehungskraft aus. Trotz ihres friedlichen Charakters und ihrer durchschlagenden Wirkung war es die Aktion, die López Obrador von seinen gemäßigten Kritikern am meisten angekreidet wurde.

Anfänglich gelang es der Nationalen Demokratischen Konvention nicht, die Aktionsbereitschaft der Basis auf ein solides organisatorisches Fundament zu stellen. Die Zugehörigkeit zur CND war symbolisch und beschränkte sich auf das Eintragen in eine Liste. Ein Teil des bürgerrechtlichen Protestpotentials hatte sich zwischenzeitlich wieder verlaufen. Denn mit der anhaltenden Unzufriedenheit breiter Schichten wurde von der CND so verfahren, sie lediglich zu einer weiteren Massenkundgebung in der Hauptstadt oder zu einem Meeting mit López Obrador aufzurufen. Sie in dauerhafte Strukturen umzuwandeln, war nicht vorgesehen. Die Mitwirkung sozialer Organisationen bei der Entscheidungsfindung war minimal. Ähnlich wie die PRD-Partei achteten auch die Nationale Demokratische Konvention und die »legitime Regierung« bei ihrer Bündnispolitik darauf, dass sie nicht mit allzu radikalen Bewegungen in Zusammenhang gebracht werden konnten. Ihre Verurteilungen der Repression in Atenco wie auch in Oaxaca (Einzelheiten siehe unten) kamen spät und waren sehr verhalten. Die »legitime Regierung« beschränkte sich lange auf öffentliche Diskurse, vermied es aber bis zu den Mobilisierungen gegen die PEMEX-Privatisierung ihre Basis zu Aktionen aufzurufen. Es gab auch keine ernsthaften Ansätze der »legitimen Regierung«, Beziehungen zu den antineoliberalen Regierungen Lateinamerikas aufzubauen. Trotz dieser gravierenden Schwächen spielten die CND und López Obrador eine zentrale Rolle im Widerstand gegen die Regierung Felipe Calderón. Die Nationale Demokratische Konvention verfügte über eine beträchtliche Mobilisierungskapazität. Während jene von López Obrador in den letzten Jahren zunahm, reduzierte sich im selben Zeitraum der Masseneinfluss des Zapatismus deutlich. María José Rodríguez Rejas (2008: 18) betont jedoch, dass die »Scheidelinie zwischen den beiden Bewegungen schwach ausgebildet« sei. »Viele beteiligen sich an Aktionen von beiden«.

Eine linke Politik, welche den Anspruch hat, die bestehenden Verhältnisse wirklich in Bewegung zu bringen, muss das demokratische und reformerische Potenzial, das sich in der Nationalen Demokratischen Konvention äußert, für sich gewinnen können. Es war ein schwerer Fehler der Zapatisten und der in ihrem Gefolge antikapitalistisch und antiinstitutionell argumentierenden »Anderen Kampagne« (*La Otra*), die »Kraft und das Potential dieser Bewegung nicht wahrzunehmen und sich selbst zu marginalisieren«, so Paco Ignacio Taibo II im oben bereits erwähnten Interview. Zapatisten und *La Otra* hätten auch nach Ansicht der in der revolutionären Gruppierung MI-RFM organisierten Magonisten besser daran getan, sich nach Kräften und mit eigenen Schwerpunkten und Inhalten in diese Bewegung einzuklinken, statt sich bloß an López Obrador und der PRD abzuarbeiten. Der Zapatismus und die von ihm geprägte Otra Campaña ließen die 15 Millionen Menschen (von 71 Mio. Wahlberechtigten!), die für diese Option ihre Stimme abgaben und dann auf die Straße gingen, um ihr Votum zu verteidigen, in sektiererischer Manier einfach rechts liegen. Offenbar befangen in ihrer Strategie, die Autonomie geografisch abgelegener und militärisch umzingelter Widerstandsgemeinden zu verteidigen, vermochten sie nicht wahrzunehmen, dass es dieser sozial heterogene und politisch diffuse Block städtischer Unzufriedener ist, den man braucht, um Breschen zu schlagen in »das konservative Mexiko, in dem die regierende Rechte ihr neoliberales und reaktionäres Projekt vorantreiben will«, so der Historiker Massimo Modonesi (*Rebelión,* 4.11.2006). Dem Zapatismus und der »Anderen Kampagne« war es auf Grund ihres undifferenzierten Schwarz-Weiß-Bildes von der PRD und López Obrador nicht möglich, auf die bürgerrechtliche Protestbewegung mit deren berechtigten Anliegen zuzugehen und dieser ein eigenes Politikangebot zu machen. Damit haben sich Zapatisten und *La Otra* bis auf weiteres ins politische Abseits manövriert.

Die Nationale Demokratische Konvention hat es sich zur Aufgabe gemacht, den repressiven, betrügerischen und fraktionellen Klassencharakter der bestehenden staatlichen Institutionen bloßzustellen. Sie verlangt eine demokratische Neugründung der Institutionen und eine Widererlangung der Volkssouveränität. Von ihrem sozialen Gehalt her ist sie insofern begrenzt, als sie keine grundlegende soziale und gesellschaftliche Alternative aufzeigt. Ihre Kernpunkte, die am 16. September 2006 tausende »Delegierte« verabschiedeten, sind: Abschaffung der Armut, Verteidigung der nationalen Reichtümer, Kampf gegen die Korruption, Recht auf Information und Transformation der staatlichen Institutionen. Luís Hernández Navarro von der Tageszeitung *La Jornada* und der Sozialanthropologe Gilberto López y Rivas meinen, dass der Nationale Demokratische Konvent trotz seines engen programmatischen Korsetts unterschiedlichen linken Tendenzen und Organisationen eine geeignete Plattform bieten könnte, um ein gemeinsames Minimalprogramm auszuarbeiten. Dieses sollte ihrer Ansicht nach folgende Punkte beinhalten:

– Fortsetzung des Kampfes gegen die illegitime Regierung von Felipe Calderón und das Modell des globalisierten neoliberalen Kapitalismus.

– Verteidigung der Volkssouveränität und der nationalen Souveränität über die strategischen Naturschätze, das Territorium, das kulturelle Erbe und die wirtschaftliche Infrastruktur.

– Freilassung aller politischen Gefangenen und Ende der Straflosigkeit für Folterer und Verantwortliche von Genoziden.

– Stopp der Kriminalisierung von sozialen Bewegungen.

– Umsetzung des Abkommens von San Andrés in die Praxis; Autonomie und Selbstbestimmung für die indianischen Völker.

– Wahrung der sozialen, demokratischen und arbeitsrechtlichen Errungenschaften (Hernández Navarro/López y Rivas 2007: 277).

Problematisch ist, dass López Obrador die programmatische Debatte in der CND nicht forciert. Am Beispiel der PEMEX-Debatte wurde dies deutlich. Zwar lehnte er die Privatisierung der PEMEX vehement ab, konnte jedoch außer aus PRI-Zeiten Altbekanntem keine substantiellen Vorschläge unterbreiten, wie die PEMEX ihre unternehmensspezifischen Probleme in den Griff bekommen soll. Dieser Mangel an programmatischen Gestaltungsalternativen engt den Horizont der Nationalen Demokratischen Konvention ein. Als weiteres Problem kommt hinzu, dass die politische Praxis von López Obrador de facto die gleichberechtigte Zusammenarbeit mit anderen Bewegungen ausschließt, sofern diese mit ihren eigenen Logiken und Strategien arbeiten. Das Kriterium lautet in der Praxis sich entweder den Entscheidungen von López Obrador anzuschließen oder diese abzulehnen. Denn der Ex-Präsidentschaftskandidat entwickelt seine Politik in der Nationalen Demokratischen Konvention, indem ein Netzwerk ihm ergebener Personen mit ihm zusammen über Strategie und Taktik entscheiden, so Víctor García Zapata (2008: 2). Die Ergebnisse werden dann ex Cathedra in so genannten »Informationsversammlungen« als zu befolgende Orientierungen ausgegeben. Es fehlt in der CND der Raum, um in kontroversen und demokratischen Debatten gemeinsame Strategien zu vereinbaren. Dieser Widerspruch zwischen der überragenden Mobilisierungskapazität López Obradors in den städtischen Zentren und seiner Funktion als Hoffnungsträger der Armen einerseits, der geringen programmatischen Tiefe, fehlenden Autonomie und mangelnden inneren Demokratie der Nationalen Demokratischen Konvention andererseits skizzieren das Dilemma, in dem sich die soziale Bewegung befindet, die seit Jahren über die größte Mobilisierungsfähigkeit in Mexiko verfügt.

### 1.3. Städtisches Aufbegehren II: Das Reformbündnis »Nationaler Dialog« (DN)

Neben der auf López Obrador zugeschnittenen und in der Nationalen Demokratischen Konvention (CND) organisierten städtischen Bürgerrechtsbewegung gibt es weitere bedeutende soziale Bewegungen, die im Großen und Ganzen zum selben Reformspektrum zu rechnen sind. Es sind vor allem verschiedene unabhängige Gewerkschaften sowie der im gewerkschaftlichen Umfeld entstandene Nationale Dialog (DN). In beiden Fällen handelt es sich um reformerische Organisationen der abhängig Beschäftigten. Die Bürgerrechtsbewegung CND und diese Organisationen der Lohnabhängigen starteten gemeinsam die Kampagne gegen die Privatisierung des Öls. Dem schlossen sich zu Beginn des Jahres 2008 weitere Gesellschaftsschichten an.

Der Diálogo Nacional (DN) ist ein 2004 erstmals von Gewerkschaften einberufenes plurales Debattenforum mit dem Ziel, politische und soziale Kräfte zu sammeln. Die alljährlich im Februar terminierte, mehrtägige Großveranstaltung mit thematischen Arbeitsgruppen, Workshops und einer Plenardebatte soll nach María José Rodríguez Rejas (2008: 17) dazu beitragen, ein »Projekt der Nation mit Freiheit, Gerechtigkeit und Demokratie zu erarbeiten und zu verteidigen«. Die Verteidigung der nationalen Souveränität und verfassungsmäßigen Legalität, die Suche nach einer Alternative zum Neoliberalismus, Kampf gegen den Autoritarismus, das Prinzip der Solidarität und das Ringen um eine Aktionseinheit bilden, so die Abschlusserklärung 2007, den weitgesteckten Rahmen für die Debatten und Aktivitäten des Nationalen Dialogs. Die offene Debattenkultur und der Respekt für verschiedene national-populare, sozialdemokratische, sozialistische bis hin zu revolutionären Tendenzen hat dazu geführt, dass von Jahr zu Jahr die Zahl der Organisationen zunimmt, die an diesem Forum mitarbeiten. Mittelweile sind es über 600 Organisationen, vorwiegend Vertretungen der Lohnabhängigen, weniger der Marginalisierten und des informellen Sektors. Es sind unabhängige Gewerkschaften um die Elektrizitätsarbeiter der SME, die Gewerkschaftskoordination UNT, die demokratische Strömung der Lehrergewerkschaften sowie kleinere Gremien. Es schlossen sich aber auch viele soziale Organisationen und Basisbewegungen an, inklusive der APPO aus Oaxaca. Auch die Zapatisten werden explizit zu den Sitzungen eingeladen. Der Nationale Dialog ist ein Forum, in dem sich die sozialen und Bürgerbewegungen auf Mobilisierungen und die große Linie in den geplanten Aktionen verständigen können. Seine Bedeutung besteht darin, dass unabhängig von den auf Wahlen fixierten PRD und CND/López Obrador offen über sozialen und politischen Widerstand gegen den neoliberalen Regierungskurs debattiert werden kann. Radikalere Tendenzen wie die Bewegung in Oaxaca, in Atenco oder auch sozialistische und linksradikale Organisationen wie die »Revolutionäre Volksfront« (FPR) können sich hier äußern und für ihre Konzeptionen werben. Die FPR ist die Massenorganisation der mexikanischen PCM-ML, einer marxistisch-leninistischen Kleinpartei, die in der Rebellion Oaxacas eine nicht unerhebliche Rolle spielte. Der vergleichsweise solidarische Umgang miteinander sowie die kollektiv geführte und demokratisch organisierte Debatte leisten ihren Beitrag dazu, die gespaltenen und zum Teil verfeindeten Gruppierungen der mexikanischen Opposition zusammenzuführen. Der Nationale Dialog trägt dazu bei, inhaltliche und personelle Fundamente für breite Aktionseinheiten gegen den Neoliberalismus zu schaffen. Sein größtes Manko ist die organisatorische Schwäche. Es handelt sich lediglich um einen Raum, in dem Mobilisierungen verabredet und abgeklärt werden. Über eigenständige operative Instrumente zu deren Durchführung verfügt der Nationale Dialog nicht.

Der Nationale Dialog und die Nationale Demokratische Konvention agieren nicht nur im selben politischen Spektrum, sie stehen auch in engem Kontakt zueinander und haben bereits gemeinsame Erklärungen verabschiedet. So wurden zu Beginn des Jahres 2007 eine Plattform und ein Aktionsplan verabschiedet, genannt der »Nationale Pakt für die Gültigkeit der Verfassung und die Volkssouveränität«. Die Vereinbarung zwischen Nationalem Dialog (DN) und Nationaler Demokratischer Konvention (CND) sah eine Serie von Mobilisierungen vor mit folgenden Zielen: 1) Verteidigung von Lebensbedingungen, Arbeit und Wohlstand der Mexikaner; 2) Verteidigung der politischen Rechte und Freiheiten; 3) Verteidigung der Volkssouveränität. Konkret sollte es vor allem Aktivitäten gegen die

Privatisierung der Sozialversicherung für Staatsbedienstete, das ISSSTE-Gesetz, geben. Die Verteidigung der Menschenrechte sowie die Gegnerschaft zur Privatisierung des Öls waren weitere Kernpunkte der Übereinkunft. Es handelte sich um einen Pakt, der von den Führungen der beiden bedeutenden Reformbewegungen verabredet wurde. Die späteren Proteste bezogen sich auf dessen inhaltliche Vorgaben. Der Nationale Dialog und die »legitime Regierung« López Obradors sind diejenigen Kräfte, welche breit angelegte Protest- und Widerstandsbewegungen gegen den neoliberalen Kurs der Regierung auf die Beine bringen können. Es handelt sich in beiden Fällen um Spielarten reformerischer Kräfte, welche den Kapitalismus und das repräsentative parlamentarische System grundsätzlich akzeptieren. Gleichwohl beinhalten sie sozialistische oder sogar revolutionäre Minderheitstendenzen, denen sozialistische Wirtschaftskonzepte sowie ein Demokratieverständnis vorschweben, das die Rolle von Parteien zurückdrängt zu Gunsten direktdemokratischer und räteähnlicher Elemente. Während die CND mit der »legitimen Regierung« López Obradors die Straßenmobilisierung betreibt, um elektorale Ziele zu erreichen, sammelt sich um den Nationalen Dialog die soziale Linke, die mittels Druck von der Straße und in den Betrieben und Arbeitsstätten ihre Reformagenda vorantreiben möchte. Um CND, welche die unzufriedene städtische Wählerschaft repräsentiert, und DN mit seinem starken Anhang in Gewerkschaften und Mitte-Links-Organisationen der Arbeitnehmerschaft könnte sich der Führungskern einer reformorientierten sozialen Massenbewegung herauskristallisieren. Bis auf weiteres sind meiner Ansicht nach keine anderen Akteure zu erkennen, die diese Aufgabe schultern könnten. Wohl gibt es wie in Oaxaca und in kleinerem Umfang auch andernorts soziale Bewegungen, die radikalere Forderungen und Aktionsformen haben und tief in ihrem sozialen Umfeld verwurzelt sind. Es ist jedoch nicht absehbar, dass diese aus ihrer gegenwärtigen Minderheitsposition heraus im nationalen Maßstab eine federführende Rolle für die Gesamtheit der anti-neoliberalen Kräfte übernehmen könnten. Wenn sich diese Kräfte beispielsweise hinter der APPO aus Oaxaca als linker und radikaler Pol einer breiten und geeinten anti-neoliberalen Widerstandsbewegung formieren könnten, hätte die mexikanische Linke zwei große Schritte nach vorne getan.

Dazu wäre es förderlich, wenn die Zapatisten und die Andere Kampagne ihre selbst gewählte Abstinenz aufgeben würden und sich an den Debatten um die Suche nach einer Aktionseinheit der anti-neoliberalen Kräfte beteiligten. Bisher haben sie sich davon ferngehalten. Marcos wiederholte seine Ablehnung der Kreise um López Obrador ein ums andere Mal. Zu den oben genannten Einheitsbemühungen um den Nationalen Dialog und den Nationalen Demokratischen Konvent äußerte er sich indirekt und in der ihm eigenen bildhaften Art: »Die Freiheit ist keine moderne gebührenpflichtige Autobahn, über die sich die Massen fortbewegen, geführt von einer Elite von Caudillos und Erleuchteten. Der Weg um frei zu sein, ist noch nicht einmal gemacht. Er wird errichtet von jenen ohne Namen und Gesicht, die mit ihren Kämpfen die eine und andere Richtung ausprobieren, bis sie dahin kommen, wo sie wollen« (*Rebelión*, 28.3.2007). In schlechtester sektiererischer Manier werden hier konkrete, mit Schwächen behaftete und sicher kritisierbare Reformansätze verworfen zugunsten von etwas, was weder existiert noch auch nur in Umrissen skizziert ist. Es bleibt vollkommen unklar, wie auf dieser Grundlage in Zukunft eine Zusammenarbeit der Zapatisten und der Anderen Kampagne mit Schichten und Gruppierungen aussehen soll, die anderen sozialen Schichten und Sektoren angehören und die andere politische Konzeptionen vertreten als sie selbst. Und wenn es nur darum ginge, die Kriminalisierung der eigenen Bewegung zu stoppen. Die Erkenntnis, dass die repressive Offensive der Regierung Calderón gegen widerständige Bewegungen eine allgemeine Tendenz ist und, wenn überhaupt, nicht von untereinander isolierten Teilbereichsmobilisierungen, sondern nur von einer starken und geeinten Kraft gebremst werden kann, müsste sich auch schon bis zu den Zapatisten herumgesprochen haben. Das einzig Positive an dem Nicht-Verhältnis zwischen Zapatismus/*La Otra* auf der einen und CND/DN auf der anderen Seite ist, dass die Führungsleute von CND und DN die öffentlichen Angriffe von Marcos nicht mit gleicher Münze zurückzahlen. López Obrador, der ansonsten selbst gerne austeilt, hat es sich stets verkniffen, auf die Anwürfe von Marcos einzugehen. Offenbar gibt es von dieser Seite die Einsicht, dass die städtischen und vor allem ländlichen Marginalisierten bisher kaum von den Mobilisierungen und Aktionseinheitsbemühungen erreicht werden. Der Zapatismus repräsentiert zumindest einen Sektor der Indígenas und der Marginalisierten. Allein deshalb würde die Mitarbeit von EZLN/*La Otra* die Debatten, die vom Nationalen Dialog losgetreten werden, sicherlich bereichern. Allen Unterschieden im Selbstverständnis und der bevorzugten Organisationsmethodik zum Trotz gäbe es eine Reihe politischer Felder, auf denen ein geeintes Vorgehen möglich und wünschenswert wäre.

## 1.4. Städtisches Aufbegehren III: Die Nationale Bewegung zur Verteidigung des Öls

Die politisch bedeutsamste Initiative, die in den Führungskreisen von CND und DN vereinbart und dann beim 5. Treffen des Nationalen Dialogs im Februar 2008 auch als Aktionsplan verabschiedet wurde, ist die »Kampagne zur Verteidigung des Öls«. Die Weiterführung der Petróleos Mexicanos (PEMEX) als Staatskonzern berührt den Kernbereich der mexikanischen Souveränität. Es geht um die Frage, »wer in Mexiko das Sagen hat«, brachte es der Linksintellektuelle Adolfo

Gilly auf den Punkt (*La Jornada,* 19.2.08). Angesichts der Nähe und des immensen Energiebedarfs der USA hat dies auch geopolitische Implikationen. Mit seiner Position als sechstgrößter Ölproduzent der Welt, einer Tagesproduktion von 3,1 Millionen Barrel, die zum großen Teil in die USA verkauft wird, nachgewiesenen Ölreserven von 15 Milliarden Barrel (je 159 Liter), weiteren schwer zu erschließenden 14 Milliarden Barrel im Golf von Mexiko, Abgaben und Steuern von 79 Milliarden US-Dollar bzw. 40% des Staatshaushaltes (2006) ist die PEMEX der ökonomische Brocken, welcher beim mexikanischen Privatkapital und internationalen Investoren die meisten Begehrlichkeiten weckt. Während die CND landesweit Aktionskomitees organisierte, der Nationale Dialog seine Mitgliedsgewerkschaften zu Aktivitäten aufrief und die PRD-Parlamentsfraktion ihre Unterstützung bekundete, stritten der neoliberale Block aus PAN und PRI ab, dass überhaupt eine Privatisierung der staatlichen Erdölgesellschaft PEMEX beabsichtigt sei. Es gehe lediglich um die Erschließung neuer und risikoreicher Förderstätten auf hoher See und eine Modernisierung des unterfinanzierten und technologisch maroden Unternehmens mit Hilfe von Privatkapital. Wenn es nicht gelinge, »den Schatz aus der Tiefe« zu heben, so der Titel einer ebenso aufwändigen wie inhaltsleeren TV-Werbung der PEMEX, gingen die Ölvorräte Mexikos, die nur 1% der weltweit nachgewiesenen Reserven ausmachen, schnell zu Neige. »Die angebliche Privatisierung der PEMEX ist eine Lüge und Fälschung«, gab der Senatsvorsitzende und PAN-Fraktionschef im Senat, Santiago Creel Miranda die Richtung des neoliberalen Blocks vor (*Reforma,* 1.4.08). Internationale Leitmedien übernahmen diese Lesart. Dabei hatte der jetzige Präsident in seiner Funktion als Energieminister der ersten PAN-Regierung unter Vicente Fox mehrfach klar und deutlich erklärt, dass die Energiereform zur Privatisierung führen solle. Im TV-Interview mit Televisa (28.4.04) sprach er sich »für mehr Privatinvestitionen« in öffentlichen Unternehmen aus. Bereits anlässlich seiner Amteinführung als Energieminister am 29.10.2003 hatte er gefordert: »Wir sollten erlauben, dass es Leute gibt, die ihr Kapital riskieren und dass dieses produktive Unternehmen hervorbringt, so dass diese mehr Strom erzeugen«.

Nicht nur linke Aktivisten und Organisationen, sondern auch das Privatkapital gehen davon aus, dass genau dieses Vorhaben weiter auf der Agenda ist. So hieß es etwa in einem Hintergrundbericht des angesehenen englischen Finanzmagazins *Economist* über die mexikanische Ölindustrie (19.12.07), der im Vorfeld des Regierungsvorstoßes publiziert wurde: »Es ist offensichtlich, dass die Lösung die Privatisierung der Ölindustrie ist. Aber das ist politisch unmöglich, denn das Staatsmonopol ist sowohl popular wie auch in der Verfassung verankert.« Dann zeigt der *Economist* gangbare Schritte auf, um aus diesem Dilemma herauszukommen und fasst die Lage aus Sicht des internationalen Finanzkapitals wie folgt zusammen: »Es

der PEMEX dort sein« (*La Jornada*, 19.3.08). Nur eine Woche später bat López Obrador schon wieder zur Teilnahme an einer »Informationsversammlung« zum Thema. Zehntausende kamen, der Zócalo in Mexiko-Stadt war voll. Die PRI-Parlamentsfraktion zeigte sich alarmiert, dass die »Mobilisierung gezündet« hat. López Obrador gab, begleitet von Führungspersönlichkeiten der PRD sowie ihren kleinen Bündnispartnern im Parlament, wieder Patriotisches von sich. Welche Konflikte es auch in der PRD geben möge, das sei alles nebensächlich, denn: »Über allem steht das Interesse der Nation« (*La Jornada*, 25.3.08). Bei anderer Gelegenheit sagte er: »Es eint uns die Verteidigung des Öls. Dies ist die Sache des mexikanischen Volkes und des Vaterlandes«. Diese Argumentation wurde auch von anderen Spitzenleuten der Bewegung sowie von Abgeordneten der Mitte-Links-Fraktion übernommen.

Der »legitime Präsident« gab bei dieser Gelegenheit die Gründung eines »Komitees zur Verteidigung des Öls« bekannt, wofür sich eine Reihe angesehener Schriftsteller und Intellektueller wie Sergio Pitol, Carlos Monsiváis, José Emilio Pacheco und Elena Poniatowska gewinnen ließen. Diese Intellektuellen sollen 20 Gruppen, denen 10 000 Frauen angehören, die Adelitas, und 36 Gruppen mit 18 000 Männern dabei zur Seite stehen, die Privatisierung zu vermeiden. Diese »Komitees zum Kampf gegen die Privatisierung des Öls« waren die Kräfte, welche die angedrohten Massenblockaden in der ersten Phase des Widerstandes bewerkstelligten. Sie stellen den ersten ernsthaften Organisationsansatz aus dem Spektrum CND/DN dar. Die zivilen Widerstandsbrigaden, die einem Beteiligten zufolge »nur mit dem Mobiltelefon des Peje«, also López Obradors, gebildet wurden, bildeten das Rückgrat der Anti-Privatisierungs-Bewegung. López Obrador setzte sich auf diese Weise gewissermaßen im Vorbeigehen auch von dem innerparteilichen Nachwahlzwist in der PRD und seinen lähmenden Folgewirkungen für deren politische Praxis ab. Gleichzeitig riss er inhaltlich und praktisch die politische Initiative wieder an sich, sowohl innerparteilich als auch im Verhältnis zur Regierung. Dass die innerparteilichen Rivalen des rechtssozialdemokratischen PRD-Flügels »Neue Linke« (NI) mit dem neuerlichen Mobilisierungsansatz nicht glücklich waren, ließ sich erstens an ihrer Nichtteilnahme bei den entsprechenden Meetings ablesen und zweitens daran, dass sie immer wieder an den Aktionen der Privatisierungsgegner herumkrittelten, ohne konkrete Alternativen aufzuzeigen. Säuerlich gaben ihre Repräsentanten auf Nachfragen der Medien etwa zu Protokoll, dass sie über bestimmte Aktionsvorbereitungen nicht informiert waren. Die PRD-Gouverneure von Chiapas und Guerrero distanzierten sich explizit von der Widerstandsbewegung. Das weitere Verhalten des rechtssozialdemokratischen PRD-Flügels entsprach dem, was man aus linker Sicht in einer derart zugespitzten Situation erwarten konnte. Da es im Hinblick auf die Stimmung in der eigenen

Wählerschaft kaum möglich war, sich offen gegen die PEMEX-Mobilisierung zu stellen und gleichzeitig das Hauptinteresse dieser Partei-Strömung immer die Demobilisierung der Straßenaktionen und das Vermeiden von Regelverstößen ist, wurden Scheinalternativen ins Spiel gebracht. Der Senator und Möchtegern-parteichef der PRD, Jesús Ortega, sagte beispielsweise, dass man »andere Aktionsformen und Methoden diskutieren« solle, um die Privatisierungsinitiative zu stoppen (*Reforma,* 12.4.08). Wohlweislich vermied es der Anführer der »Neuen Linken« sich festzulegen, was er damit konkret meinte. Dass diese »anderen,« sprich: parlamentarischen Formen im Falle der vorangegangenen Privatisierungsnovellen, die im Laufe des Jahres 2007 durchs Parlament gewinkt wurden, keinerlei Wirkung gezeigt hatten, behielt Jesús Ortega lieber für sich. Carlos Navarrete, Koordinator der PRD-Senatsfraktion und ein weiterer Führungskader der Chuchos, behauptete anfänglich, die insgesamt 15-tägige Besetzung der Rednertribünen im Parlament habe »Calderón genützt«. Es habe sich um eine »unilaterale Entscheidung einer bestimmten Gruppe von PRD-Abgeordneten« gehandelt, die zudem in der Öffentlichkeit einen »falschen Eindruck« hinterlassen habe (*Milenio,* 13.4.08). Anders als Jesús Ortega, der sich von der Anti-Privatisierungsbewegung konsequent fernhielt, beteiligte sich sein Kollege Carlos Navarrete später an der Bewegung. Allerdings immer mit dem Ziel, diese in Bahnen zu lenken, die mit dem ausschließlich parlamentarischen Selbstverständnis kompatibel sein sollten. Indessen deuteten die aufgeregten Reaktionen des neoliberalen Blocks darauf hin, dass die defätistische Interpretation des rechtssozialdemokratischen PRD-Flügels von der Realität überholt wurde.

Denn die PAN-Regierung zeigte sich von den Aktivitäten der Anti-Privatisierungsbewegung tief beeindruckt. Darauf verwies bereits ihr zögerliches Verhalten bei der Vorlage des Gesetzesvorhabens. Um nicht ins offene Messer zu laufen, zog zuerst der Präsident zurück und übergab die Aufgabe der PAN-Parlamentsfraktion. Diese wiederum kündigte an, im Parlament eine »Diagnose« einzubringen, welche die Energieministerin Georgina Kessel und der PEMEX-Generaldirektor Jesús Reyes Heroles verantworteten. Im Parlament sei »ein intensiver Dialog« geplant, um »einen Konsens zu suchen. Es ist keine Frage der Schnelligkeit, sondern es geht darum einen Weg zu suchen, damit etwas herauskommt«, ruderte der PAN-Chef der Senatsfraktion Santiago Creel Miranda vorsichtig zurück (*Reforma,* 1.4.08). Bei der Vorstellung des Gesetzesentwurfes betonte Präsident Calderón in einer vom TV-Duopol TV Azteca und Televisa übertragenen Rede an die Nation erneut, es gehe nicht um die Privatisierung der PEMEX, auch stehe keine Verfassungsänderung an. Vielmehr beabsichtige man deren unternehmerische Stärkung durch geringere Abgaben, mehr Autonomie in der Unternehmensführung und -finanzierung sowie vergrößerten Spielräumen für die Kontraktierung von Fremdunternehmen für spezielle Teilaufgaben. Dies gelte auch für Raffinerien. López Obrador konterte kurz angebunden, das sei die Privatisierung der PEMEX. Diese wisse man zu verhindern.

Straßenaktionen und eine zweiwöchige friedliche Parlamentsbelagerung durch jeweils über zehntausend Angehörige ziviler Widerstandsbrigaden, die parallel dazu durchgeführte Besetzung der Rednertribünen beider Parlamentskammern durch PRD-Abgeordnete bis kurz vor Ende der ordentlichen Sitzungsperiode, die dadurch erzwungenen Sitzungsunterbrechungen, weitere Massenkundgebungen auf dem Zócalo von Mexiko-Stadt wenige Tage nach dem Einbringen der Initiative, Demonstrationen, Kundgebungen und Aktionen in vielen Städten Mexikos, kurzum: Die Entstehung einer neuen, mächtigen Massenbewegung waren die unmittelbare Folge. Bemerkenswert war in der Anfangsphase das Zusammenspiel von Massenblockaden vor dem Parlament, der 15-tägigen Besetzung beider Parlamentskammern durch Abgeordnete der Mitte-Links-Fraktion FAP und Großdemonstrationen. Die elektronischen Mainstream-Medien überboten sich schier in geifernder Verurteilung der Aktionen innerhalb und außerhalb der Parlamente. Die Parlamentsbesetzung wurde unisono als *secuestro,* Entführung, gegeißelt. Die rechte Polemik ging soweit, das López Obrador in einem TV-Werbespot der in Verbindung mit der Regierungspartei PAN stehenden Organisation Mejor Sociedad, mejor Gobierno mit Hitler, Mussolini und Pinochet verglichen wurde. Der Werbespot wurde gesendet, obwohl sich die Wahlbehörde IFE dagegen ausgesprochen hatte. In Reaktion auf das Trommelfeuer der Medien verteilten CND-Aktivisten allein in der Hauptstadt von Haus zu Haus 50 000 DVDs sowie Flyer, in denen die Anliegen der PEMEX-Kampagne dargestellt wurden. In der Bevölkerung gab es viel Zustimmung aber auch vernehmbare Ablehnung der zivilen Widerstandsaktionen. Die Regierung wirkte konsterniert.

»López Obrador führt den Präsidenten an der kurzen Leine«, fasste im Wochenmagazin *Proceso* (22.3.08) Carlos Acosta Córdova die für den neoliberalen Block missliche Lage zusammen. Da López Obrador auch die ehemalige Staatspartei PRI aufforderte, sich an der Kampagne gegen die Privatisierung der PEMEX zu beteiligen, bugsierte er sie in eine Zwangslage. Nähme sie oder zumindest Teile davon die Einladung an, fehlte Präsident Felípe Calderón unter Umständen die Parlamentsmehrheit für die nötige Gesetzesänderung. Lehnte die PRI-Führung ab, verriete sie ihre eigene Geschichte und offenbarte sich vor aller Augen als prinzipienlose und antipatriotische Kraft. Dies würde López Obrador ermöglichen, weitere Keile zwischen PRI-Establishment und verarmter Parteibasis zu treiben mit dem Ziel, die Basis kurzfristig bei Widerstandsaktionen und mittelfristig auch bei Wahlen auf seine Seite zu ziehen. Die PRI-Führung versuchte dieser Zwickmühle zu entgehen, indem sie auf Zeitgewinn setzte. Nach Beratungen der Parteispitze hinter geschlossene Türen, an denen auch die meisten PRI-Gouverneure teilnahmen, kündigte man dem Präsidenten und den PAN-Bündnispartnern in beiden Kammern die erheischte Option für ein parlamentarisches Schnellverfahren auf. Die PRI versprach stattdessen eine »ausführliche Analyse der Vorschläge«, die jedoch in der noch verbleibenden ordentlichen Sitzungsperiode des Kongresses nicht mehr zu bewerkstelligen sei. Zuvor hatte die PRD-Fraktion unter Einbeziehung der gesamten Gesellschaft eine mehrmonatige öffentliche Debatte über die Zukunft der PEMEX mit einem anschließenden Referendum verlangt. Der Streit um die PEMEX-Privatisierung zog Kreise weit über das Parlament hinaus. Er dürfte zumindest bis Herbst 2008 andauern. Die Verhinderung eines Fast-Track-Verfahrens war ein erster konkreter Erfolg der Widerstandsbewegung und kein Szenario, das sich der neoliberale Block PAN/PRI gewünscht hat. Dieser hatte, wie bei anderen Initiativen auch, auf zügige Abstimmungen mit breitem parlamentarischem Konsens gesetzt. Auf dieser Grundlage wäre es wie zuvor etwa im Fall der Privatisierung der Altersversorgung der Staatsangestellten ISSSTE möglich gewesen, Äußerungen der Unzufriedenheit auf den Straßen niederzuhalten. Das absehbare Ringen zwischen Privatisierungsgegnern und -befürwortern dürfte indessen auch die Entfremdung zwischen PRI-nahen Gewerkschaften und Campesino-Organisationen forcieren. Einschränkend gilt es jedoch festzuhalten, dass sich die Hauptkraft der Hände-Weg-von-unserem-Öl-Bewegung im Großraum von Mexiko-Stadt befand. Sowohl die Campesinos als auch die Erdölarbeiter blieben in der ersten Phase am Rande der Ereignisse. Deren Befreiung aus dem fest gefügten klientelistischen PRI-Zwangskorsett wäre die notwendige Voraussetzung dafür, dass populare und linke Organisationen zu diesen Bevölkerungsschichten Zugang finden können.

Während der PRD-Flügel um López Obrador sowie die massenwirksamen Bewegungen aus dem Spektrum von Nationaler Demokratischer Konvention (CND) und Nationalem Dialog (DN) eine breit angelegte Mobilisierung der Bevölkerung in Gang brachten, setzten die PAN und ihr Präsident auf politische Deeskalation und Konsenssuche. Sie verfolgten letztlich das Ziel, die PRI und den rechtssozialdemokratischen Flügel der PRD, also die »Neue Linke« um Jesús Ortega, einzubinden und so López Obrador mit seinem Konfrontationskurs ins Leere laufen zu lassen. Der neoliberale Block ließ sich in Verhandlungen mit der Parlamentsopposition auf ein gemeinsam vereinbartes Procedere ein. Dies war die Voraussetzung dafür, dass die FAP-Abgeordneten die Parlamentsbesetzung am 25. April 2008 beendeten. In der Vereinbarung wurden themenspezifische Foren, die Art ihrer Behandlung sowie ein Zeitrahmen dafür vereinbart. Ob die Energiereform damit, wie beabsichtigt, im Juli/August 2008 verabschiedet werden kann, ist noch offen. Ernste Zweifel sind angebracht. López Obrador zeigte sich mit diesem Zwischenergebnis zufrieden und kündigte eine zweite Phase des Widerstandes an. So sollen die Widerstandsbrigaden bis Juli/August auf 200 000 Aktive ausgebaut werden. Ihre wichtigste Aufgabe besteht laut López Obrador darin, in einer breit angelegten Informationskampagne von Haus zu Haus bis August insgesamt 10 Mio. Haushalte direkt zu erreichen, zu diskutieren und Informationsmaterial zu übergeben. Dies sei nötig um dem Meinungsmonopol der elektronischen Massenmedien etwa entgegenzusetzen. Für Ende Juli kündigte die PRD die Abhaltung eines Referendums an. Da sich die Regierung unter Bezug auf juristische Argumente weigerte, eine Volksabstimmung über die Wahlbehörde organisieren zu lassen, kann die PRD-Initiative nicht über den Status einer rechtlich nicht bindenden Volksbefragung hinaus kommen.

Das Thema »Privatisierung der PEMEX« eignet sich wie kein anderes als Klammer für Oppositionsbündnisse, da hier historische sowie bürger- und verfassungsrechtliche Argumente eng mit finanz-, haushalts- und sozialpolitischen Aspekten zusammenhängen. Da beim Einbringen der Gesetzesinitiative von Seiten der PAN nicht mit offenen Karten gespielt wurde, kamen zusätzlich Gesichtspunkte wie Transparenz, Demokratie und politische Glaubwürdigkeit ins Spiel. Es ist ein Thema, das die institutionell orientierte Wahlpartei PRD ebenso betrifft wie die soziale und außerparlamentarische Linke oder fortschrittliche Intellektuelle. Im Vergleich dazu waren die bürgerrechtlichen Kampagnen gegen die Nichtzulassung López Obradors zu den Wahlen im Jahr 2005, die immerhin mit dem einzigen klaren Sieg der PAN-Gegner endeten, oder die »Proteste gegen den Wahlbetrug« 2006 sowohl thematisch als auch politisch enger angelegt. Beim Thema PEMEX wie auch beim Thema Privatisierung der Stromversorgung gibt es Bündnismöglichkeiten bis weit hinein in das von der PRI vertretene bürgerliche Lager. Auch in Richtung pauperisierte Bevölkerungsschichten, städtische Marginale sowie Campesinos und Indígenas ist ein Brückenschlag denkbar. Die Gewerkschaft der Elektrizitätsarbeiter SME, die mit ihrem Kampf gegen die Privatisierung der Stromversorgung lange Jahre allein auf weiter Flur stand, mischte sich frühzeitig aktiv in die PEMEX-Debatte ein und forderte auch die anderen Gewerkschaften dazu auf. SME-Generalsekretär Martín Esparza Flores kündigte eine Reihe von Aktionen an. Auf den traditionellen 1. Mai-Demonstrationen sprachen sich im ganzen Land Gewerkschaftssprecher verschiedener Tendenzen für die Verteidigung der Öls, des Stroms sowie der Ernährungssouveränität (?) aus. Die Gewerkschaftszentrale UNT kündigte eine bundesweite Kampagne zur PEMEX-Privatisierung an. Angehörige der linksgerichteten Lehrergewerkschaft CNTE blockierten Autobahnmautstellen, um gegen die Privatisierung der PEMEX und der Pensionsrücklagen zu protestieren. Auffällig war das Fehlen der Ölarbeitergewerkschaft. Auch ihr Chef Carlos Romero Deschamps tauchte auf keiner Mai-Veranstaltung auf. Statt dessen gründete er im Juni zusammen mit der korrupten Chefin der Lehrergewerkschaft SNTE, Elba Ester Gordillo, eine neue Koordination regierungsfreundlicher Gwerkschaften.

Anders als die veröffentlichte Meinung, die von wenigen schwerreichen Medientycoons bestimmt wird, ist auch die öffentliche Meinung mehrheitlich gegen die Privatisierung der PEMEX. Wenn man sich in Erinnerung ruft, welch vorwärts treibende Rolle die Debatte um die Wiederaneignung der Gasvorkommen für den anti-neoliberalen Widerstand in Bolivien spielte, so kann man sich durchaus vorstellen, dass sich die »Verteidigung des Öls« in Mexiko zu einer Achse entwickeln könnte, um die sich der soziale Widerstand gegen die neoliberal-autoritäre Regierung Calderón formiert. Davon ausgehend könnten sich auch die organisatorisch, politisch und räumlich zersplitterten sozialen Bewegungen in Form einer Aktionseinheit neu artikulieren. »Man braucht eine große Öffnung, damit dieser Kampf von allen getragen wird und so die Grundlage schaffen kann für weitere Auseinandersetzungen«, dachte der bereits mehrfach zitierte Pedro Echeverría voraus. »Es scheint, dass die Bedingungen für den Aufbau einer großen Bewegung gegeben sind. Es handelt sich um eine politische Konjunktur, welche die gesamte Lage verändern kann«, hoffte er (*Rebelión,* 11.4.08). Die praktische Einheit auf der Straße würde die Bedingungen verbessern, um darauf aufbauend einen positiven politischen Entwurf für ein alternatives Entwicklungsmodell Mexikos in Angriff zu nehmen. Allerdings ist es dafür notwendig, dass die Anti-Privatisierungsbewegung an Autonomie gewinnt. Denn in ihrer Entstehungsphase war sie eng mit den Ambitionen ihres Mentors López Obrador verbunden. In diesem Mangel an Autonomie liegt nicht nur ein wichtiger Unterschied zur Gas-Aneignungsbewegung in Bolivien, es ist auch die Achillesferse, welche für die Funktionalisierung dieser Bewegung durch einen faktisch unhinterfragbaren Caudillo Tür und Tor öffnet. Durch die mangelnde Autonomie besteht die Gefahr, dass die Straßenmobilisierung letztlich nur den Status eines phasenweise opportunen Druckmittels zugewiesen bekommt und dann deaktiviert wird, wenn sich die Rahmenbedingungen für die parlamentarische Debatte so verändert haben, dass sich auch die Mitte-Links-Fraktion wieder ausschließlich auf das institutionelle Terrain begibt. Diesem aus Sicht der anti-neoliberalen Opposition negativen Szenario kann nur vorgebeugt werden, wenn sich die verschiedenen Tendenzen der mexikanischen Linken aktiv einmischen.

Da für Mexiko die PEMEX nicht nur eines der wichtigsten Symbole der nationalen Souveränität, sondern bis in die Gegenwart gewissermaßen auch die Mutter der staatlichen Finanzressourcen ist, wäre es aus Sicht der sozialistischen und revolutionären Tendenzen nicht nur fahrlässig, sondern politisch geradezu unverantwortlich, die Bewegung und die Debatten zur Verteidigung des Öls nicht nach

Kräften mit zu gestalten. Problematisch ist sicherlich, dass diese Bewegung von Argumentationen geprägt wurde, die sich von der traditionellen national-revolutionären Phraseologie der abgehalfterten Staatspartei PRI nicht allzu sehr unterscheiden. Daran geknüpft sind von Seiten der Lópezobradoristas auch etatistische Vorstellungen von ökonomischer Modernisierung und deren Umsetzung mittels sozial einschließender, von der Methodik jedoch autoritärer Formen des Politikmachens. »Der alte Diskurs«, wertete das fortschrittliche Magazin *Proceso* bitter, aber nicht ganz zu Unrecht (22.2.08). Der bekannte Autor Marco Rascón sah hinter dem Konfliktgetöse in der Sache keine so großen Unterschiede zwischen den drei großen Parteien: »Wenn die PRI die PEMEX-Vergangenheit mit Korruption, Ineffektivität und Subunternehmertum repräsentiert und die PAN dies in der Gegenwart fortführt, so symbolisiert der Lopezobradorismus die Zukunft von ein- und demselben«, kommentierte er skeptisch in *La Jornada* (8.4.08). Andrés Avila Armella sieht die Straßenmobilisierung im Grundsatz positiv, hebt aber eine Reihe gravierender Widersprüche hervor, welche die Antiprivatisierungsbewegung einer längerfristigen Perspektive berauben. So fehlt im Diskurs López Obradors sowohl eine Einschätzung derjenigen Privatisierungsmaßnahmen im Ölsektor, die bereits lange vor dem PAN-Gesetzentwurf angelaufen waren, als auch eine klare Alternative dazu. Andrés Avila Armella sieht den Grund für diese Leerstellen in der ambivalenten politischen Rolle, die López Obrador spielt. Wie die Mitte-Links-Regierungen in Südamerika vom Typ Lula stehe López Obrador mit einem Bein auf Seiten der popularen Interessen und ihrer Mobilisierung dafür, mit dem anderen jedoch auf Seiten des nationalen Kapitals. Schon als Bürgermeister von Mexiko D.F. habe er sich so verhalten, als er dem Milliardär Carlos Slim Riesengewinne bei der Neumodellierung des historischen Stadtzentrums ermöglichte (*Rebelión,* 27.4.08). Aber was folgt aus diesen berechtigten Einwänden für die Praxis?

Linker Politik, die auf die Aneignung sozialer Güter durch die Gesellschaft und die effektive Mitgestaltung der Politik durch basisdemokratische Prozesse und Instrumente setzt, bleibt kaum etwas Anderes übrig, als sich in die oben skizzierte Gemengelage zu begeben. Nur in Auseinandersetzung damit und unter der Voraussetzung, dass es einem heterogenen und in sich widersprüchlichen Bündnis zuerst einmal gemeinsam gelingt, den PEMEX-Ausverkauf an das Privatkapital zu verhindern, kann darüber diskutiert werden, in welche Richtung die PEMEX sich als Unternehmen weiterentwickeln kann und soll. Unter diesen Bedingungen könnte auch ein neues egalitäres Projekt formuliert und nach weiteren Kämpfen gegebenenfalls Ressourcen dafür freigemacht werden. Sich nicht aktiv in die Bewegung zur Verteidigung des Erdöls einzumischen, wäre gleichbedeutend damit, den Kampf um die Aneignung dieser strategisch wichtigen Ressource nicht einmal anzutreten. Die Privatisierung der PEMEX würde überdies Tür und Tor öffnen für die Privatisierung weiterer öffentlicher Ressourcen wie Boden, Wälder, Wasser, Strom u.s.w. Dies wurde auch von revolutionären Bewegungen so gesehen. So nahmen in dem ersten langen Interview seit fünf Jahren, das Sergio Ocampo Arista für die Tageszeitung *La Jornada* mit Angehörigen der pro-zapatistischen Guerillagruppe ERPI führen konnte, diese mehrfach zustimmend auf die Anti-Privatisierungsbewegungen Bezug. »Wir werden von hier aus das Öl und unsere Naturressourcen verteidigen.« Weiter sagten die ERPI-Vertreter: »Die Bevölkerung sieht die Notwendigkeit gegen die Privatisierung der PEMEX zu kämpfen oder auch die Compañeros von La Parota zu unterstützen. Wir machen mit, wenn die Bevölkerung dies so entscheidet« (*La Jornada Guerrero*, 25.3.08). Die Guerillagruppe EPR mischte sich ebenfalls ein. Sie drohte im Fall der Privatisierung oder der Beteiligung von internationalem Kapital an der Offshore-Förderung im Golf von Mexiko mit bewaffneten Aktionen. Da sie im Laufe des Jahres 2007 zweimal erfolgreich die PEMEX-Infrastruktur attackiert hatte, »wird das Szenario für Felipe Calderón noch komplizierter. Die Drohung der EPR öffnet eine neue Flanke, die schwierig aufzulösen ist«, schätze José Gil Olmos im *Proceso* (3.4.08) ein. Auch die bewegungsnahe »Revolutionäre Koordination«, der fünf Guerillaorganisationen angehören, meldete sich zu Wort. Ihr »Manifest an die Nation Nr. 7« (10.4.07) ist überschrieben mit »Nein zur Privatisierung unseres Erdöls«. Inhaltlich ordnet die Revolutionäre Koordination die Anti-Privatisierungsbewegung ein als Teil eines Klassenkampfes, der um die Aneignung der Naturressourcen geführt werde. Neben Erdöl gehe es auch um Land, Wasser, Strom, Wälder, Küsten und Winde. Eine breite, zivile und friedliche Bewegung, die auch Teile der institutionellen Linken einschließe, sei »notwendig, aber nicht hinreichend«. Es gehe um die »Kombination und Verallgemeinerung aller Formen des Kampfes, eingeschlossen den bewaffneten revolutionären Widerstand.« Um bei der tief greifenden sozialen Umgestaltung weiter zu kommen, sei eine »Volkseinheit« und die »effektive Koordination – respektvoll und solidarisch – aller seiner Organisationen notwendig. Man müsse »Samen der Einheit und der Hoffung« säen. Die »Revolutionäre Koordination«, die parallel zur Veröffentlichung ihrer Erklärung ein Propagandavideo in das Internet-Portal Youtube (www.youtube.com/watch?v=yGTsxGPBs2k) stellte, kündigte an, sich an der Anti-Privatisierungsbewegung zu beteiligen und darüber hinaus weiter am »Projekt einer tief greifenden sozialen Transformation« zu arbeiten. Mit diesen Stellungnahmen positionierten sich alle drei Strömungen der mexikanischen Guerilla an der Seite der Bewegung gegen die Privatisierung der PEMEX, während Zapatismus und *La Otra* im Schweigen verharrten. In verschiedenen Abstufungen wird von den jeweiligen revolutionären Strömungen die Distanz zum Politikverständnis von PRD bzw. López Obrador kenntlich gemacht. Die Bemühungen um eine Aktionseinheit gegen ein Herzstück der Politik von Präsident Calderón werden jedoch unter dem Strich stärker gewichtet, als die bekannten Differenzen in einer ganzen Reihe von Fragen.

## 1.5. Gewerkschaftliche Gegenwehr

Neben der bürgerrechtlichen Nationalen Demokratischen Konvention (CND), dem Debattenforum Nationaler Dialog (DN) und der klassen- und parteiübergreifenden Anti-Privatisierungsbewegung in Sachen PEMEX bilden die unabhängigen Gewerkschaften um die Elektrizitätsarbeitergewerkschaft SME, die Koordination UNT, Teile der Lehrergremien sowie die Metallarbeiter von SICARTSA und die Mineros den vierten maßgeblichen Faktor der sozialen Linken. Auch in den genannten Gremien dominieren die Reformer. Gleichwohl gibt es auch kleine klassenkämpferische Strömungen. Insgesamt ist die Gewerkschaftsbewegung heute geschwächt. 2005 waren etwa 10% der arbeitsfähigen Bevölkerung (PEA) in Gewerkschaften organisiert. In den letzten 25 Jahren verloren die Gewerkschaften die Hälfte ihrer Mitglieder. In der Industrie fiel der Organisationsgrad von 22% (1992) auf etwa 11% (2002). Dementsprechend nahmen sowohl die politische Bedeutung der Gewerkschaften wie auch ihr Gewicht bei Tarifverhandlungen ab. Umfragen zufolge haben 70% der Interviewten kein Vertrauen in Gewerkschaften (Blanke 2007: 110). Letzteres ist ein Erbe des korporatistischen und korrupten PRI-Systems und der Rolle als Transmissionsriemen und Kontrollinstrument der Staatspartei, welche die Gewerkschaften darin spielten. Die wenigen positiven Ausnahmen, wie sie von González Guerra und Gutiérrez Castro in ihrer Bilanz »El sindicalismo en México: historia, crisis y perspectivas« (2006) erwähnt werden, konnten das Bild in der breiten Öffentlichkeit nicht grundlegend verbessern.

Nach jahrzehntelanger Dominanz durch PRI-kontrollierte und in mächtigen zentralisierten Strukturen zusammengeschlossenen gelbe Gewerkschaften, der nachfolgend generellen Verringerung des Gewichts von Gewerkschaften durch die neoliberale Offensive und angesichts der Tatsache, dass der dynamische Industriegürtel in Nordmexiko in erheblichen Teilen geradezu gewerkschaftsfreie Zone ist, kann man erst seit einigen Jahren Ansätze zur Bildung einer unabhängigen Gewerkschaftsbewegung registrieren. Um die Bastionen der PRI-Unabhängigen bei den Elektrizitätsarbeitern und die dissidente CNTE bei den Lehrern gruppierte sich 1995 zunächst ein branchenübergreifendes Forum, das »Foro del sindicalismo ante la nación«, das erstmals eine PRI-unabhängige 1. Mai-Demonstration ausrichtete, um sich dann auszudifferenzieren in den unabhängigen und reformorientierten Dachverband Unión Nacional de Trabajadores (1997) und die klassenkämpferische Coordinadora Intersindical. Im Jahr darauf lancierte die Vertretung der Elektrizitätsarbeiter SME mit der Frente Sindical Mexicano einen weiteren Versuch, die Linksunabhängigen zusammenzuführen. Die Versuche der SME breitere Allianzen für ihren Kampf gegen die Privatisierung der Stromerzeugung und -verteilung zu schmieden, brachten Kontakte in Richtung Studentenschaft und Campesinos mit sich. Diese wurden 2004 mit Gründung des oben vorgestellten Forums »Dialogo Nacional« (DN) auf eine längerfristige Grundlage gestellt.

Die Abwehr weiterer sozialer Einschnitte, der Kampf gegen die Privatisierung ihrer Unternehmen, das Arbeitsrecht und die gewerkschaftliche Autonomie und die innergewerkschaftliche Demokratie sind Themen, welche die unabhängigen Gewerkschaften heute bewegen. Sie haben sich mehreren großen Problemen zu stellen: erstens die tiefe Spaltung der Gewerkschaftsbewegung in eine unabhängige, reformerische Minderheitstendenz um die UNT, die etwa 500 000 Mitglieder hat, vor allem im Dienstleistungsbereich und bei Staatsangestellten, und eine weiterhin PRI-hörige Mehrheitstendenz um die Zentralen CTM und CT. Die CTM dürfte, abgesehen von unrealistischen eigenen Verlautbarungen, in Wirklichkeit noch rund eine Million Mitglieder haben, vorwiegend in der Industrie und der Baubranche. Als wichtigste verbliebene PRI-Bastion ist die Mehrheit der Lehrergewerkschaft SNTE mit ihren 1,5 Millionen (Zwangs-) Mitgliedern zu nennen, die in 50 regionalen Sektionen gegliedert sind. Einen dritten Flügel stellen offen unternehmerfreundliche, betriebliche Arbeitnehmervertretungen vor allem im Norden des Landes dar. Letztere wurden durch die Regierung Fox nach Kräften gefördert und konnten mit stark zunehmender Tendenz Betriebsvereinbarungen abschließen. Neben der Spaltung der Gewerkschaftsbewegung in drei Flügel sind innerorganisatorische Defizite wie Korruption, Autoritarismus und fehlende Transparenz, die anhaltende Einmischung des Staates in innergewerkschaftliche Angelegenheiten sowie ein generell gewerkschaftsfeindliches Klima als weitere Hemmschuhe für erfolgreiches Agieren zu nennen. Dazu kommt, dass die Mehrheit der Beschäftigten heute im so genannten »informellen Sektor« arbeitet und damit für gewerkschaftliche Arbeit prinzipiell so gut wie unerreichbar ist.

Dessen ungeachtet haben gewerkschaftliche Konflikte seit 2006 wiederholt für großes Aufsehen gesorgt. An erster Stelle ist hierbei die Rolle der Sektion XXII der ansonsten weithin PRI-dominierten Lehrergewerkschaft SNTE zu nennen. Ihre Lohnforderungen und Straßenmobilisierungen waren der Ausgangspunkt für die Rebellion in Oaxaca. Die Regionalgliederung der SNTE bildet das organisatorische Rückgrat der Volksbewegung der Völker Oaxacas, der APPO. Auf nationaler Ebene gibt es weitere SNTE-Sektionen, die von demokratischen Strömungen geführt werden. Mit der CNTE gibt es eine Koordination demokratischer und linker Lehrerinnen und Lehrer. Diese hat zwar im Vergleich zur

PRI-istischen SNTE nur einen Bruchteil der Angehörigen, etwa 200 000, ist jedoch seit vielen Jahren zum gewerkschaftlichen und politischen Reformlager zu rechnen. Die demokratische CNTE hat im Frühjahr 2007 zusammen mit Unigewerkschaftern, städtischen Angestellten des Bundesdistriktes und einigen anderen das größte Protestkontingent gegen die Privatisierung der Rentenversicherung der Staatsangestellten aufgeboten. Über Monate marschierten, mobilisierten und agitierten in mehreren Bundesstaaten Tausende gegen das so genannte Ley ISSSTE. Obwohl es auch große Demonstrationen mit zehntausenden Beteiligten gab, gelang es nicht, andere gewerkschaftliche Sektoren, die nicht direkt von der Schlechterstellung betroffen waren, aktiv mit einzubeziehen. Auch das kritische Bürgerrechtsspektrum hielt sich auf Distanz. Im Frühjahr 2008 traten die Lehrer in den Bundesländern Oaxaca, Chiapas und Michoacán wieder in den Ausstand, vorwiegend für Lohnerhöhungen. Weiterhin gab es in Chiapas in der Sektion VII der Lehrergewerkschaft SNTE eine starke landesweite Bewegung des innergewerkschaftlichen »Demokratischen Blocks«. Mit Bürobesetzungen, einer Kundgebung in San Cristóbal de Las Casas und einer Demonstration mit 5000 Teilnehmerinnen in der Landeshauptstadt Tuxtla Gutiérrez protestierte der »Demokratische Block« gegen die Einsetzung eines PRI-Mannes als Landeschef der SNTE. Die Unabhängigen verlangten, dass ein ordentlicher Gewerkschaftskongress einberufen werden müsse, um demokratische Wahlen durchzuführen. Generell wird in den Lehrergewerkschaften ein harter Kampf um die innerorganisatorische Demokratisierung geführt. Während ein Teil auf Kärrnerarbeit an der Basis setzt, um Einheit für Einheit von unten nach oben demokratische Gremien zu wählen, favorisiert ein anderer Flügel den Aufbau von oppositionellen Parallelstrukturen zu den PRI-nahen Gremien, um dann damit in einen Kampf um die Zustimmung der Basismitglieder zu treten.

Neben einigen partiell erfolgreichen Lohnabschlüssen, wie sie etwa die Elektrizitätsarbeiter erringen konnten, sind als weitere Höhepunkte gewerkschaftlicher Gegenwehr die Betriebsbesetzungen und das polizeilich-militärische Vorgehen gegen Minenarbeiter zu nennen. Gefährliche Arbeitsbedingungen, die 2006 im Bundesstaat Coahuila 65 Arbeiter das Leben gekostet hatten, wegen der hohen Weltmarktpreise satte Extraprofite der Minenkonzerne sowie die vom Arbeitsministerium per Dekret verfügte Absetzung des regierungskritischen Gewerkschaftssekretärs der Minenarbeitergewerkschaft Napoleón Gómez Urrutia und seine Ersetzung durch einen Regierungslakaien hatten die Konfliktbereitschaft in den Minen erhöht. Ein monatelanger Ausstand in der Mine Cananea (Bundesstaat Sonora) mit der Forderung nach Respektierung des Kollektivvertrages sowie besserer Arbeitssicherheitsmaßnahmen weitete sich auch auf Minen in anderen Bundesstaaten aus. Unmittelbar nachdem das Bundesschiedsgericht den

Streik in Cananea für »inexistent« erklärt hatte, rückten Mitte Januar 2008 über 800 schwerbewaffnete Polizei- und Militärkräfte gegen die Streikenden vor. Es kam zu Zusammenstößen mit vier verletzten Arbeitern und fünf Verhafteten. Weitere vier verschwanden nach Gewerkschaftsangaben. Ein landesweiter Solidaritätsstreik, zu dem 100 000 Mineros aufgerufen wurden, war die Folge. Laut *La Jornada,* eines der wenigen Medien, die überhaupt über den von Unternehmens- und Regierungsseite totgeschwiegenen Streik berichteten, nahmen 50 von 60 Gewerkschaftsgliederungen daran teil. Die Regierung sprach von »Erpressungsversuchen« der Gewerkschaft, die nicht »den wirklichen Interessen der Arbeiter entsprechen« und denen man nicht stattgeben werde (*Reforma,* 16.1.08). Im Juni streikten die Mineros erneut bundesweit, um die Regierung dazu zu bewegen, die erneute Wahl von Napoleón Gómez Urrutia zum Generalsektretär der Gewerkschaft anzuerkennen. Vor allem im Dunstkreis der Elektrizitätsarbeiter sowie beim Forum Diálogo Nacional löste das repressive Vorgehen der Regierungsseite heftige Kritik aus. Die Vorgänge um die Mine Cananea wurden als weiteres Beispiel für den autoritären Kurs und die Dialogunfähigkeit der Regierung Calderón interpretiert. Es scheint sich abzuzeichnen, dass sich weitere Gremien aus der Umklammerung der PRI lösen und die Konfliktbereitschaft der abhängig Beschäftigten wieder zunimmt. Dies wäre die Voraussetzung für nennenswerte Kräfteverschiebungen im Gewerkschaftslager. Nur so könnte dieses eine aktive Rolle bei der Demokratisierung des Landes spielen.

### 1.6. Weitere urbane Bewegungen: Studierende und Menschenrechtler

Außer den vier bisher vorgestellten Grundpfeilern der sozialen Linken gibt es in den Städten eine Reihe weiterer sozialer Bewegungen, die phasenweise oder in bestimmten Räumen für die Gesamtheit der außerparlamentarischen Kräfte eine vorantreibende Rolle einnahmen. Seien es Stadtteil- oder Frauenbewegungen, der Zusammenschluss von Schuldnern »El Barzón«, Kulturschaffende oder Jugendliche, Umweltaktivisten etc. Im begrenzten Rahmen dieser Arbeit sollen stellvertretend lediglich zwei davon kurz gestreift werden: Studenten- und Menschenrechtsorganisationen.

Was die Studierendenvertretungen betrifft, so hatten diese mit ihrem mehrmonatigen Streik 1999/2000 an der Nationalen Autonomen Universität Mexikos (UNAM), der von Polizeikräften im Februar 2000 mit der Besetzung des Universitäts-Campus gewaltsam beendet wurde, einen seither nicht mehr erreichten Aktivitätsschub verzeichnet. Der Streik hatte sich gegen die neoliberale Gegenreform an den Universitäten gerichtet und sammelte alle Kräfte, die sich für eine öffentliche und kostenlose Bildung stark machten. Ausgelöst von höheren Studiengebühren weitete sich der Forderungskatalog aus auf die Demokratisierung der Universität wie auch der Gesellschaft. Wie in vorausgegangenen historischen Momenten, etwa anlässlich der Niederschlagung der studentischen Bewegung 1968, hatten die universitären Mobilisierungen Auswirkungen auf die gesamtgesellschaftliche Debatte. Die Reflexion kreiste insbesondere um die Folgewirkungen neoliberaler Politik auf die Erziehung. Der studentische Streikrat CGH erkämpfte sich Sympathien vor allem in den Unter- und Mittel-Schichten, für die eine gute und kostenlose öffentliche Bildung der Schlüssel für gesellschaftliche Mobilität ist. Nach Jahren nur in Ansätzen existierender studentischer Organisationen war der Streikrat CGH für viele die erste und einschneidende organisatorische Erfahrung. Tausende junger Leute, die später für die Zapatisten, gegen den Wahlbetrug oder die Privatisierung der PEMEX auf die Straße gingen, politisierten sich im Verlauf des mehrmonatigen Uni-Streiks. Die inneren Funktionsprinzipien des Streikrates waren von den Diskussionen des Zapatismus mit basisdemokratischen Demokratievorstellungen inspiriert. Diese unterschieden sich deutlich von vorangegangenen Perioden, in denen die mobilisierten Gruppen der traditionellen Linken oder dem Cardenismus zuzurechnen waren. Auch 1999/2000 versuchten studentische und akademische Repräsentanten der PRD in der Streikbewegung Einfluss zu nehmen. Die von ihnen angewandten Methoden waren aus PRI-Zeiten bekannt und verhasst: Autoritarismus, Manipulation und Geheimverhandlungen (Rodríguez Rejas 2008: 16). Die weit auseinander liegenden Demokratievorstellungen und das Aufeinanderprallen sich ausschließender Organisationsmethoden mögen neben weiteren Sachdifferenzen verantwortlich gewesen sein dafür, dass die linkszentristische PRD, obwohl sie die Stadtregierung stellte und damit die eigentliche Gegenspielerin der Bundesregierung in dieser Angelegenheit war, auf die Streikenden kaum Einfluss nehmen konnte. Nach der Besetzung der UNAM durch Polizeikräfte löste sich der Streik auf und der Streikrat verlor seine integrierende Funktion.

In den Folgejahren gelang es nicht, ein vergleichbares Aktionsniveau zu erreichen. Die Studierenden konnten nicht mehr in ähnlichem Maße als eigenständiger und vorantreibender Faktor in Erscheinung treten. In kleinerem Umfang fanden dennoch Aktionen statt. An verschiedenen Universitäten und Fachhochschulen kam es zu lokalen Konflikten. Jener der Lehramtsabsolventen für ländliche Volksschulen in Ayotzinapa, Bundesstaat Guerrero, sei exemplarisch erwähnt. Dort entzündete sich im Sommer und Herbst 2007 eine mehrere Monate anhaltende Mobilisierung, weil von 105 Absolventen nur 35 in Guerrero eine (schlecht bezahlte) Stelle als Landschullehrer bekamen. Die übrigen Absolventen wurden in die Arbeitslosigkeit entlassen. Das Erziehungsministerium der von der linkszentristischen PRD gebildeten Landesregierung in Guerrero weigerte sich – trotz hoher Nachfrage aus den ländlichen Kommunen und einer der höchsten Analphabetenraten Mexikos – mehr Lehrpersonal einzustellen. Begründung: kein Geld. Außerdem lasse man sich bei Stellenbesetzungen prinzipiell nicht unter Druck setzen. Weiterhin kündigte der zuständige Erziehungsminister an, die Studienordnung zu ändern und Ausbildungsstätten für Landschullehrer zu schließen. Zusammen mit der in 16 Lehrerausbildungsstätten aktiven »Förderation sozialistischer Campesinostudenten Mexikos« (FECSM) protestierten die Absolventen von Ayotzinapa. Es begann mit kleineren Kundgebungen und Demonstrationen in Ayotzinapa und der Landeshauptstadt Chilpancingo. Da sich die PRD-Landesregierung weigerte, die Protestierenden anzuhören, verschärften diese ihre Gangart. Sie besetzten Privatradios, um ihre Forderungen bekannt zu machen, und Büros des Erziehungsministeriums. Dabei hielten sie Angestellte fest. Es kam zu einer gewaltsamen Räumung mit verletzten Studierenden. Wenig später kaperten die hoch motivierten Absolventen mehrere Autobusse und bereisten damit die Region um Acapulco, um so Ort für Ort auf ihre Lage aufmerksam zu machen. Am 30. November 2007 besetzten die Normalistas von Ayotzinapa eine Mautstelle der Autopista del Sol und kassierten von Autos, die unterwegs zu den Urlaubsorten an der Pazifikküste waren, eine Art Wegzoll. Erneut wurden sie von einer Hundertschaft Polizei gewaltsam geräumt; 56 junge Leute wurden verhaftet, vier verletzt. Von den Festgenommenen blieben 18 in U-Haft und erhielten eine Anklage wegen »Raub, Aufstand und Attentat gegen Hauptverkehrsadern« (*La Jornada*, 11.12.07). Die Normalistas mauserten sich Schritt für Schritt zu einer Bewegung, die bis zu 1500 oder 2000 Personen auf Kundgebungen mobilisieren konnte, landesweites Echo für ihre Forderungen fand und die linkszentristische Landesregierung des PRD-Mannes Zeferino Torreblanca als dialogunfähig und repressiv bloßstellte. Besonders die außerparlamentarische Linke griff den PRD-Gouverneur an. Dieser sah sich schließlich im Dezember gezwungen, die Inhaftierten gegen Kaution wieder frei zu lassen. Außerdem bot der Gouverneur allen Absolventen der neun Ausbildungsstätten für Landschullehrer ein Gespräch an. Das Ziel war offenkundig: Die Bewegung von Ayotzinapa sollte gegen die anderen Absolventen ausgespielt und so in der Öffentlichkeit isoliert werden. Parallel dazu wurden studentische Anführer von Unbekannten bedroht und mehrere von Ihnen von bewaffneten Zivilpersonen verfolgt und überfallen. Mit diesem Politikmix, den man als PRI-Klassiker bezeichnen könnte, gelang es dem PRD-Gouverneur Zeferino Torreblanca, die Normalistas von Ayotzinapa fürs erste zu stoppen. Trotz ihrer Niederlage konnten die Studierenden für sich verbuchen, dass sie den sich als »links« gebärdenden Gouverneur zwingen konnten, sich ihrer sozialen Bewegung zu stellen und sich konkret zu positionieren. Das Ergebnis war ein in seinem fortschrittlichen Gehabe ramponierter Gouverneur. Die Aktivitäten der Normalistas waren ein Mosaikstein in dem Bemühen, sich von vermeintlich linker, autoritärer PRD-Stellvertreterpolitik zu emanzipieren und den Weg freizumachen für eigenständige Organisationsansätze.

Neben derartigen lokalen und regionalen *Movimientos* traten die Studierenden im Gesamtkontext Mexikos vor allem als Unterstützende und Mobilisierende für andere soziale Bewegungen in Erscheinung: Ob es die Aktivitäten der Zapatisten und der Anderen Kampagne, die Repression gegen die lokale Rebellion in Atenco oder die Solidarität mit der Volkserhebung in Oaxaca war, immer nahmen Studierende an den Straßenaktionen teil. Auch in den urbanen Bewegungen gegen Wahlbetrug, die Privatisierung der Rentenversicherung für Staatsangestellte oder des Staatskonzerns PEMEX wirkten Studierende mit. Im Zusammenhang mit dem Debattenforum Nationaler Dialog wurde im März 2007 ein Vorkongress zur Gründung einer übergreifenden nationalen Studierendenorganisation einberufen mit dem Ziel, wieder einen schlagkräftigen Verband aufzubauen.

Neben den Studierenden sind im politischen Gefüge der mexikanischen Opposition Menschenrechtsorganisationen ein weiterer wichtiger Akteur. Die Vielzahl vom Staat unabhängiger örtlicher, regionaler und landesweiter Komitees, Gruppen und Nichtregierungsorganisationen, die für die Verteidigung der Menschenrechte eintreten, sind von ihrer selbst gewählten Aufgabenstellung her als Bürgerrechtsgruppen zu definieren. Im engeren Sinne sind sie nicht zur politischen Linken zu rechnen. In der Regel können sie keine Großaktionen durchführen. Ihre Stärke liegt in der Dokumentation von Übergriffen, in der Durchführung von Kampagnen, kurz: im Herstellen von öffentlichem Druck. Ihre Aktivitäten und Stellungnahmen finden nicht zuletzt wegen ihrer Einbindung in internationale Netzwerke ein beträchtliches Echo im In- und Ausland. Für die Linken in Mexiko ist das Engagement der Menschenrechtsgruppen von grundlegender Bedeutung, da sie für die Herstellung von Rahmenbedingungen eintreten, unter denen auch linke und emanzipatorische Kräfte öffentlich für ihre Ziele und Forderungen eintreten können, ohne Gefahr für Leib und Leben.

Die Lage in Sachen Menschenrechte wird von den unterschiedlichsten Beobachtern kritisiert. Im März 2007 nannte der UN-Sonderberichterstatter, Rodolfo Stavenhagen, Mexiko ein Beispiel für Länder mit einer Tendenz zur Kriminalisierung von sozialen Protesten der indigenen Bevölkerung und Repression durch die Staatsgewalt (*El Universal* 22.6.07). Im April besuchte der Präsident der Interamerikanischen Kommission für Menschenrechte (CIDH), Florentín Meléndez, Mexiko. Er monierte unter anderem den hohen Index an Übergriffen auf Menschenrechtsaktivisten. Zuletzt bezeichnete die Internationale Menschenrechtsbeobachterkommission (CCIODH) in ihrem Bericht vom Februar 2008 die Situation als »extrem kritisch«. Die zuständige Hochkommisarien der UNO, Louise Arbour, bezeichnete im Februar 2008 anlässlich eines viertägigen Besuches die »Straflosigkeit als größte Herausforderung«, der man sich in Mexiko stellen müsse. Sie sei zudem besorgt wegen der »Kriminalisierung des sozialen Protestes«. Die bekannte Journalistin Blanche Petrich hatte Ende Oktober 2007 (*La Jornada*, 28.10.07) in Sachen Menschenrechte eine knappe Zwischenbilanz der beiden PAN-Regierungen gezogen: über 900 Häftlinge aus politischen Gründen, wovon noch 169 einsaßen; über 100 »Verschwundene«, willkürliche Massenverhaftungen mit anschließender Folter der Inhaftierten als Alltagspraxis, sexuelle Übergriffe von Militär und Polizei gegen Frauen als neue Modalität der Demütigung, Drohanrufe, Verfolgung und Ermordung sozialer Aktivisten, Kriminalisierung der politischen Dissidenz, Ausweisung von unliebsamen ausländischen Beobachtern, Ausweitung der Polizeibefugnisse, Aufbau neuer Sondereinheiten etc. pp. Das gesellschaftliche Klima ist von Gewalt, ungesetzlichem Handeln staatlicher Akteure sowie einer endemischen und systematischen Straflosigkeit für die staatlichen Gewalttäter gekennzeichnet. Aus Sicht sozialer und politischer Aktivisten wäre viel gewonnen, wenn wenigstens die in der Verfassung sowie vielen internationalen Abkommen verbrieften Grundrechte respektiert werden würden. Die Tageszeitung *La Jornada* stellt, wie andere kritische Beobachter, eine klare Zunahme der Übergriffe unter der zweiten PAN-Regierung im Vergleich zur ersten PAN-Regierung fest. Sie sieht Mexiko in »Richtung Polizeistaat« driften (28.2.08). An Einzelbeispielen, die sich Woche für Woche in der Zeitung finden, zeichnet das Blatt das »Klima des Terrors« *(La Jornada)* nach, das in einzelnen ländlichen Regionen herrscht. Andere wie Carlos Fazio sprechen von der »Herausbildung eines autoritären Staats neuen Typs« mit dem Einsatz von Söldnern und einer »Paramilitarisierung interner Konflikte«, dem zunehmenden Militäreinsatz im so genannten Krieg gegen die Drogen und einer Unterordnung unter die Sicherheitsinteressen der USA. Das Vorbild dafür sei Kolumbien. Claudio Albertani (*Rebelión*, 5.9.07) ordnete die verschiedenen Facetten repressiver Politik und die Außerkraftsetzung verfassungsmäßiger Garantien in verschiedenen Landesteilen ein in einen Gesamtkontext antagonistischer sozialer Konflikte. Es gehe der Regierung vor allem darum, die soziale Kontrolle aufrecht zu erhalten. Angesichts einer gewachsenen Konfliktivität greife sie im Rahmen einer »überlegten und geplanten Strategie« auf »Elemente des schmutzigen Krieges« zurück. Kurzum: in Mexiko finde »die Rückkehr der Barbaren« statt. Am Beispiel Oaxaca exakt dokumentiert gab amnesty international (AMR 41/031/2007) im Juli 2007 den Bericht »Oaxaca: Der Ruf nach Gerechtigkeit« heraus, in dem ebenfalls viele der genannten Vorwürfe zu finden sind. Der Unterschied besteht lediglich darin, dass die Formulierungen vorsichtiger ausfielen und amnesty international sich zurückhielt, die Ergebnisse der Untersuchung als Generaltendenz für ganz Mexiko darzustellen. Human Rights Watch, eine anerkannte Nichtregierungsorganisation aus den USA, veröffentlichte im Februar 2008 ebenfalls einen Bericht über einige beispielhafte Themen wie die Frauenmorde in Ciudad Juárez, die Verbrechen im Rahmen des schmutzigen Krieges und Übergriffe gegen Demonstranten. Human Rights Watch ging noch einen Schritt weiter und analysierte auch den Umgang der Staatlichen Nationalen Menschenrechtskommission (CNDH) mit diesen Problemen. Die US-NGO kam zu einer niederschmetternden Gesamtbewertung: die staatliche Kommission spiele eine »enttäuschende und konformistische« Rolle bei der Aufgabe, »die traurige Lage in Sachen individueller Garantien zu verbessern«. Ein ums andere Mal versäume sie es, bei staatlichen Instanzen eine Wiedergutmachung der Schäden in jenen Fällen einzufordern, die sie selbst dokumentiert habe. Sie unternehme nichts, um »Reformen voranzubringen, die erforderlich sind, um solche Übergriffe in Zukunft zu vermeiden und widersetzt sich auch nicht missbräuchlichen Praktiken und Gesetzen«, fasste *La Jornada* den Bericht der US-Menschenrechtler zusammen (27.2.08). Das englische Finanzmagazin *Economist* (14.2.08) schlug in dieselbe Kerbe: »gross, teuer und seltsam rückgratlos« sei die staatliche Menschenrechtsinstitution. Ein »vielbenötigter Menschenrechts-Wachhund enttäuscht weiter« und erreicht »trotz seines jährlichen Budgets von 75 Mio US-Dollar wenig«, so der *Economist*.

Was also tun? Wie kann die repressive Maschinerie aufgehalten werden? Zuerst geht es darum, die Übergriffe bekannt machen, dagegen zu protestieren und die Bestrafung der Täter zu verlangen. Das ist, wenn man es mit diesen Begrifflichkeiten ausdrücken wollte, das Kerngeschäft der Menschenrechtler. Dafür genießen die unabhängigen Menschenrechtsorganisationen in allen Fraktionen der mexikanischen Linken hohen Respekt. Umgekehrt werden sie von Vertretern der Gesellschaftseliten immer wieder als trojanische Pferde der Linken, Helfershelfer der Subversion etc. abgestempelt, um auf diese Weise ihre Recherchen und Analysen diskursiv abzuwerten. Die Stellungnahmen und Aktivitäten der Menschenrechtsorganisationen, vor allem wenn sie internationale Aufmerksamkeit finden, werden nicht nur von der breiten Öffentlichkeit, sondern auch von der Regierung aufmerksam zur Kenntnis genommen. Dies zeigte sich etwa im Rahmen von *urgent actions* für Personen, die im Jahre 2006 im Zusammenhang mit der Rebellion in Oaxaca inhaftiert und misshandelt worden waren. Mexikanische Regierungsvertreter, so die Beobachtung von Beteiligten, reagierten recht empfindlich, als sie im Rahmen von Delegationsbesuchen von Politikern und Aktionsgruppen in der Bundesrepublik auf konkrete Einzelfälle angesprochen wurden. Nach derartigen

Interventionen wurden mehrere Personen in Mexiko wieder auf freien Fuß gesetzt, die davor monatelang in U-Haft eingesessen hatten und für die es kaum Chancen zu geben schien, in kürzerer Frist wieder aus dem Gefängnis zu kommen.

Es kann im Rahmen dieser Arbeit nicht darum gehen, die Rolle und Bedeutung einzelner Menschenrechtsgruppierungen oder Nichtregierungsorganisationen zu diskutieren oder gar bestimmte Fälle konkreter Menschenrechtsverletzungen darzustellen und zu analysieren. Denn über die konkrete und zweifellos notwendige Einzelfallarbeit hinaus muss es aus linker Sicht darum gehen, einen gemeinsamen, übergreifenden politischen Ansatz zu entwickeln. Eine zivile und breit angelegte Bewegung, welche die vorhandenen Protest- und Widerstandspotentiale bündeln kann, sich gegen Militarisierung der Gesellschaft und die Kriminalisierung der sozialen und politischen Dissidenz wendet und mit dazu beiträgt, dass die sozialen Basisbewegungen nicht mit Gewalt unterdrückt werden können.

Zu Beginn des Jahres 2008 schlossen sich landesweit zivile und Menschenrechtsgruppierungen zum Kampagnennetz »Red Nacional de Organismos Civiles de Derechos Humanos« zusammen. Unter dem Schlagwort »Alle Rechte für Alle« wurde die Tendenz zur Kriminalisierung sozialer Proteste als Ausdruck einer Politik gewertet, die soziale Proteste vergleicht mit und behandelt wie kriminelle Delikte. Es handle sich um eine Politik, die soziale Unzufriedenheit mit Mitteln des Strafgesetzbuches zu kontrollieren. Die Kampagne soll versuchen, die Öffentlichkeit für eine andere Wahrnehmung zu sensibilisieren: »Der Protest ist ein Recht, die Repression ein Delikt«.

Ein weiterer Ansatz zur Bündelung der Kräfte ist die »Nationale Front gegen die Repression« (FNCR). Anders als die Kampagne »Alle Rechte für Alle« stützt sie sich nicht in erster Linie auf Menschenrechts- und Bürgerrechtsgruppen. Die Nationale Front gegen die Repression entstand als Sammlungsbewegung im Umfeld des oben vorgestellten Debattenforums Nationaler Dialog. Sie wurde am 2. Oktober 2007 gegründet, dem 39. Jahrestags des großen Studentenmassakers von 1968. Es beteiligten sich Abgesandte von etwa 100 gewerkschaftlichen, popularen und Campesino-Organisationen. Als Führungsfigur gilt die achtzigjährige Rosario Ibarra de Piedra, die 1973 aktiv wurde, nachdem ihr Sohn Jesús Piedra Ibarra als mutmaßlicher Angehöriger der Guerillagruppe »Liga Comunista – 23 de Septiembre« festgenommen wurde und dann »verschwand«. Mit anderen Betroffenen gründete Rosario Ibarra de Piedra 1977 das Komitee Eureka, das sich für Verfolgte, Verschwundene und Exilierte einsetzt. 1982 und 1988 war sie Präsidentschaftskandidatin für die trotzkistische Revolutionäre Arbeiterpartei (PRT) und holte auf deren Liste auch ein Abgeordnetenmandat. Ende der 1980er Jahre näherte sie sich der PRD an. Seit 2006 gehört sie der Mitte-Links-Fraktion im Senat als Abgeordnete an. Die Menschenrechtsaktivistin, die sich zwischenzeitlich zugunsten der Zapatisten engagierte und auch bei diesen einen guten Ruf hat, gilt als López Obrador-Anhängerin. Rosario Ibarra de Piedra ist in der Öffentlichkeit bekannt, glaubwürdig, kompetent und in der Sache radikal. Sie gilt als eine der wenigen Identifikationsfiguren, die in allen Fraktionen der Linken Ansehen genießt. Unter ihrer Leitung hat die »Nationale Front gegen die Repression« mehrere Arbeitskonferenzen und Kampagnen in Angriff genommen. Ihr Kampf gilt der Repression in all ihren Ausprägungen. Vor allem geht es darum, in der breiten Öffentlichkeit mobil zu machen gegen »Verschwindenlassen« und Folter und einzutreten für die Freiheit der politischen Gefangenen. Dazu kommt die Forderung nach dem Ende der Straflosigkeit, Aufklärung der Verbrechen und Bestrafung der uniformierten Täter. Das sind alles keine neuen Forderungen. Neu ist, dass sie eine derart breit aufgestellte Anti-Repressions-Front aufgreift und über den bisherigen Rahmen hinaus popularisiert. Durch Rosario Ibarra de Piedra konnten die Positionen der Nationalen Front gegen die Repression (FNCR) mehrfach bei Großdemonstrationen, die der »legitime Präsident« López Obrador einberufen hatte, vorgetragen werden. Dass auch die Untergrundbewegungen diesen Aktivitäten Anerkennung zollen, lässt sich aus der Tatsache ablesen, dass Rosario Ibarra de Piedra und die FNCR von der EPR-Guerilla neben einigen anderen Persönlichkeiten als Vermittler zwischen EPR und Regierung vorgeschlagen wurden. Die Vermittler sollen dazu beitragen, das Schicksal zweier Verhaftet-Verschwundener EPR-Kader aufzuklären.

Vor allem die Forderungen nach einem Stopp der Kriminalisierung sozialer Bewegungen sowie die Freilassung der politischen Gefangenen fanden weit über die außerparlamentarische Linke hinaus Widerhall. Zu diesem Zweck brachte die Mitte-Links-Fraktion FAP Ende April 2008 eine Initiative für ein Amnestiegesetz im Parlament ein. Mittlerweile machen sich auch andere Reformkräfte diese Anliegen zu Eigen. Dass dieser gesellschaftliche Druck Ergebnisse zeitigt, lässt sich an der tröpfchenweisen Freilassung von inhaftierten Oppositionellen ablesen. Nach der Haftverschonung für einige Aktivisten aus Atenco wurde nach David Venegas im April 2008 mit Flavio Sosa auch ein weiterer bekannter Führungsmann der Basisbewegung in Oaxaca wieder auf freien Fuß gesetzt. In einer gemeinsamen Pressekonferenz mit Rosario Ibarra de Piedra kündigte er unter anderem die Mitarbeit der APPO in der »Nationalen Front gegen die Repression« (FNCR) an. Den erwähnten Teilerfolgen steht entgegen, dass die Repression anhält. So wurden parallel zur Freilassung des APPO-Aktivisten Flavio Sosa fünf Dirigentes der OPIM, einer Organisation der Tlapaneco-Indígenas in Guerrero, unter fadenscheinigen Vorwürfen von kombinierten Armee- und Polizeieinheiten festgenommen.

## 1.7. Rurale Bewegungen: Indígenas und Campesinos

Das Gros der bisher erwähnten national-popularen, linken und emanzipatorischen Bewegungen agiert in den (großen) Städten. Aber auch in den ländlichen Zonen, in denen heute noch etwa 25% der Bevölkerung leben, abgekoppelt von der Dynamik der wirtschaftlichen Boomzonen und vielfach unter unglaublich miserablen sozio-ökonomischen Bedingungen, gibt es eine Vielfalt organisatorischer Ansätze. Die Hauptrolle spielen hierbei Campesino- und Indígena-Bewegungen. In einigen südlichen Bundesstaaten mit starker Präsenz indianischer Gemeinschaften haben die ländlichen Bewegungen vielfach einen Doppelcharakter. Sie sind Indígena- und Campesinovertretungen zugleich. Da der Zapatismus und die Rebellion in Oaxaca wegen ihrer Bedeutung gesondert diskutiert werden, geht es uns an dieser Stelle darum zu skizzieren, dass es neben diesen beiden international bekannt gewordenen Basisbewegungen eine ganze Reihe anderer bedeutender Gruppierungen gibt, die mit ihrem Wirken dazu beitragen die Identität und die jeweils sehr spezifischen Formen sozialer Selbstorganisation auf dem Lande zu festigen.

Mexikos seit mindestens zwei Jahrzehnten zu konstatierende Agrarkrise hat sich mit dem In-Kraft-Treten des NAFTA-Freihandelsabkommens 1994 noch einmal verschärft. Vielfältige und durch die neoliberale Kahlschlagpolitik der ersten PAN-Regierung unter Präsident Vicente Fox weiter zugespitzte strukturelle Defizite des Agrarsektors, wie sie etwa bei Boris/Sterr (2002: 183-196) analysiert wurden, führten im Verein mit dem im NAFTA-Vertrag vorgesehenen Abbau von Zollschranken für ausländische Agrarprodukte zu einem Kosten- und Konkurrenzdruck, dem *Ejidos* und Kleinlandwirte nicht standhalten konnten. Dies beschleunigte die Schwächung der Subsistenzlandwirtschaft und führte zu Pauperisierung und Abwanderung. Die Verschlechterung agrarischer Flächen durch Erosion, Abholzung und die fehlende Bearbeitung sowie in zunehmendem Maße der Anbau von Drogen als alternative Existenzgrundlage waren die Folge. Das Auslaufen der letzten NAFTA-Sonderregelungen für Mais, Bohnen und weitere Grundnahrungsmittel ab 1. Januar 2008 könnten der Subsistenzökonomie des mexikanischen Campo den Todesstoß geben, fürchteten viele Beobachter. 70% der Landbevölkerung werden bereits jetzt als »arm« klassifiziert, die Absenkung der Zölle auf Null auch bei den »sensiblen Produkten« dürfte nach Schätzungen des Kongresses mindestens acht Millionen Menschen schlechter stellen. Seit dem 1. Januar 2008 sind die mexikanischen Campesinos und Indígenas, die auf ihrer steinigen Milpa etwa in Morelos oder Oaxaca Mais und *Frijoles* anbauen, via zollfreiem Markt direkt und schutzlos der Konkurrenz hochsubventionierter USamerikanischer oder kanadischer Agrarkonzerne ausgeliefert, die mit neuester Technologie und hohen Subventionen in der nordamerikanischen Freihandelszone – mit Erfolg – um Absatzmärkte für ihre Produkte kämpfen. Die Zahlen, welche in der im Januar 2008 veröffentlichten Studie für die Abgeordnetenkammer »El Tratado de Libre Comercio con Estados Unidos y Canadá: su impacto en el campo de México« enthalten sind, sprechen eine klare Sprache:

Im Zeitraum zwischen 1994 – 2006 wuchs das Bruttosozialprodukt im mexikanischen Agrarsektor jährlich um bescheidene 1,4%. Die Produktion von Lebensmitteln ging zurück. Dagegen stieg der Import von Rindfleisch um 440%, von Hühnchen um 280%, von Schweinefleisch um 210% und von Eiern um 50%. Bei Mais, dem Hauptnahrungsmittel der Mexikaner, stieg der Import um 85%. Die Preise für Maisproduzenten in Mexiko stiegen um 277%, die Produktionskosten um 450%, die Tortillapreise für die Endverbraucher schnellten sogar um 739% in die Höhe. Importiert wurden Mais (33% des jährlichen Gesamtbedarfs), Reis (72%) und Soja (95%). Von den 8,5 Millionen Tonnen gelbem Mais, die in Mexiko jährlich verbraucht werden, kamen sechs aus den USA und nur 2,5 Millionen Tonnen wurden im Land produziert. Bei weißem Mais, dem Grundstoff für die Tortilla, muss ebenfalls zugekauft werden. Zu den 20 Millionen Tonnen Eigenproduktion kommen noch drei Million Tonnen US-Importe. Das Gesamtvolumen der Nahrungsmittelimporte aus den USA betrug zwischen 1994 und 2007 insgesamt 110 Milliarden US-Dollar, andere Quellen geben sogar 127 Milliarden US-Dollar an. Die Abhängigkeit von Nahrungsmittelimporten aus den USA stieg von 10% (1994) auf 40% (2006).

Mit dem massiven Import von Grundnahrungsmitteln hat Mexiko seine Souveränität in Sachen Ernährung bereits eingebüßt. In dem Maße, wie Großproduzenten den Export etwa von Reis stoppen, um die Ernährung der eigenen Bevölkerung zu sichern (Brasilien im April 2008) oder in den USA die Nachfrage nach Mais zur Produktion von Agrotreibstoff wächst – sie nahm bereits von 25,5 Millionen Tonnen (2003) auf etwa 54 Millionen Tonnen (2007) zu –, kann sich die Abhängigkeit Mexikos von Maisimporten binnen Kürze nicht nur in drastisch steigenden Preisen für Grundnahrungsmittel, sondern sogar in Form einer für die Konsumenten unmittelbar spürbaren Angebotsverknappung auswirken. Dies hätte direkte Auswirkungen auf die politische Stabilität. Unter Verweis darauf verlangte der Verband der Agrarproduzenten und -händler ANEC eine aktive Regierungspolitik. ANEC-Direktor Víctor Suárez Carrera warf der Regierung Calderón »Autismus und Vogel-Strauß-Politik« vor, »weil sie nichts tut«. »Sie geben Stellungnahmen ab, die falsch, demagogisch und jenseits aller Realitäten sind«, zitiert ihn die Nachrichtenagentur Adital (30.4.08). ANEC fordert das Anlegen einer strategischen Nahrungsmittelreserve, ein langfristiges Agrarprogramm für nachhaltige Produktion, die nicht auf Düngemittel angewiesen ist, und einen Stopp für die Verwendung von Grundnahrungsmitteln für Agrotreibstoff.

»Auf dem Lande gibt es ein soziales Desaster und als Folge daraus eine Zunahme der Migration. Das Land verträgt wirklich keine höheren Belastungen mehr«, kommentierte Héctor de la Cueva vom »Mexikanischen Netzwerk gegen den Freihandel« gegenüber der englischen BBC die Lage. Der Agrarexperte Roberto Escalante von der Nationalen Autonomen Universität Mexikos (UNAM) ergänzte: »Hierzulande meint man, der einzige Weg, um die Agrarproduktion effektiv zu gestalten, ist, sie aufzugeben. Heute sehen wir die Ergebnisse in Form einer extremen Armut in vielen ländlichen Gegenden, der zunehmenden Migration in Richtung USA und einem langsamem Niedergang der bebaubaren Böden.« (BBC mundo, 12.1.08). Jede Stunde importiert Mexiko Agrargüter und Grundnahrungsmittel für 1,5 Millionen US-Dollar aus den USA. Im selben Zeitraum nehmen 30 Personen das Risiko einer illegalen Grenzüberquerung auf sich, um sich dem Heer der etwa 10 Millionen illegal in den USA arbeitenden Mexikaner anzuschließen. Beide Aspekte sind eng miteinander verwoben.

Die Agrarexporte Mexikos, jener Aspekt, der vom neoliberalen Block immer besonders hervorgehoben wird, betrugen in der Periode zwischen 1994 und 2006 insgesamt 106 Milliarden US-Dollar. Allein 2007 gingen Produkte im Wert von 15 Milliarden US-Dollar über die Grenzen. Die Exporte werden von lediglich 2% der Produktionseinheiten erwirtschaftet. Es handelt dabei vorwiegend sich um große Agroexportbetriebe in Nordmexiko, die 75% aller staatlichen Beihilfen für die Landwirtschaft bekommen und in denen Menschen- und Arbeitsrechte ebenso klein geschrieben werden wie Schutz der Menschen, Böden und Gewässer vor der Kontamination mit Agrochemikalien. Der Agrarexport wird zu 80% von Unternehmen realisiert, die ihren Sitz außerhalb Mexikos haben. Es handelt sich jeweils um einige wenige Unternehmen, welche den jeweiligen Markt kontrollieren. So haben nur vier Großbetriebe den Handel mit Mais, eines den mit Maismehl und drei den Weizenhandel in ihrer Hand.

Anlässlich des Wegfalls der letzten Importbeschränkungen im Januar 2008 schlossen sich über 30 regionale und nationale Bauernorganisationen zu einem Aktionsbündnis gegen diese vielschichtigen Dimensionen der Agrarkrise zusammen. Sie gründeten die »Nationale Front für das mexikanische Land«. Daran beteiligte sich ein ungewöhnlich breites Spektrum – angefangen von der großen, PRI-kontrollierten Confederación Nacional Campesina (CNC), die angibt, 5 Mio. Mitglieder zu haben, cardenistischen und unabhängigen Verbänden bis hin zu Zusammenschlüssen wie dem »Plan von Ayala« (CNPA) oder der CIOAC , die in einer linken Tradition stehen. An der Mobilisierung hatten sich auch studentische Gruppen, die Schuldnerbewegung El Barzón Popular und andere beteiligt. Zapatismus und *La Otra* hielten sich Abseits. Im Umfeld des Nationalen Dialogs war bereits 2007 von zahlreichen Organisationen und Gewerkschaften die Kampagne »Ohne Mais kein Mexiko« gegründet worden. Diese neue Allianz von städtischen und ländlichen Organisationen sammelte im ganzen Land Unterschriften, debattierte, demonstrierte, besetzte Büros und blockierte Autobahnmautstellen. Das Ziel: Die mexikanische Regierung solle das Agrarkapitel des NAFTA-Vertrages neu verhandeln, die Agrarproduktion mit staatlichen Geldern fördern, da nur auf diese Weise die »Nahrungsmittelsouveränität« zurückzugewinnen sei, und den Anbau von gentechnisch veränderten Pflanzen verbieten. Es gelang diesem heterogenen Bündnis, das auf eine Reform der Agrarpolitik hinarbeitet, die größte Campesino-Demonstration seit vielen Jahren auf die Beine zu stellen. Nach Angaben der Veranstalter versammelten sich bis zu 200 000 in der Mehrzahl ältere Männer auf dem Zócalo von Mexiko-Stadt. »Wir sind Überlebende und weigern uns zu verschwinden«, sagte ein Bauernführer. Die Bewegung forderte Regierung und Exekutive zu Verhandlungen auf, um ein »nationales Programm zur integralen Entwicklung des Sektors« auszuarbeiten. Nach mehreren Gesprächsrunden erklärten die Campesino-Organisationen diese im März 2008 jedoch für gescheitert, nachdem Innenminister Juan Camilo Mouriño mitten in einer Gesprächsrunde aufgestanden war und die Campesino-Vertreter mit ihren Forderungen einfach sitzen ließ. »Der Regierung fehlt der politische Wille zum Dialog« monierte das Bündnis. Außerdem suche sie nur »Abkommen mit ihr nahe stehenden und befreundeten Organisationen, um so die Politik, die Programme und die Haushaltsmittel mit wahlpolitischen Intentionen zu steuern«. Damit scheint sich die Erfahrung aus dem Jahre 2003 zu wiederholen. Damals gab es ebenfalls eine bedeutende Campesinomobilisierung. Die PAN-Regierung zog jedoch die nachfolgenden Unterredungen in die Länge, spaltete die Campesinos und beließ letztlich alles beim Alten. Offenbar setzt die zweite PAN-Regierung erneut auf diese Strategie. Der heftig umstrittene Landwirtschaftsminister Alberto Cárdenas Jiménez erklärte in einem Gespräch mit *La Jornada* (21.4.08) seine Bereitschaft zu weiteren Gesprächen, ließ jedoch keinen Zweifel daran, dass er sich weigere, unrentablen Subsistenzbauern Subventionen in Aussicht zu stellen. Das seien »alte Wege. Wir können nicht mit denselben Programmen weitermachen. Wir müssen die Veränderungen auf dem Land beschleunigen.« Seine Zielrichtung ist ebenfalls eindeutig: »Hochtechnologie und keine Angst, auf dem Weltmarkt zu konkurrieren«. Worüber der Agrarminister dann mit den 140 bis 160 Organisationen, mit denen er seinen Angaben zufolge in Kontakt stehe, eigentlich verhandeln will, bleibt vage. Konkret ist nur sein Vorwurf an die Adresse seiner Gegenüber, diese müssten sich von Parteiinteressen lösen. Fraglich ist jedoch, ob es erneut gelingt, die Campesinoallianz auf Dauer zu desartikulieren. Die Einbettung des Themas und der beteiligten Akteure in den Nationalen Dialog sowie der Kursschwenk der PRI-istischen Campesinovereinigung CNC weg von der Verteidigung der NAFTA-Verträge und hin zu deren Kritik könnte Pfade für die längerfristige Zusammenarbeit der Beteiligten öffnen. Dem gegenüber steht die gewohnte »Taktik« der Campesinoführer sich in innerparteilichen Richtungskämpfen zu verausgaben und jeweils für sich allein mit dem Agrarministerium zu verhandeln, um für den eigenen Sektor oder Organisation möglichst grosse Teile vom Kuchen zu bekommen. Mit dem Ergebnis, dass die mangelnde Solidarität allen zum Nachteil gereicht. Die Widerholung dieses alten Fehlers brachte in den Monaten nach der großen Campesino-Mobilisierung 2008 nur eine »bittere Ernte« ein, wie Luis Hernández Navarro (*La Jornada,* 18.6.08) kommentierte. Der Zusammenhalt unter dem Dach der Kampagne »Kein Land ohne Mais« erwies sich jedoch als stark genug, für die zweite Jahreshälfte 2008 eine neue, wiederum breit getragene Kampagne zur Förderung des Anbaus von Grundnahrungsmitteln anzukündigen.

Ein weiterer vorwiegend in ländlichen Gegenden sehr aktiver Akteur sind indianische Gemeinschaften, Organisationen und Bewegungen. Die Indígenas, zu denen sich unterschiedlichen Angaben zufolge zwischen 10 und 15 Millionen Menschen in Mexiko zählen, haben zu einem erheblichen Teil eine eigene Identität bewahren können. So sind in Mexiko 62 *indígena*-Sprachen als »Nationalsprachen« anerkannt, mit Nahuatl (1,6 Millionen), Mayathan (900 000), Mixtekisch und Zapotekisch (je 500 000) als am meisten gesprochene. Die spezifischen Organisationsformen haben ihre Wurzeln bis zurück in die Zeit der Conquista. Sie werden gelegentlich mit der Metapher *México profundo* umschrieben. Sie tradierten sich über die Jahrhunderte in Form sozio-kultureller Widerständigkeit sowie periodischer Rebellionen. Anders als in den Städten, wo es der PRI über lange Zeiträume gelang, die popularen Organisationen immer wieder zu zerstören bzw. zu kooptieren, funktionierte in ruralen Zonen ein Mosaik vorwiegend lokaler aber auch regionaler autonomer Indígena-Organisationen. Gemeinschaftsbesitz und kollektive Bearbeitung des Landes, die Partizipation der gesamten Gemeinde bei Entscheidungen, die das Dorf betreffen, abwählbare Repräsentanten, die sich als erste Diener der Gemeinde verstehen, eigene Sprache, Sitten und Gebräuche sowie eine sich vom kapitalistischen Sein deutlich unterscheidende Kosmovision zeichnen die Indígena-Gemeinden aus. Weitere Gemeinsamkeiten sind die lange Erfahrung mit Unterdrückung und Ausschließung durch den Zentralstaat und seine Institutionen. Dass indianische Kaziken als Handlanger dabei mitwirkten, sei damit keineswegs in Abrede gestellt. Auch nicht, dass das kollektive Leben in der dörflichen Gemeinschaft nach innen hin auch sehr repressive Züge tragen kann und dass Individualisten und Abweichler unter Druck gesetzt und ausgestoßen werden. Zum Teil werden Konflikte innerhalb der Gemeinden als religiöse Rivalitäten zwischen Katholiken einerseits und evangelikalen bzw. pfingstlerischen Gruppen andererseits ausgetragen. Neben diesem intrakommunitären Dissens gibt es auch vielfach interkommunitäre Konflikte, beispielsweise um Land-, Wasser-, Weide-, oder Waldnutzungsrechte. Diese werden zum Teil ebenfalls sehr gewalttätig ausgetragen und in vielen Fällen von staatlichen Akteuren befeuert, um auf diese Weise übergeordnete ordnungs- und kontrollpolitische Interessen leichter durchsetzen zu können. Trotz dieser Konfliktlagen und Spaltungslinien, welche heute viele Indígena-comunidades in verfeindete Fraktionen trennen, sowie dem stetigen Aderlass durch die Abwanderung ist unter dem Strich in indianischen Kommunen dennoch ein spürbar höheres Maß an Kollektivität vorzufinden als unter Mestizen. An diesem Gemeinsinn kann Organisierung ansetzen. Wenn es, wie etwa den Zapatisten in Chiapas oder in Teilen Guerreros der Untergrundorganisation ERPI oder in Oaxaca phasenweise der EPR-Guerilla, gelingt, ein Vertrauensverhältnis zu indianischen Dorfgemeinschaften herzustellen und einen plausiblen Vorschlag zur Selbstermächtigung zu unterbreiten, kann eine linke Organisation eine längere Phase im Geheimen wirken und in diesem geschützten Raum auch relativ schnell wachsen. Die kulturspezifischen Erfahrungen in Sachen Widerständigkeit und Schutz vor staatlicher Überwachung sind für linke Untergrundorganisationen mitunter überlebenswichtig. Nicht zufällig befinden sich in indianischen Siedlungsgebieten die meisten der politisch konfliktreichsten Zonen.

Der Zapatismus mit seinem Vorschlag, die politische Macht zu demokratisieren und unabhängig von der Staatsmacht eine Autonomie von unten aufzubauen, übt in vielen Indígena-Gemeinden ideologischen Einfluss aus. Dass es dem Zapatimus gelang, das Indígena-Sein der konkret existierenden Gemeinden erstmals in der Geschichte des Landes positiv zu besetzen, hat der EZLN unter den Indígenas viel Anerkennung eingebracht. In enger Abstimmung mit dem Zapatismus entstand 1996 der Nationale Indígena Kongress (CNI). Mit dem CNI gelang es bereits vorher aktive lokale Gruppierungen zu bündeln. Diese hatten ihrerseits sowohl zu indianischen wie auch nicht-indigenen Akteuren ein Netz von Verbindungen unterhalten. Der CNI konnte bisher vier nationale Kongresse durchführen: 1996 und 1998 in Mexiko D.F., 2001 in Nuria/Michoacán und 2006 im Bundesstaat Mexiko. 2007 wurde in Vicam, Nordmexiko, ein Treffen der indianischen Völker Amerikas abgehalten. Die wichtigsten Forderungen des Nationalen Indígena Kongresses sind: Verteidigung der indianischen Autonomie, Erfüllung der Verträge von San Andrés, Ablehnung des Landraubs sowie der touristischen Nutzung heiliger Orte, die Verurteilung des Bio-Imperialismus in Form der Patentierung von Pflanzen und indianischem Wissen, die Verteidigung der Natur, die Verurteilung von Militarisierung und Menschenrechtsverletzungen und zuletzt die Definition der Organisation als antikapitalistisch. Der CNI unterstützt die Mobilisierungen der Zapatisten, erklärt aber auch, dass die Autonomie keine Erfindung der EZLN ist, sondern eine historische Praxis der Indígenas. Seit einigen Jahren ist die Indígena-Bewegung atomisiert. Sie tritt gegenüber dem Staat gespalten auf und konnte sich in den letzten Jahren nur anlässlich bestimmter Kampagnen und Konjunkturen wieder bündeln. Die große Herausforderung für den CNI ist, wieder Vereinbarungen und Entscheidungen als Dachorganisation treffen zu können und diese dann auch in die Praxis umzusetzen. Dies ohne die Entscheidungsfreiheit und Autonomie der Einzelmitglieder zu beschneiden. Neben diesem gesamtstaatlichen Organisationsansatz gibt es eine Vielzahl lokaler, regionaler und sektorialer Indígena-Organisationen. Diese agieren in der Regel autonom, bündeln sich jedoch immer wieder in übergreifenden Bewegungen.

## 1.8. Eine regionale Alternative: Volkserhebung und APPO in Oaxaca

Der Zapatismus in Chiapas und die Basisbewegungen in Oaxaca, zwei im Süden gelegenen, sehr armen Bundesstaaten mit einem hohen Anteil an indianischer Bevölkerung, sind die wichtigsten Beispiele dafür.

Oaxaca hat etwa 3,5 Millionen Einwohner, wovon etwa 35% eine der 15 indianischen Sprachen oder einen Dialekt sprechen. Zapoteken, Mixteken und Mazateken sind die größten unter den Ethnien. Soziale und ökonomische Indikatoren wie Kindersterblichkeit (Oaxaca 24,6 per 1000, Mexiko: 18,6), Zugang der Bevölkerung zu medizinischer Versorgung (Oaxaca 22,5%, Mexiko 46.9%), Analphabetismus (Oaxaca: 20%, Mexiko 7%), prekäre Selbstständige (Oaxaca 45%, Mexiko 20%) etc. pp. belegen, dass der gebirgige, vorwiegend von agrarischer Subsistenzproduktion geprägte Bundesstaat zu den ärmsten in Mexiko überhaupt gehört. Von den 250 ärmsten Gemeinden Mexikos befinden sich 150 in Oaxaca, 75% der Bevölkerung gelten als »extrem arm«. Eine der Besonderheiten ist, dass sich über 70% des Landes in Kollektiveigentum befinden. Etwa 50% gehören indianischen Kommunen, weitere 20% *Ejidos,* die in Folge der mexikanischen Revolution gegründet worden waren. Die einzelnen Campesinos haben Nutzungs- aber keine Eigentumsrechte an Grund und Boden. Eine weitere Eigenart ist, dass nicht nur der Alltag, sondern auch die Institutionalität in den indianischen Gemeinden von deren Sitten und Gebräuchen, den so genannten *usos y costumbres,* geprägt ist. Von den insgesamt 570 Gemeinden, die es in Oaxaca gibt, werden 450 Munizipien nach *usos y costumbres* regiert. Dort gibt es eine eigene Form der

Rechtssprechung, zu den Wahlen dürfen keine politischen Parteien antreten, die gewählten Repräsentanten sind jederzeit der Gemeinde verantwortlich u.s.w. In Oaxaca wurde den Indígenas vom Staat eine auch juristisch abgesicherte lokale Autonomie zugestanden, welche die Zapatisten in Chiapas bisher vergeblich gefordert haben. In den letzten Dekaden hat sich Oaxaca zu einem Exporteur von Billigarbeitskräften in die USA entwickelt. Es gibt Gemeinden, in denen mehr als die Hälfte der Bevölkerung abgewandert ist. Die Migranten geben ihre Felder, nicht jedoch ihre Häuser auf und tragen mit Gastarbeiterüberweisungen von jährlich etwa einer Milliarde US-Dollars zur Aufrechterhaltung einer ländlichen Überlebensökonomie bei (Pineda, 2008: 3).

Staatspolitisch ist in Oaxaca alles beim Alten geblieben. Die Partei der Institutionellen Revolution (PRI) monopolisiert die Macht weiter. Seit 1929 hat sie sowohl die Exekutive, die Legislative wie auch die Justiz in ihren Händen. Sie stellt den Gouverneur und die Mehrheit im Landesparlament. Die PRI sichert ihre Macht mit einer Mischung aus Kooptation und Repression. Die parlamentarischen Gegner PAN und PRD spielen die ihnen von der PRI zugewiesene Rolle als »ergebene Opposition«. Die Kontrolle der politischen Ämter erfolgt von oben nach unten und sichert die Pfründe, die aus öffentlichen Geldern des Landes und des Bundes alimentiert werden. Sie sichert auch die Straflosigkeit illegaler Geschäfte, etwa des lukrativen Drogenhandels. In einer Situation, in der »die Entkoppelung von Staat und Gesellschaft immer weiter voranschreitet« (Mercker, 2007: 1182), stellen soziale Organisationen, Netzwerke von Indígena-Organisationen und die außerparlamentarische Linke die eigentlichen Gegner des autoritären, korrupten und unfähigen politischen Establishments dar.

Lange waren die Kämpfe der außerparlamentarischen Kräfte lokal, sektorial und themenspezifisch isoliert und konnten so immer wieder niedergeschlagen werden. Dann entwickelte sich im Sommer 2006 zeitlich parallel, aber unabhängig von den vorwiegend in der Hauptstadt konzentrierten Wahlauseinandersetzungen, eine Tarifauseinandersetzung der Lehrergewerkschaft SNTE weiter zu einer offenen Rebellion gegen den seit 2004 amtierenden PRI-Gouverneur Ulíses Ruiz Ortiz. Die Hauptforderung war sehr einfach und lautet: Weg mit URO! Während die Nachwahlauseindersetzung in der Hauptstadt vorwiegend vom lopezobradoristischen Flügel der institutionell orientierten Linken geleitet wurde, waren und sind in Oaxaca entscheidende Akteure zur sozialen und außerparlamentarischen Linken zu rechnen. Die Rebellion in Oaxaca wurde angeführt von der regionalen Sektion XXII der Lehrergewerkschaft sowie Aktivisten kleiner linksradikaler Gruppen, die in der Bevölkerung einen unglaublich breiten Widerhall für ihre Hauptforderung nach sofortigem Rücktritt des Gouverneurs fanden. Im Juni 2006 gründete ein Spektrum, in dem »alle Farben und Geschmacksrichtungen der sozialen Bewegungen« (Gogol 2007) beteiligt sind, die seither aktive »Volksversammlung der Völker Oaxacas« (APPO). Trotz ihrer vergleichsweise kurzen Existenz ist die »APPO, so Gilberto López y Rivas und Luís Hernández Navarro (2007: 391), »eine der wichtigsten Erfahrungen in der sozialen Bewegung, die es in Mexiko gibt«. Im Folgenden soll versucht werden, die Vielschichtigkeit und Dynamik der Rebellion in Oaxaca zumindest in ihren Grundzügen zu erfassen.

Zunächst zur Periodisierung der Bewegung:

1. Entstehung als gewerkschaftliche Mobilisierung am 1. Mai 2006: die 70 000 in der Sektion XXII der Lehrergewerkschaft SNTE organisierten Lehrerinnen und Lehrer stellten – wie jedes Jahr – einen Katalog mit gremialen und ökonomisch-sozialen Forderungen auf. Verhandlungen mit der Regierung blieben ohne Ergebnis.

2. Ausweitung der Lehrermobilisierung: Marsch zehntausender Lehrer und Installation eines Protestcamps, eines Plantón, in Oaxaca-Stadt von mehreren hundert Lehrerinnen und Lehren (Mitte Mai). Ausrufung eines landesweiten Streiks, da die PRI-Landesregierung keinerlei Zugeständnisse machte.

3. Umschlag der Lehrermobilisierung in eine allgemeine Massenbewegung in den ersten zwei Juni-Wochen 2006: Blockade der Zufahrtstraßen zum Flughafen und erste Megamarcha mit 80 000 Teilnehmenden als Unterstützung für die SNTE angesichts der harten Haltung des Gouverneurs. Ein Versuch der örtlichen Polizei, das Widerstandscamp auf dem Zócalo in Oaxaca zu räumen, scheitert am militanten Widerstand der Anwesenden.

4. Sprunghaftes Wachstum der Massenbewegung zu einer Volksbewegung. Gründung der »Volksversammlung der Völker Oaxacas« (APPO) als »Bewegung der Bewegungen« Mitte Juni 2006. Weitere Großdemonstrationen und ein Strafvotum *(voto de castigo)* bei den Präsidentschaftswahlen. Die PRI verliert in Oaxaca dramatisch und der Mitte-Links-Koalition um López Obrador fallen die Stimmen zu.

5. Umschlag der heterogen zusammengesetzten Protest- und Widerstandsbewegung in eine Volksrebellion ab Juni/Juli 2006. Besetzungen öffentlicher Gebäude, Blockade und Außer-Funktion-Setzen der staatlichen Gewalten, Besetzungen von Radiostationen und Umfunktionieren der Sender in demokratische Widerstandsradios, Errichtung hunderter Straßenblockaden. Gleichzeitig Anschläge paramilitärischer Gruppen auf APPO-Leute mit Toten, Entführten, Verletzten und Verhafteten. Die APPO wird immer wieder mit der Guerilla in Verbindung gebracht, was APPO und Untergrundbewegungen dementieren.

6. Rebellion und Doppelmacht in Oaxaca-Stadt mit phasenweise aufstandsähnlichen Zügen zwischen Juli/August und September/Oktober 2006; Übergreifen auf viele Gemeinden; Aufbau von einzelnen Elementen einer Macht von unten,

eines *poder popular.* Die Massendemonstrationen halten an, die Repräsentanten der Staatsmacht ziehen sich in Privathäuser zurück, der Gouverneur in den Flughafen am Stadtrand.

7. Ausdehnung der Bewegung auf weite Teile Oaxacas; Bürgerstreik, *paro cívico estatal,* am 18. August und am 21. September Marsch »Für die Würde der Vöker Oaxacas« Richtung Mexiko D.F.

8. Vorbereitung des repressiven Gegenschlages Ende September 2006: Verlegung von Bundestruppen nach Salina Cruz und Huatulco; Weigerung des Bundesparlamentes in Mexiko D.F. die Landesregierung abzusetzen; Bündnis PRI/PAN auf Bundesebene mit dem Ergebnis den PRI-Gouverneur um jeden Preis im Amt zu halten und den umstrittenen PAN-Kandidaten auf Bundesebene ins Amt zu hieven.

9. Beginn der massiven Repression Ende Oktober 2006: Ermordung des unabhängigen US-Journalisten Bradley Roland Hill und Einmarsch von 4000 paramilitärisch ausgerüsteten Bundes- und Landespolizisten; Besetzung des Zócalo von Oaxca durch Spezialeinheiten der Polizei; Ende der Doppelmacht und Rückzug der Führungsleute der Bewegung in die Universität; parallel dazu Abkommen der Lehrergewerkschaft mit dem Gouverneur über eine schrittweise Wiederaufnahme des Unterrichts. Erstmals erwähnenswerte Ansätze einer Berichterstattung in bedeutenden internationalen Medien.

10. Konflikt hoher, aber kontrollierter Intensität zwischen Volksbewegung/APPO und Staat bis zum 25. November 2006; anhaltende Massendemonstrationen und z.T. schwere Zusammenstöße mit der Polizei, die mehrfach in blutigen Straßenschlachten zurückgeschlagen wird. Jedoch auch Durchführung eines konstituierenden Kongresses der APPO und Kontakte von dieser mit der Bundesregierung in Mexiko D.F.

11. Militärische Eskalation durch die Zentralregierung: Niederschlagung der Rebellion am 25. November 2006; Räumung aller Barrikaden, Stürmung der letzten Widerstandsbastionen mit mehreren Toten, über 140 Verletzten und über 200 Verhafteten; massive Verfolgungswelle gegen APPO-Mitglieder, Verhaftung bzw. Abtauchen in die Klandestinität der Angehörigen des Sprecherrates. Einige Wochen kehrt Friedhofsruhe ein, die staatliche Institutionalität nimmt ihre Funktionen wieder auf.

12. Brechen der Angst nach der großen Repression (Dezember 2006/Januar 2007): mit Mahnwachen und ersten kleineren Aktionen, zum Teil zusammen mit PRD-Abgeordneten, zeigen APPO-Leute wieder öffentlich Flagge. Die Botschaft: Die APPO ist nicht zerschlagen, der Kampf geht weiter. Als zusätzliche Hauptforderung wird erhoben: Freiheit für die politischen Gefangenen und Ende der Straflosigkeit für Menschenrechtsverletzungen.

13. Neuaufbau der Bewegung (Frühjahr 2007): kleinere Demonstrationen mit mehreren tausend Teilnehmenden; bewegungsinterne Kontroverse um Wahlteilnahme wird mit Formelkompromiss gelöst. Mitwirkung von APPO-Angehörigen ja, aber im eigenen oder im Namen ihrer Organisationen, jedoch nicht als Vertretung der APPO.

14. 1. Mai 2007: 100 000 gingen auf die Straße. Die APPO hat ihre Fähigkeit zur Massenmobilisierung zurückerlangt. Von den mexikanischen Mainstream-Medien totgeschwiegen, wurde der erneute Aufschwung international nur in ganz engen Zirkeln wahrgenommen. Bewegungsflügel und Wahlbefürworter lagen weiter im Dauerclinch und verschlechterten damit das Binnenklima in der Bewegung. Verhaftung und Verschwindenlassen zweier Angehöriger der EPR-Guerilla in Oaxaca-Stadt in einer kombinierten Polizei- und Militäraktion. Die APPO schwieg dazu.

15. Massenprotest und Boykott der Guelaguetza (Juni/Juli 2007): Die APPO konnte in den beiden Folgemonaten ihren hohen Aktivitätsrhythmus beibehalten und mobilisierte wieder hunderttausende für den Rücktritt des Gouverneurs. Sie versuchte seine folkloristische Showveranstaltung zu boykottieren und zu blockieren. Ansätze, wieder Barrikaden zu errichten und sich erneut auf dem Zócalo festzusetzen, wurden gewaltsam verhindert. Anders als im Jahr zuvor hielt sich die Lehrergewerkschaft bei den APPO-Großaktionen in vorsichtiger Distanz. Hinter den Kulissen rangen verschiedene Strömungen und Interessen um Macht und Einfluss und blockierten so die Bündelung aller Kräfte.

16. Zweite Verhaftungs- und Repressionswelle (Juli 2007): Dies hatte wieder viele Verhaftete und dutzende Verletzte zur Folge, darunter einige Schwerverletzte. Vor laufender Kamera wurde ein friedlicher APPO-Aktivist ins Koma geprügelt und überlebte mit schweren Hirnverletzungen. Die APPO blieb aber trotz der Unterdrückungswelle in der Öffentlichkeit sichtbar und aktiv. Überraschender Wahlsieg der PRI bei den Landtagswahlen im August 2007 als Folge eines massiven Boykotts (Wahlenthaltung von 2/3 der Berechtigten). Enttäuschung bei der PRD sowie jener APPO-Strömung, die auf Wahlteilnahme und ein zweites Strafvotum gegen die PRI setzten.

17. Anhaltende APPO-Aktivitäten auf geringerer Stufenleiter. Verschiedene Ansätze, den bewegungsinternen Dissens zu klären und die Gremien der APPO wieder repräsentativ für die ganze Volksbewegung zu machen (Herbst 2007 – Frühjahr 2008). Freilassung mehrer APPO-Sprecher aus dem Gefängnis.

18. Erneute Großdemonstrationen der LehrerInnen mit zehntausenden Beteiligten (1. Mai 2008). Die APPO ist wieder massenwirksam. Richtungsstreitigkeiten innerhalb der Sektion XXII der Lehrergewerkschaft mit Knackpunkt:

Verhandeln/Abkommen mit dem Gouverneur oder Mobilisierung gegen ihn. Der Erfolg des Mobilisierungsflügels leitet mehrwöchige Aktionen der Sektion XXII ein. Großdemonstrationen, Blockaden und die erneute Präsenz auf dem Zócalo zeigen, dass die Lehrerinnen und Lehrer weiter ein wesentlicher Teil der breiten sozialen Bewegung Oaxacas sind.

19. Megamarcha mit 200 000 im Juni 2008; die Volksbewegung ist intakt und orientiert erneut auf den Boykott der Guelaguetza im Juli 2008.

Diese Kurzchronologie mit Fokus auf Oaxaca-Stadt spiegelt nur die bedeutendsten Ereignisse wider und lässt die Entwicklungen in den ländlichen Kommunen außen vor. Dies würde den gegebenen Rahmen sprengen. Dennoch zeigt sie, dass die sozialen Bewegungen in Oaxaca seit Mai 2006 einen sehr dynamischen Entwicklungsprozess anstoßen konnten. Dabei verschieben sich ständig die Gewichte, ändern sich Bündniskonstellationen und taktische Ziele einzelner Akteure. Beim Versuch, diesen Prozess zu analysieren, muss man sich darüber im Klaren sein, dass man zunächst lediglich Momentaufnahmen von Kräftekonstellationen machen kann, die zudem einer dichten Beschreibung bedürfen. Mit Verallgemeinerungen und Interpretationen gilt es vorsichtig zu sein, da in der Volksbewegung Oaxacas, und darum handelt es sich im wörtlichen Sinne des Begriffs, sehr divergente Strömungen und Tönungen vorzufinden sind. Anders als die indianische Autonomiebewegung in Chiapas, die durch die Zapatisten repräsentiert wird, zeichnet sich die Bewegung in Oaxaca durch ihre Vielheit aus. Ein Teil davon, etwa die Binnenstruktur einiger indianischer Akteure aus dem Umfeld des Magonismus oder jene von marxistisch-leninistischen Organisationen wie der »Revolutionären Volksfront« (FPR), ist für Außenbeobachter kaum durchschaubar. Dabei spielen die Genannten für die Basisbewegung eine wichtige Rolle. Nachfolgend sei unterschieden zwischen der sich in konkreten Aktionen äußernden sozialen Bewegung Oaxacas und der aus ihr hervorgegangenen Organisation APPO, die ihrerseits wieder ein dynamisches Bündnis unterschiedlichster Kräfte mit fest organisierten aber auch fluiden Bestandteilen ist. Weiter ist zu differenzieren zwischen der APPO, die unterschiedlich verstanden wird, und Gremien der APPO wie ihren Kongressen, den Sprecherrat etc. Nur wenn diese Differenzierungsschritte vorgenommen werden, scheint es möglich, die für das praktische Wirken so bedeutenden Gewichtsverschiebungen wenigstens im Großen und Ganzen nachzuvollziehen und zu verstehen, wie immer wieder Druck in den Kessel kommt, bzw. warum dieser in den letzten beiden Jahren mehrfach kurzfristig abfiel, um dann binnen Monatsfrist wieder stark anzusteigen. Wie setzt sich also das »feine Gewebe des Aufstands«, wie es López y Rivas/Hernández Navarro (2007: 287) nennen, zusammen? Zunächst seien in Anlehnung an

Pineda (2007) die wichtigsten aktiven Tendenzen und gesellschaftlichen Sektoren genannt, um in einem zweiten Schritt, Castro Sánchez (2007) folgend, politische Positionen zu skizzieren.

Die Sektion XXII der Lehrergewerkschaft SNTE ist wegen ihrer Mitgliederzahl, Organisationsstruktur, ihrer Finanzmittel und ihrer flächendeckenden Präsenz im ganzen Bundesstaat das Rückgrat der Oppositionsbewegung. Viele LehrerInnen sind zudem in Nachbarschaften, Elternvereinigungen oder anderen Organisationen aktiv. Die Sektion XXII hat ein ausgeprägt demokratisches Repräsentationssystem und verfügt seit vielen Jahren über eine dauerhaft hohe Mobilisierungskapazität. Innerhalb der Sektion XXII gibt es neben sozialistischen Tendenzen auch viele PRD-Anhänger, was jedoch nicht gleichbedeutend ist mit einer ausschließlichen Fixierung auf Wahlen. Denn die Gewerkschaftsbasis ist durch ihre alltägliche Praxis fest in soziale Bewegungen eingebunden.

Die Indígenas sind der zweite bedeutsame Akteur. Die Verbindungslinien zwischen den Indígena-Netzwerken und der sozialen Bewegung in ihrer Gesamtheit sind häufig nicht wahrzunehmen, weil die Indígenas sehr spezielle Formen des Vorgehens haben. Ihre informellen Netzwerke, Versammlungen, sich ständig verändernde Verantwortlichkeiten, die Kooperation, die Solidarität, die informellen Kontakte, das Bereit stehen, um Aufgaben zu übernehmen, kennzeichneten die Oppositionsbewegung. In diesem Zwischenraum von Informalität und Verbindlichkeit kann sich vieles verstecken und auch neu entstehen.

Ein weiterer Flügel wird von Gruppierungen gebildet, die sich selbst als Avantgarde der Arbeiter oder der sozialen Bewegung verstehen. Es sind Gruppen wie die »Frente Popular Revolucionario« (FPR), welche die »Massenorganisation« der Mexikanischen Kommunistischen Partei – Marxisten-Leninisten (PCM-ML) ist. Eine weitere Gruppierung aus diesem Spektrum ist die »Frente Amplio de Lucha Popular« (FALP). Es handelt sich dabei um autoritär und vertikal strukturierte ML-Gruppen, welche sich wie die bedeutendste darunter, die FPR, offen zum Stalinismus bekennen. FPR-Leute spielten eine maßgebliche Rolle im Sprecherrat. FPR und FALP waren sehr an der Teilnahme der APPO an den Landtagswahlen 2007 interessiert. Beide verhandelten mit der linkszentristischen PRD im Geheimen über sichere Listenplätze. Mit Zenén Bravo bekam die FPR 2007 einen Abgeordneten ins Landesparlament.

Den ML-Avantgardisten diametral entgegengesetzt sind Magonisten, Anarchisten und Autonomisten, die sich beispielsweise in der Gruppe VOCAL zusammenfanden. Auch das »Komitee der Gefangenen von St. María Ixcotel« ist zu diesem Flügel zu rechnen. Einer seiner bekannten Sprecher ist David Venegas. Als Vertreter der Barrikaden im APPO-Leitungsgremium tätig, wurde er als einer der ersten Sprecher inhaftiert, 2008 jedoch nach 1½ Jahren wieder auf freien Fuß gesetzt. Von Seiten der ML-Avantgardisten wurden er und seine Strömung wiederholt als ultraradikal und geheimdienstunterwandert dargestellt. VOCAL und die Magonisten vertreten horizontalistische Konzepte, setzten auf soziale Aneignungsprozesse von unten, arbeiten in der Anderen Kampagne der Zapatisten mit und lehnen die Teilnahme an Wahlen prinzipiell ab. Diese Kräfte propagierten bei der Landtagswahl 2007 die Bestrafung aller Parteien, also auch des regionalen Ablegers der linkszentristischen PRD, durch einen Wahlboykott.

Weitere Tendenzen sind Anhänger der Befreiungstheologie, verschiedene zivilgesellschaftliche Gruppen wie Menschenrechtsorganisationen oder Ökologiebewegungen. Als Akteure, die jedoch nicht offen in Erscheinung traten und deren realer Einfluss auch nicht abgeschätzt werden kann, sind revolutionäre Untergrundbewegungen zu nennen. Während die Regierung versuchte, die APPO als guerillaunterwandert darzustellen, wiesen APPO und Guerilla die Anschuldigungen zurück. Die Verhaftung und das Verschwindenlassen zweier leitender EPR-Kader in Oaxaca im Mai 2007 verweist jedoch auf Aktivitäten von Untergrundgruppen. Generell ist festzuhalten, dass Jugendliche und Frauen in allen Lagern eine herausragende Rolle spielten.

Es gibt im Grunde genommen zwei grundlegend unterschiedliche Konzeptionen darüber, wer bzw. was die APPO ist. Die eine, von den Medien übernommene, sieht die APPO als Konglomerat von Organisationen, die ihrerseits die unterschiedlichsten Ideologien vertreten. In der *Neuen Zürcher Zeitung* hieß es beispielsweise: »In der APPO haben sich radikale Organisationen aller Schattierungen zusammengeschlossen, die einer diffusen Veränderung der politischen und sozialen Landschaft Oaxacas das Wort reden, ohne allerdings konkrete Vorstellungen zu entwickeln, die über die Absetzung des Gouverneurs hinausgehen« (NZZ, 29.11.06). Implizit vertreten vertikale linksradikale Organisationen wie die »Revolutionäre Volksfront« (FPR), FALP oder auch Teile der Lehrergewerkschaft diese Auffassung. Sie geht damit einher, den Sprechern und Gremien der APPO ein besonderes Gewicht zuzuweisen und ihre Stellungnahmen mehr oder weniger gleichzusetzen mit Positionen der APPO. Dahinter verbirgt sich häufig ein mehr oder weniger deutlich ausgeprägtes avantgardistisches Selbstverständnis, das zwischen wissendem Sprecherrat und orientierungsbedürftigen Mitläufern unterscheidet.

Eine zweite Interpretation besagt indessen: »Wir alle sind die APPO« oder »die APPO ist die reale Macht unserer Völker, die reale Einheit in ihrem Kampf um die Transformation der Realität«. Diese Sichtweise geht davon aus, dass die heterogene und fluktuierende aber dennoch entschiedene Massenbewegung, ihre flexiblen Netzwerke oder die spontan errichteten und über Monate verteidigten Barrikaden *lo profundo,* das Tiefe, die Essenz der APPO widerspiegeln und demzufolge das Entscheidende seien, was die APPO von anderen sozialen Bewegungen unterscheide (Castro Sánchez 2007). Die Sprecher oder Gremien der APPO hätten ihre Funktion und Berechtigung zur Strukturierung der Bewegung. Ihnen wohne Legitimität insoweit inne, als sie an den ursprünglichen Zielen der Bewegung festhielten. »Ein Sprecherrat ohne Repräsentativität, ein Organisationsgerüst ohne Mobilisierungsfähigkeit« könne nicht für sich in Anspruch nehmen, die APPO zu sein, so das Gefangenenkomitee von St. Maria Ixcotel. Wenn Führungsleute ihr Prestige, das mit ihrer APPO-Funktion einhergeht, für bewegungsfremde Ziele wie die Teilnahme an Wahlen, Verhandlungen mit dem Gouverneur oder andere Partikularinteressen einsetzten, habe die Basis der APPO beispielsweise das Recht, auch ohne die Zustimmung der von diesen Personen dominierten Gremien Kongresse einzuberufen, mit dem Ziel, die Bewegung zu reorganisieren. Diese auf horizontale Strukturen und basisdemokratische Abläufe orientierte Tendenz ist in indianischen Gemeinschaften und Organisationen weit verbreitet und wird auch von Anhängern der Anderen Kampagne, Magonisten und anderen favorisiert. Die Mehrzahl der bekannten APPO-Sprecher sprach sich anlässlich der Landtagswahl im August 2008 für ein *»voto útil«* und die Bestrafung von PRI und PAN aus (Gómez Ramírez: 2007). Mit anderen Worten: Die *electoreros,* wie sie in der Bewegung abschätzig genannt wurden, warben direkt oder indirekt für die linkszentristische PRD. Dass die Wahlenthaltung ohne große und nach Außen sichtbare Boykottkampagne dennoch einen Wert von offiziell 63% erreichte, wobei vor allem die PRD-Stimmen fehlten, gibt einen Hinweis, wie tief die basisdemokratische APPO-Strömung in der Bevölkerung verankert ist. Die Frage, wer bzw. welche Instanz legitimerweise für sich beanspruchen kann im Namen der APPO zu sprechen, wurde wichtig nach den innerorganisatorischen Streitigkeiten um die Wahlfrage und gegenseitige Vorwürfe, die APPO als Ganzes für gruppenspezifische Interessen zu funktionalisieren. Im Herbst 2007 wurden von den Horizontalisten zuerst und von den Avantgardisten danach jeweils eine »Dritte Landesversammlung der APPO« ausgerichtet, an der die je andere Tendenz nicht teilnahm. Beiden ging es um eine Bestandsaufnahme und Reorganisation der Bewegung angesichts der Tatsache, dass die Mobilisierungsfähigkeit nicht mehr mit jener des Jahres 2006 vergleichbar war und sich der verhasste Gouverneur weiter im Amt befindet. Beide Flügel erklärten grundsätzlich die Bereitschaft mit dem jeweils anderen weiter zusammenzuarbeiten, allerdings müssen die Bedingungen dafür neu geklärt werden.

Die APPO ist mehr als die Summe ihrer Teile. Sie ist, obwohl auf einen Bundesstaat begrenzt, zu einem Vorbild geworden, was die mexikanische außerparlamentarische Linke sein könnte. Die APPO ist Ergebnis einer langen, jedoch lokal und politisch-sozial sehr zersplitterten Kräfteakkumulation. Sie entstand in mitten einer breit getragenen und dennoch von den Formen und Inhalten her sehr radikalen Volksbewegung. Sie gewann binnen weniger Monate nicht nur gegenüber den sie tragenden Organisationen, sondern auch gegenüber den staatlichen Institutionen und politischen Parteien eine relative Autonomie, indem sie deren Regeln zum Teil nicht anerkannte (militante Massenaktionen, Blockaden, Besetzungen etc.). Andererseits fungierte sie aber gleichzeitig als diejenige Instanz, die mit staatlichen Stellen über den Rücktritt des Gouverneurs Ulíses Ruiz verhandelte. Diese auf den ersten Blick sehr realpolitische Forderung entwickelte eine enorme Sprengkraft, weil sie die weit verbreitete Unzufriedenheit zu bündeln vermochte und darüber hinaus die Demontage einer seit fast achtzig Jahren andauernden PRI-Dominanz impliziert in einem der ärmsten, autoritärsten und gewalttätigsten Bundesstaaten Mexikos. Die APPO verlangt mittlerweile die Einberufung einer verfassungsgebenden Versammlung, um so eine soziale und demokratische Neugründung einzuleiten. Hier öffnen sich neue Horizonte.

Kennzeichen der APPO sind: innere Pluralität bei gleichzeitig entschiedenem Handeln; Zurückdrängen von Gruppenegoismus und Sektierertum, das einige Mitgliedsorganisationen kennzeichnet, zu Gunsten der Bündelung unterschiedlichster Kräfte und Ausarbeitung eines Kampfprogrammes, das integrierend wirkt und weit mobilisierungsfähiger ist, als die Summe der Einzelbewegungen es je war. Überwindung der lokalen und sektorialen Fragmentierung der Kämpfe durch deren Politisierung bis hin auf die Bundesebene und schließlich Ausweitung eines Arbeitskampfes zu einer regionalen Rebellion gegen den Neoliberalismus und seine Durchführungsorgane. Der Spagat zwischen radikaler Massenmobilisierung und pragmatischer Bündnispolitik bis hinein in die links-zentristische PRD von López Obrador, die Spannweite von scharfer antistaatlicher Agitation, militanter Selbstverteidigung und geordnetem Rückzug angesichts der Offensive der paramilitärisch ausgerüsteten »Präventiven Bundespolizei« (PFP) Ende Oktober 2006 und schließlich die vorübergehende Einstellung der öffentlichen Mobilisierung und das Abtauchen der Führungskader bildeten die Voraussetzung dafür, dass die APPO die schlimmste Repressionskampagne seit den siebziger Jahren überstehen konnte. Trotz massiver Verfolgung mit über 20 vorwiegend durch Paramilitärs Ermordeten, 35 Verschwundenen, hunderten Verhafteten und Gefolterten sowie tausenden Verletzten gewann die APPO schon im Dezember 2006 die Initiative auf der Straße wieder zurück. Das mehrgleisige Vorgehen, das die punktuelle Zusammenarbeit mit zentristischen Kräften wie der PRD einschloss, zeitigte Erfolge. Der Neuaufschwung 2007 und 2008 unterstreicht dies.

Dessen ungeachtet gibt es innerhalb der APPO – manchmal offen und manchmal hinter den Kulissen – weiter massive Streitigkeiten über den einzuschlagenden Kurs. So zogen sich auf der einen Seite gemäßigte Führer der Lehrergewerkschaft wie Rueda Pacheco zurück. Auf der anderen Seite gibt es etwa von Basisgruppen aus dem Spektrum der Anderen Kampagne oder verschiedenen trotzkistischen Organisationen harte Kritik an der ihrer Ansicht nach zu zugeständnisbereiten APPO-Führung, die bis hin zu Verratsvorwürfen gehen. Trotz dieser inneren Spannungen blieb die APPO – wenn auch mit Abstrichen – als plurales Forum im Grundsatz intakt und handlungsfähig. In vielen Stellungnahmen wurden Pluralität und Einheit als Garanten des Erfolges beschworen.

Auffällig ist, dass vor allem im Verlauf des entscheidenden Jahres 2006 die APPO bzw. der Aufstand in Oaxaca über Monate hinweg sehr allein auf weiter Flur standen. In der »Stunde der Prüfung«, so der altlinke Intellektuelle Adolfo Gilly, »ließen die politischen und gewerkschaftlichen Organisationen Oaxaca allein« (*La Jornada*, 31.10.06). Das links-zentristische Spektrum in Gestalt der Wahlpartei PRD, welche die zweitstärkste Fraktion ins Bundesparlament entsenden konnte, der lopezobradoristischen Nationalen Demokratischen Konvention und dem gewerkschaftsnahen Nationalen Dialog beschränkte sich im wesentlichen darauf, die Repression zu kritisieren, als alles gelaufen war. Mehr nicht. Diese Kritik, wie sie auch in einem offenen Brief von López Obrador nach dem Einmarsch der Bundespolizei geäußert wurde, »hat keinen Wert«. Denn, so Gillys Kritik weiter, es gab keinerlei Versuch, mittels einer massiven Mobilisierung der Kräfte, die sich eben noch für López Obrador eingesetzt hatten, die sich abzeichnende Repressionswelle zu blockieren. Diese Kritik erstreckt sich auch auf die übrigen Teile der Linken. Denn abgesehen von wohlfeilen aber in der Sache konsequenzlosen Solidaritätsadressen und kleineren Aktionen brachte auch sie nicht viel Nennenswertes Zustande. Vor allem keine breit getragenen Anti-Repressions-Demos in der Hauptstadt in einer Phase, als die Rebellion Oaxaca noch kontrollierte. Außer einem Aufruf für einen landesweiten Streik am 22. November 2006, der in etwa so sinnvoll und erfolgreich war wie es ein Aufruf der Interventionistischen Linken oder der MLPD zu einem politischen Generalstreik gegen die Auslandseinsätze der Bundeswehr wäre, einigen Kommuniqués sowie einer kleinen internationalen Mobilisierung Wochen nach der Hexenjagd, war auch von den Zapatisten und der Anderen Kampagne nicht viel zu vernehmen. Dies zeigt, bilanziert Adolfo Gilly schonungslos und bitter, dass außerhalb Oaxacas die außerparlamentarische Linke »nicht über größere Kräfte verfügt«.

Die anhaltenden Aktivitäten der APPO und die Bemühungen ihrer Leitung die Beziehungen ins links-zentristische Spektrum auszubauen, konnten das Panorama unterdessen aufhellen. Die Freilassung einer ganzen Reihe von APPO-Aktivisten aus dem Gefängnis, die Verurteilung der Menschenrechtsverletzungen in Oaxaca durch internationale Gremien und die Aufdeckung der Existenz einer paramilitärischen »weißen Garde« im Solde des Gouverneurs Ulises Ruiz Ortíz durch die mexikanische Printmedien (*Milenio*, 30.4.08) hielten die Landesregierung unter Druck. Dass sich López Obrador in seiner Oppositionsrolle gegenüber der APPO heute aufgeschlossener zeigt, als 2006, eröffnet der Volksbewegung in Oaxaca bessere Bündnismöglichkeiten. In Oaxaca werden die Karten gegenwärtig neu gemischt.

## 1.9. Lokale Bewegungen mit überregionaler Relevanz: Atenco und La Parota

In San Salvador Atenco, hauptstadtnah bei Texcoco im Bundesstaat Mexiko gelegen, hat sich in den letzten Jahren eine der hartnäckigsten, durchsetzungsfähigsten und am heftigsten bekämpften Campesino-Organisationen Mexikos entwickelt. Obwohl es sich im Grunde nur um einen lokalen Zusammenschluss kleiner Landbesitzer handelt, ist die »Frente de Pueblos en Defensa de la Tierra« (FPDT) der kleine Dorn, der bisher verhindert hat, dass auf den Ländereien ihrer Genossenschaftsbauern ein neuer Megaflughafen errichtet werden konnte. Der Landkonflikt entzündete sich an einem Enteignungsdekret vom Ende Oktober 2001. Die Regierung Fox wollte gegen eine bescheidene Entschädigung insgesamt 5400 Hektar Agrarland enteignen. Dies hätte die Kleinbauern ihrer Subsistenzgrundlage beraubt. Dagegen setzen sich die Betroffenen in den ersten Monaten mit einer Vielzahl lokaler und regionaler Mobilisierungen zur Wehr. Die hoch motiviert, geschlossen und mit ihren Macheten auftretenden Dörfler verschafften sich auch bei der Polizei Respekt. Obwohl meist nur wenige hundert bis einige tausend Leute auf den Beinen waren, vermittelten sie den Sicherheitskräften eine sehr kontrollierte Form potentieller Militanz, ein bis dahin ungekanntes Maß an kollektiver Entschlossenheit und Durchsetzungsbereitschaft. Da die Bewohner Atencos verschiedentlich Manifestationen in Mexiko-Stadt durchführten, gelang es ihre selbstbewusste Art des direkten Widerstandes den Hauptstädtern und dem ganzen Land bekannt zu machen. Blockaden der Bundesstraße Texcoco-Lechería, das Festhalten von Bohrtrupps, Einbehalten von Fahrzeugen oder die militante Gegenwehr im Falle kleinerer Polizeiattacken stellten die frisch ins Amt gekommene Regierung Fox 2001/2002 vor die Alternative entweder ein größeres Blutvergießen mit nachfolgender Solidarisierungswelle zu riskieren, oder auf den Verhandlungskurs umzuschwenken. Vicente Fox entschied sich 2002 für Dialog und Deeskalation und vermied so eine schwere Belastung. Dieser vorläufige Rückzug der Regierung legte das Flughafenprojekt auf Eis. Der politische Erfolg ermutigte die Dörfler ihre Selbstorganisation weiter zu festigen. Politisch näherte sich die FPDT den Zapatisten an und nahm an deren Mobilisierungen teil.

Endgültig zum Symbol und zum international wahrgenommenen Skandal wurde Atenco jedoch erst im Mai 2006. Eine Bagatelle, das Postieren von mobilen Straßenverkaufsständen auf Flächen, die nicht dafür vorgesehen sind, nahm nun die aus dem Amt scheidende Regierung Fox zum Anlass, 3000 Polizisten verschiedener Korporationen in die Kommune einmarschieren zu lassen. Die Polizei besetzte den Ort und schlug den verzweifelten Widerstand dagegen unter exzessivem Einsatz von Gewalt nieder. Zwei Tote, 200 Verhaftete, Verschwundene und vielfache Vergewaltigungen von Frauen durch Polizeibeamte lautete die Bilanz. Auch Ausländer, darunter mehrere EU-Bürger, wurden von der polizeilichen Gewaltorgie nicht verschont. Grundlegende Bürger- und Freiheitsrechte wurden in gravierender Art und Weise verletzt, polizeiliche Regeln sowie das Straf- und Prozessrecht flagrant missachtet. Trotz erheblichem internationalem Negativecho und Protesten verschiedener Menschenrechtsorganisationen blieben die uniformierten Täter bis heute weitestgehend straffrei. Dagegen gerieten die Angehörigen der Basisbewegung in die Mühlen der korrupten Justiz. Drei Anführer der Atequenser wurden in irregulären Verfahren zu absurd hohen Strafen verurteilt. Sie büßen im Hochsicherheitsgefängnis Almoloya de Juarez Haftstrafen von 67 Jahren ab. Zu Beginn des Jahres 2008 wurden sieben Häftlinge nach knapp zwei Jahren freigelassen, im März drei weitere. Insgesamt 13 Personen sitzen noch ein. Weitere 167 sind auf Bewährung frei und müssen sich periodisch melden. Über ihnen schwebt das Damoklesschwert erneuter Haft, wenn sie aus irgendeinem Grund auffällig werden. Dies sowie neuerliche Einschüchterungsaktionen der Polizei sollen die Reorganisation des Kampfes verhindern. FPDT-Sprecher gehen von einer Verschärfung der Repression aus, zumal Präsident Felipe Calderón angekündigt hat, das Flughafenprojekt neu auf die Tagesordnung zu setzen.

Der Kurswechsel in Sachen Atenco erfolgte noch durch die erste PAN-Bundesregierung unter Präsident Vicente Fox. Diese Wende ist weit über den Einzelfall hinaus von Bedeutung. Das Ende des Dialogs, die Entsendung einer an Schlagkraft der örtlichen legalen Basisbewegung weit überlegenen Invasionstruppe, deren Stationierung vor Ort sowie die nachfolgende Straflosigkeit der uniformierten Täter müssen gelesen werden als Einstieg in ein neues, autoritäres Paradigma. Als Musterbeispiel dafür, dass legale und legitime soziale Proteste diffamiert, kriminalisiert und gewaltsam unterdrückt werden. Menschenrechtsbewegungen und kritische Presse zeigten sich alarmiert. Ebenso die außerparlamentarische Linke. Sie interpretierte die Repressionswelle in Atenco als Warnsignal für eine autoritäre Wende der PAN. Der weiter andauernde Kampf in San Salvador Atenco und die anhaltende Straflosigkeit der Täter haben viel dazu beigetragen, die These von der Demokratisierung Mexikos kritischer unter die Lupe zu nehmen. Es war noch Präsident Vicente Fox, personifizierter Inbegriff der Abkehr des Landes vom autoritären Staatsparteiensystem, der gegenüber den legalen sozialen Bewegungen den Kurswechsel von Dialog oder besser: laissez faire hin zu einer offen autoritären Politik der Aushöhlung und Aushebelung demokratischer Grundrechte vollzog. Mit Atenco begann es, wenige Wochen später folgte im Bundesstaat Michoacán gegen die streikenden Arbeiter im Stahlhüttenwerk Lázaro Cárdenas-Las Truchas ein weiterer gewaltsamer Großeinsatz mit 800 Polizisten, wobei zwei Arbeiter getötet und 41 verletzt wurden. Es schloss sich die mehrmonatige Belagerung der Protestbewegung im Bundesstaat Oaxaca an, welche hinsichtlich der Intensität staatlicher und parastaatlicher Übergriffe mit der Phase des »schmutzigen Krieges« in den 1970er Jahren vergleichbar ist. Der scheidende erste PAN-Präsident wollte offenbar seinem Parteifreund und Amtsnachfolger die Schmutzarbeit noch abnehmen und die wichtigsten radikalen sozialen Protestbewegungen mit blanker Gewalt handlungsunfähig machen. Doch er hat die Rechnung ohne den Wirt gemacht. Anders als noch in den achtziger oder neunziger Jahren war der Protest nicht nur zahlenmäßig größer und politisch breiter, sondern auch tiefer in den jeweils betroffenen sozialen Segmenten verankert. Dazu kam, dass die ersten Demokratisierungsschritte neue Spielräume etwa in einigen Massenmedien geöffnet hatten und es deshalb einige städtische Bündnispartner für die Betroffenen gab, die als Multiplikatoren wirkten. Mit der Folge, dass sowohl die in der APPO zusammengeschlossene Volksbewegung Oaxacas als auch die FPDT in Atenco die akute Repressionswelle überstanden. Ihre kommunitäre Identität hatte beide Bewegungen mit ungeahnten organisatorischen und personellen Reserven ausgestattet. Die konkrete Folge: Trotz einiger Rückschläge und trotz der Inhaftierung wichtiger Anführer kämpfen beide Bewegungen weiter um ihre Forderungen. Beide Bewegungen haben sich, in jeweils spezifischer Art und Weise, für die außerparlamentarische Linke zu wichtigen Referenzpunkten entwickelt. So war der Begriff »politische Gefangene« bis zu den Vorfällen in Atenco lediglich im Umfeld linker Organisationen sowie einigen Medien und Menschenrechtsorganisationen gebräuchlich. Seit den Willkürurteilen gegen die Führungsriege der Flughafengegner aus Atenco weiß in Mexiko jeder, was gemeint ist, wenn Regierungskritiker von politischen Häftlingen sprechen.

### La Parota

Zu einer der bekannten regionalen Bewegungen Mexikos gehört der Widerstand, der sich im Bundesstaat Guerrero gegen das Infrastrukturprojekt »La Parota« entwickelt hat. Die seit 2003 in einem »Rat der Staudammgegner« (CECOP) zusammengeschossenen *Ejidos* und Gemeinden, die über 15 000 direkt betroffene *Comuneros* (arme Bauern) vertreten, wollen ihren Landbesitz und ihre Sitten und Gebräuche gegen ein hydroelektrisches Großprojekt verteidigen, das die staatliche Elektrizitätsgesellschaft CFE in ihrem Gebiet geplant hat. Mittels eines

192 Meter hohen Bauwerks soll der Río Papagayo angestaut werden. Keine 50 Kilometer von der Touristenmetropole Acapulco entfernt will die staatliche Elektrizitätsgesellschaft Strom erzeugen. Um das Megaprojekt, das eine Fläche von der Größe Guadalajaras überschwemmen würde, durchziehen zu können, ist es erforderlich, dass die mit Besitztiteln abgesicherten *Ejidos* in der Sierra von Guerrero verkaufen, andernfalls müssten sie in einem aufwändigen und mit Sicherheit konfliktbeladenen Verfahren enteignet werden. Seit vier Jahren stehen sich das Modernisierungs- und Kapitalverwertungsinteresse einerseits und pauperisierte Landbewohner andererseits gegenüber, welche ihre wichtigsten Naturressourcen zur Sicherung des prekären Status quo benötigen. Die für den Bundesstaat Guerrero bedeutende Tourismusindustrie mit ihren Schwerpunkten in Acapulco, Taxco und Zihuatanejo hat sowohl für Hotel- und Restaurantbesitzer als auch für den Transportsektor Einkommensquellen geschaffen, die verarmte Landbevölkerung partizipiert jedoch höchstens in Form von Billig- und Gelegenheitsjobs. Die beabsichtigte Ausbeutung der natürlichen Ressourcen käme in erster Linie wieder den besser Gestellten zu Gute, die Campesinos hätten die Nachteile zu tragen. Im Grunde eine Konfliktlage wie in Atenco, wo die örtlichen Campesinos seit Jahren den Kern des Widerstands gegen die Auslagerung des Flughafens von Mexiko-Stadt bilden. Mexiko *globalizado* gegen *Mexiko profundo.* Die Staudammgegner ließen sich bisher weder durch ökonomische Versprechungen der Elektrizitätsgesellschaft, noch durch Polizei oder politische Manöver der PRI-Campesino-Vereinigung CNC von ihrer geschlossenen Ablehnung des Staudammprojektes abbringen. Der Generaldirektor der Elektrizitätsgesellschaft, Alfredo Elías Ayub, gibt der Oppositionsbewegung noch eine Frist »von einem oder zwei Jahren«, um sie zu überzeugen. Diese Art Gespräche lehnen die Staudammgegner ohnehin ab, weil sie ein Unternehmensvertreter vorschlägt und nicht der Staat. José Venus Hernández, Sprecher des CECOP, verlangt Unterredungen mit dem Gouverneur bzw. dem Staatspräsidenten. Auf entsprechende Briefe bekamen sie jedoch keine Antwort. Die Kleinbauern setzen nun auf die Ausdehnung ihres Widerstands auf weitere Gemeinden. Sie »erbitten die Kooperation von 47 Dörfern, welche sich den kommunalen Besitz von Cacahuatepec teilen.« Zusammen mit diesen, berichtet die Tageszeitung *La Jornada,* legen sie »Peso für Peso zusammen«, um den Widerstand zu stärken. Auf der juristischen Ebene haben die Staudammgegner wichtige Teilerfolge erringen können. Ein Richterin in Acapulco untersagte der Stromgesellschaft CFE zunächst vorläufig und dann im September 2007 endgültig Baumaßnahmen vorzubereiten, bis das laufende Gerichtsverfahren abgeschlossen ist. Davor hatte bereits 2006 ein UNO-Menschenrechtskomitee die Regierung aufgefordert das Projekt auf Eis zu legen, bis der Schutz der Menschenrechte der Betroffenen sowie der Umwelt gewährleistet sind. Das lateinamerikanische

Wassertribunal hatte von der Regierung verlangt, das Projekt fallen zu lassen. Im März 2008, berichtet *La Jornada* (12.4.08), legten zehn internationale Organisationen vor dem zuständigen Gericht in Acapulco ein Schreiben *(amicus curiae)* vor, in dem sie verlangen in dem Verfahren gehört zu werden, weil es von nationaler und internationale Relevanz sei.

Auf der anderen Seite wird einem repressiven Szenario schon der ideologische Boden bereitet. In einem Artikel in der Kulturzeitschrift *Nexos* (Nr. 341, Dezember 2007), der die Guerillabewegung EPR zum Gegenstand hatte, brachte der Autor Gustavo Hirales Morán in einem argumentativen Schlenker die legale Basisbewegung direkt mit der Guerilla in Verbindung. Er behauptete, die Guerillabewegungen EPR, ERPI und FARP hätten »eine gemeinsame Taktik hinsichtlich des Konfliktes um den Staudamm La Parota verabredet«. Worin diese bestehen soll und woher der Autor diese angebliche Information hat, wird leider nicht offen gelegt. Auch in diversen Tageszeitungen wird, ohne konkrete Belege, immer wieder die Guerilla mit der legalen Widerstandsbewegung der betroffenen Kommunen in Verbindung gebracht. Angesichts der im Falle La Parota zur Debatte stehenden Interessen ist bei einer Zuspitzung der Konflikte ein direktes Eingreifen von Polizei und Armee zu befürchten. Die genannten Beiträge in Massenmedien rechtfertigen bereits weit im Vorfeld eine möglicherweise beabsichtigte blutige Niederschlagung der Protestbewegung, wird sie doch mit der »Subversion« in Verbindung gebracht und damit zu einem Problem der nationalen Sicherheit erklärt. Wie im Falle der Flughafengegner in San Salvador Atenco ist auch der Widerstand gegen das hydroelektrische Großprojekt La Parota ein Paradebeispiel dafür, wie lokal tief verankerte soziale Bewegungen, die ihre unmittelbaren Überlebensinteressen und ihre daran geknüpfte kulturelle und soziale Selbstorganisation verteidigen, massenmedial als Linksradikale und Gewalttäter abgestempelt werden. Die Polizei nimmt irgendwelche Bagatellen zum Vorwand, um Anführer zu kriminalisieren, um schließlich mit massiver staatlicher Gewalt die Basisbewegung zu zerstören. Dabei kommt es andauernd und systematisch zur Verletzung von Grund- und Menschenrechten. Dies ist weder für die politischen und ökonomischen Eliten Mexikos noch für ihre internationalen Verbündeten ein Grund, die Attacken auf die genannten legalen Bewegungen zu stoppen. Es ist vielmehr so, dass die damit zusammenhängenden Menschenrechtsverletzungen mit großem institutionellem, publizistischem und politischen Aufwand negiert, minimiert und gerechtfertigt werden.

In der kritischen und linken Öffentlichkeit gelten Atenco, La Parota und natürlich Oaxaca als weit über den konkreten Anlass hinaus als bedeutende Symbole dafür, dass die regierenden Neoliberalen ohne zu zögern bereit sind, legale Massenbewegungen mit gesetzlich legitimierter und auch außergesetzlicher

Gewaltanwendung niederzuhalten, weil sie sich Kapitalverwertungsinteressen entgegenstellen. Im Falle Atencos waren auch EU-Bürgerinnen und -Bürger Opfer von Polizeiübergriffen, so dass der staatliche Machtmissbrauch Thema in der europäischen Öffentlichkeit und in EU-Gremien wurde. Außer allgemeinen, vorsichtigen, in concreto konsequenzlosen und deshalb wohlfeilen Stellungnahmen war aber von Seiten der EU nicht viel zu vernehmen. Dabei hätte die EU konkrete, vertraglich festgeschriebene Möglichkeiten, die mexikanische Regierung unter Druck zu setzen. Denn das zwischen der Europäischen Union und Mexiko bestehende Freihandelsabkommen ist mit einer Demokratieklausel ausgestattet, die im Falle der Nichteinhaltung auch »angemessene Maßnahmen« vorsieht (Zandt, 2008: 43). Allein es passiert nichts. Da die Fakten allzu eindeutig sind, wird selbst in der CDU-nahen Konrad-Adenauer-Stiftung die Frage aufgeworfen, ob die erwähnte Demokratieklausel in den EU-Kooperationsabkommen mehr ist, als ein »rhetorisches Mittel« oder eine »moralische Untermalung der europäischen Außenpolitik, die sonst wirtschaftliche und geopolitische Gesichtspunkte in den Vordergrund stellt« (KAS-Auslandsinformationen 1/08: 43).

### Weitere lokale Umweltbewegungen

An vielen weiteren Orten gibt es lokal gut verankerte Ein-Punkt-Bewegungen, die sich gegen Landaneignung und Immobilienspekulation, Abholzung, Verschmutzung und Ableitung von Grundwasservorkommen oder offene Müllgruben zur Wehr setzen. Diese Themen bergen im Kontext Mexikos zum Teil ein hohes Konfliktpotential. Der alternative Pressedienst POONAL (Nr. 773: 10.7.07) brachte es auf den Punkt: »Umweltschutz ein lebensgefährliches Engagement. Lorraine Orlandi berichtet von der Ermordung eines jungen indianischen Umweltaktivisten, der in der Nähe von Mexiko-Stadt tot aufgefunden wurde. Zusammen mit einer von Greenpeace initiierten Kampagne zum Schutz der Wälder gegen illegalen Holzeinschlag in und um den Nationalpark Zempoala versuchte der Ermordete die Entwaldung zu stoppen. In Zusammenarbeit mit dem Bundesamt für Umweltschutz sollte der Holzraub dokumentiert werden, für die ein organisierter Verbrecherring verantwortlich war. Obwohl die Aktivisten der Umweltschutzbehörde Dokumente, Fotos und Videoaufzeichnungen zur Verfügung stellen konnten und diese Haftbefehle gegen 57 Personen beantragte, wies der Bundesrichter dies zurück. Später kam es zu einigen kurzzeitigen Inhaftierungen, die Holzdiebe kamen jedoch immer wieder schnell frei. Ähnliches war zuvor im Bundesstaat Guerrero in der Sierra von Coyuca de Catalán passiert. Auch konnten die Holzdiebe ihr Treiben fortsetzen, während Umweltaktivisten der Organisation OCESP mit gefälschten Vorwürfen monatelang in Haft gehalten wurden. In einem anderen Fall wurde die Familie eines OCESP-Aktivisten von Pistoleros angegriffen und zwei seiner Kinder ermordet. Das Vorgehen der Justizbehörden ähnelt sich: Während die Ermittlungen gegen die Holzdiebe mit ermüdender Langsamkeit geführt werden, verhaftet man die Umweltaktivisten schnell wegen irgendwelcher Vorwürfe, die dann nach monatelanger Haft mir nichts dir nichts wieder fallen gelassen werden. In der Zwischenzeit war dann die Umweltgruppe mit Anti-Repressionsarbeit befasst und hatte weniger Kapazitäten, sich ihren eigentlichen Aufgaben zu widmen. So wundert es nicht, dass viele Organisationen Polizei, Staatsanwaltschaft und Gerichte beschuldigen, mit den Umwelträubern unter einer Decke zu stecken.

Diese Widerstandsbewegungen, von denen es beispielsweise im Bundesstaat Morelos eine ganze Reihe gibt, werden von den Massenmedien in der Hauptstadt höchstens am Rande zur Kenntnis genommen, international folglich so gut wie überhaupt nicht. Dennoch handelt es sich um lokal oder regional bedeutende Akteure, die in der Lage sind, unter Beteiligung der Betroffenen wirksame Aktionen zu initiieren. So blockierten etwa die Bewohner von Alpuyeca im März 2006 Straßen, um der Forderung nach Schließung einer offenen und unkontrollierten Müllhalde Nachdruck zu verleihen. Aus Cuernavaca, dem Großraum Mexiko-Stadt sowie einigen umliegenden Städten wie Zacatepec und Toluca wurden wöchentlich 8000 Tonnen Krankenhaus- und Industriemüll angekarrt. Offenes Feuer auf der Müllkippe sowie das unkontrollierte Versickern vielerlei Giftstoffe im sandigen Untergrund, der über einem bedeutenden Grundwasserreservoir liegt, welches den Tetlama-Fluss speist, trug laut Studien mit dazu bei, dass die Region die höchste Rate an Krebserkrankungen im ganzen Bundesstaat aufweist, so Gilberto López y Rivas (*La Jornada*, 26.1.08). Die PAN-Regierung hatte während des Wahlkampfes zugesagt, die Müllhalde binnen 90 Tagen zu schließen, hielt jedoch ihre Zusage nicht ein. Nach weiteren Mobilisierungen erreichten die Einwohner von Alpuyeca die Schließung, die versprochene Sanierung lässt jedoch weiter auf sich warten. An anderen Orten wie Tepoztlán, Cuernavaca, Cuautla und Ocotepec kam es ebenfalls zu Konflikten und Mobilisierungen um Land sowie Naturressourcen. In Xoxocotla setzten sich 13 Indígena-Gemeinden gegen Neubausiedlungsprojekte zur Wehr. Der PAN-Gouverneur Marco Adame will in einem Naturschutzgebiet 50 000 Wohneinheiten sowie Tiefbrunnen genehmigen, um die Grundwasserreserven anzuzapfen. Nach einem Zusammenstoß mit der Polizei machten die Bewohner von sieben Orten Straßen unpassierbar und blockierten so den Bundesstaat Morelos. Der Gouverneur lancierte eine Einschüchterungskampagne. Es wurde argumentiert, die Aktionen der Indígena-Gemeinden seien »illegitim«. Außerdem wurden sie mit der Guerillagruppe EPR in Verbindung gebracht. Diese und ähnliche lokale Basisbewegungen konstituierten im Juli 2007 den »Rat der Völker von Morelos«, der seither die Widerstandsbewegungen des Bundesstaates koordiniert. »Wir müssen verstehen, dass heute«, heißt es in der Gründungserklärung, »ein isolierter Widerstand eines jeden Dorfbewohners für sich alleine zur Niederlage verdammt ist. Aneignung des Landes, Zerstörung der kommunalen Organisationsstruktur und das Zusehen-Müssen, wie die natürlichen Reichtümer und Träume zerstört werden, sind die Folge. Nur wenn sich die Dörfer zusammenschließen, können sie nicht besiegt werden.« Wie in anderen Landesteilen gibt es mit dem »Rat der Völker von Morelos« eine im Alltag der Bevölkerung tief eingewurzelte Instanz, welche sich gegen die Zumutungen und Folgen der Kapitalverwertung zur Wehr setzt und die Würde Mexikos repräsentiert.

## 2. Zapatismus und *La Otra* – Zwischen Indígenabewegung und Systemalternative

»Das wesentlich Neue des Zapatismus ist das Projekt, die Welt zu verändern, ohne die Macht zu übernehmen. Die Zapatisten sagen, es ist nicht notwendig die Welt zu erobern. Es reicht, dass wir sie neu erschaffen.« So fasst der in Mexiko lebende Staatstheoretiker John Holloway den Kern des Zapatismus zusammen. Dieser erlaube es, »die Staatsillusion der Linken« zu überwinden und sich von doktrinären Auffassungen von Staat und Revolution zu verabschieden (Holloway 2002). Andere betonen die inhaltliche Offenheit, Lern- und Diskussionsbereitschaft, die im Slogan »fragend gehen wir voran« gebündelt sei. Auch das nicht-parlamentarische, basis- und konsensorientierte Demokratiemodell, eine politische Führung, deren Charakteristikum das »gehorchende Befehlen« und der Verzicht auf die Privilegien der Macht sei (»Alles für alle, für uns nichts!«), sowie die autonomistische und staatsferne Politik des Zapatismus fanden phasenweise große Beachtung und Zustimmung (Kerkeling 2003). Immanuel Wallerstein (2008) hob darüber hinaus die Anstöße für die linke Theoriebildung sowie die internationale Vernetzung antisystemischer Bewegungen hervor. Raúl Zibechi (2004) schätzte den kulturrevolutionären Aspekt für die lateinamerikanische Linke besonders hoch ein: Demokratie und Horizontalismus seien gestärkt worden anstelle von Avantgardedenken und Vertikalismus. Dazu kommt das Charisma des Subkommandanten Marcos, dessen Texte weltweit Beachtung finden. Seit einigen Jahren nimmt jedoch die Ausstrahlungskraft des Zapatismus spürbar ab, auch hierzulande. Bei Autorinnen wie etwa Ulrich Brand oder Anne Huffschmid, die in Sachen Zapatismus etwa eine Dekade lang medial sehr präsent waren, ist mittlerweile eine gewisse Reserve erkennbar. Warum funktioniert die wegen ihres innovativen Charakters vielfach gerühmte Kommunikationsstrategie Marcos' nicht mehr so wie in den 1990er Jahren? Warum verlor, um es mit Anne Huffschmids Begriffen auszudrücken, der Zapatismus die »Diskurshoheit«? Warum wirken Marcos Stellungnahmen nicht mehr als »diskursiver Sprengsatz« (Huffschmid, 2003), wo doch die (Selbst)Inszenierung weiterhin erste Sahne und die Pressearbeit nach wie vor professionell ist? Meine Hypothese: weil sich die politischen Rahmenbedingungen ebenso geändert haben wie die vom Zapatismus propagierten Inhalte und Konzeptionen. Denn intelligent, spitzzüngig, oft überraschend und manchmal auch witzig sind die Stellungnahmen von Marcos nach wie vor.

Die als antikapitalistisches und antiinstitutionelles Projekt angelegte »Andere Kampagne«, die zu Beginn des Jahres 2006 medienwirksam inszeniert und griffig in Abgrenzung zum Wahlkampf der linkszentristischen Parteienkoalition um die PRD lanciert wurde, gewann, trotz hochfliegender Erwartungen (siehe beispielsweise ILA Nr. 294, April 2006) und anders lautender Behauptungen von Marcos nicht die erforderliche Eigendynamik. Vielmehr war sie seit Kampagnenbeginn in den zentralen gesellschaftlichen Konfliktthemen (Bewegung gegen den Wahlbetrug/Nationaldemokratische Konvention, Rebellion in Oaxaca, Bewegung gegen Sozialabbau unter dem Dach des Diálogo Nacional, landesweite Campesinomobilisierung und Großdemonstration im Januar 2008 und der Verteidigung der PEMEX als Staatsunternehmen) überhaupt nicht oder nur ganz am Rande involviert. Das ist auf den ersten Blick für eine außerparlamentarische Tendenz, die sich selbst als »antikapitalistisch, links, revolutionär und plural« versteht, mehr als überraschend. Mit seinem radikalen Schwenk weg von der in den 1990er Jahren geradezu hofierten »Zivilgesellschaft« und den Organisationen und Repräsentanten der aufgeklärten Mittelklasse hin zu öffentlicher Verächtlichmachung und Beschimpfung dieser Kreise im Vorfeld und Verlauf der »Anderen Kampagne« hat der Subkommandant Marcos spürbar an diskursiver Stoßkraft seiner Kommuniqués eingebüßt. Ohne Not hat er den Zapatismus zurück in eine sektiererische Sackgasse manövriert, in der die EZLN ohne großes Echo und abgekoppelt von den großen sozialen Bewegungen mit anderen kleinen Gruppen oder Einzelpersonen darüber streitet, wie man sein muss, damit die Ablehnung des Kapitalismus auch wirklich ernst genug gemeint ist. Meine Hypothese ist, dass dieses Herangehen des Zapatismus an die aktuellen politischen Konflikte, welches auch die »Andere Kampagne« prägt, dafür verantwortlich ist, dass die EZLN, anders als die übrigen linken Tendenzen, in der gegenwärtigen politisch so bewegten Phase wie gelähmt wirkt. Außer der Verteidigung der Autonomiebestrebungen in ihren Hochburgen gegen Übergriffe von Paramilitärs sowie Projekten, die mit ihrer unmittelbaren sozialen Basis in diesen Hochburgen in Chiapas zu tun haben, ist in der mexikanischen Innenpolitik vom Zapatismus nicht viel zu vernehmen. Versuche, mittels hochkarätig besetzter Foren wie dem Kolloquium Aubry Mitte Dezember 2007 wieder internationales Echo zu erzeugen, schlagen längst nicht mehr so hohe Wellen wie vergleichbare Initiativen davor. Im Unterschied zu den vorangegangenen politischen Phasen hat der Zapatismus in innerlinken Debatten Mexikos seine Rolle als Impulsgeber weitgehend eingebüßt. In den dynamischen sozialen Basisbewegungen Mexikos ist der Zapatismus als eigenständige und möglicherweise vorantreibende Kraft nicht präsent. Wie konnte es dazu kommen, dass diejenige außerparlamentarische linke Kraft, die Mitte der 1990er Jahre eine zentrale Funktion für die gesamte Oppositionsbewegung gegen das PRI-Staatsparteiensystem übernommen hatte, heute nicht nur in gesamtgesellschaftlicher Hinsicht, sondern auch in der innerlinken Debatte am Rand der Ereignisse positioniert ist? Der Mexiko-Spezialist Gerold Schmidt (2004) brachte es auf den Punkt: »Die EZLN von heute ist nicht die EZLN vom Januar 1994.« Der Subcomandante Marcos (2007) formulierte auf einem Treffen der Zapatistensolidarität in Jojutla (Morelos): »Die Geschichte unserer zapatistischen Bewegung, der EZLN, wurde mehrmals umgestürzt. Dies betrifft die Art und Weise, wie wir die Welt sehen und wie wir das Politikmachen sehen.«

## 2.1. Metamorphosen des Zapatismus

Ein Blick in die Geschichte der EZLN soll dabei helfen, uns die mehrfachen Metamorphosen der Zapatisten zu vergegenwärtigen. So können wir auch die heftigen politischen Schwankungen zwischen antikapitalistischer Revolution, bewaffneter Erhebung mit demokratischem Programm und indianischer Autonomiebewegung besser nachvollziehen. Auch das Pendeln zwischen flexibler Bündnispolitik und Sektierertum. Denn diese Pole finden sich in der langen Geschichte des Zapatismus in den unterschiedlichsten Mischungsverhältnissen.

**Vom guevaristischen Guerillafocus zum Aufstand (November 1983 – 1. Januar 1994):**
Der winzige, von etwa einem Dutzend radikalisierter städtischer Mittelklasseangehöriger gegründete Guerillafocus operierte von seiner Gründung an bis etwa 1988 räumlich und sozial vollkommen isoliert. Mit einer Mischung aus guevaristischen und maoistischen Versatzstücken wollten die städtischen Mestizen ausgehend vom Lande eine nationale und revolutionäre Befreiungsbewegung aufbauen, mit dem Ziel einer sozialistischen Revolution. Das war ein Ansatz, wie er in unterschiedlichsten Schattierungen in den sechziger, siebziger und achtziger Jahren in vielen anderen Ländern Lateinamerikas unter großen menschlichen Opfern, in der Regel aber erfolglos versucht worden war. Erst nach einigen Jahren, zwischen 1988 und 1992, kam es zu Kontakten zwischen der Gründungsgruppe mit den indianischen Gemeinden, die im Umfeld der Guerillacamps in Chiapas siedelten. Die zunehmende Einbeziehung der Indígenas änderte die Anschauungen der Ursprungsgruppe. Der Einfluss wuchs, die EZLN wurde gegründet und wandelte sich vom ursprünglichen Revolutionsprojekt mit bundesweiter Zielsetzung in ein Selbstverteidigungsorgan der Indígena-Gemeinden mit einer defensiven Strategie gegen die Übergriffe örtlicher Großgrundbesitzer.

**Aufstand 1994**

Etwa ab 1992, so spätere Verlautbarungen der EZLN, begann die Vorbereitung des Aufstandes, der dann am 1. Januar 1994 losbrach. Es war eine regionale, vor allem von indianischen Campesinos getragene Aktion mit offensivem militärischem

Charakter. Das Ziel bestand darin, die Rahmenbedingungen zu verändern, um den Sturz des PRI-Regimes und den Beginn einer demokratischen Revolution im ganzen Land zu ermöglichen. Es handelte sich militärisch gesehen, so Marcos später, im Grunde um eine Verzweiflungsaktion, einen »Krieg gegen das Vergessen«. Politisch wurde die Aktion ein Riesenerfolg. In der programmatischen »Ersten Erklärung aus dem Lakandonischen Urwald« ging es um »Land und Freiheit«, die Befriedigung von Grundbedürfnissen und Demokratie. Es gab in der Begründung für den Aufstand weder einen expliziten Bezug auf die Indígenas noch wurde der Kapitalismus als System grundsätzlich verworfen. Vielmehr wurde eine Kritik an den negativen Folgen des neoliberal geprägten NAFTA-Vertrages zwischen Mexiko, USA und Kanada geäußert, wie sie auch in anderen Kreisen der außerparlamentarischen und parlamentarischen Linken verbreitet war. Das qualitativ Neue war die überraschende Wucht und Entschlossenheit, mit der die EZLN sich gegen das vermeintlich Unveränderliche auflehnte. Neu war auch die Sprache, mit der sie in Gestalt ihres Sprechers Marcos ihr Tun begründete. Dieses moralische Moment, Art und Inhalt der Kommunikation mit der staunenden Bevölkerung, die Verhasstheit des PRI-Regimes sowie die von breiten Schichten akzeptierbare demokratisch-revolutionäre Programmatik brachte Hunderttausende dazu, zum Schutz der bis dahin völlig unbekannten Zapatisten auf die Straße zu gehen und so der Regierung die ursprünglich beabsichtigte militärische Lösung unmöglich zu machen. Die außerparlamentarische Linke, die institutionellen Mitte-Links-Kräfte um die PRD, die demokratische Öffentlichkeit in Mexiko sowie die außerparlamentarische Linke weltweit fassten den Zapatistenaufstand aus jeweils unterschiedlichen Gründen als Signal der Hoffnung auf. Die Erhebung in Chiapas diente ihnen als Ansporn für einen neuen Zyklus eigener Aktivitäten. Der siegessicheren neoliberalen Elite und ihrer Inkarnation in Mexiko in Person des Präsidenten Carlos Salinas de Gortari gefror das zynische Siegerlächeln vorübergehend auf den Lippen.

**Demokratischer Übergang (1994 – 1996)**

Nach der Erhebung formierte sich in positiver Bezugnahme auf die politisch-militärische Organisation EZLN der Zapatismus als öffentlich agierende politische Bewegung. In den Jahren zwischen 1994 und 1996 verhandelte die EZLN mit der autoritären PRI-Regierung über ihren demokratischen Reformkatalog. Dessen Verwirklichung hätte den Sturz des PRI-Staatsparteiensystems impliziert, wies insofern einen objektiv revolutionären Charakter auf. Im Bündnis mit der von Marcos aktiv umworbenen nationalen und internationalen Zivilgesellschaft, darunter viele von Marcos kontaktierte Künstler und Intellektuelle, konnte sich die EZLN als Sprachrohr einer demokratisch-revolutionären Tendenz etablieren, deren Einfluss weit über die Anhängerschaft der EZLN hinaus reichte. Erstmals seit der Niederlage des Sandinismus konnte eine Aufstandsbewegung wieder in nennenswertem Umfang Brücken zu Intellektuellen schlagen und diese für eine Debatte über die Kritik am neoliberalen Status quo und den Aufbau einer neuen gesellschaftlichen Perspektive gewinnen. Der Zapatismus mauserte sich zum Hauptkontrahenten des PRI-Regimes, das bis dahin von der Exekutive aus die Legislative, die Justiz und die veröffentlichte Meinung unangefochten kontrollierte, und erreichte in dieser Phase den Höhepunkt seiner Bedeutung. Die Zapatisten vertraten in dieser Phase nicht nur ihre eigenen demokratisch-revolutionären Forderungen, sondern verfochten implizit und explizit demokratische Anliegen, die auch von den außerparlamentarischen und parlamentarischen Linken sowie städtischen Mittelschichten verlangt wurden. Dieses Zusammenfallen verschiedener Stränge der PRI-Gegnerschaft verlieh den Initiativen des lediglich in einem Teil von Chiapas solide verankerten Zapatismus Gewicht und Durchschlagskraft. Die EZLN erkannte diese Situation und wollte mit der »Nationalen Befreiungsbewegung« (MLN), dessen Führung sie dem Chef der Mitte-Links-Partei PRD, Cuauhtémoc Cárdenas, antrug, ein neues politische Instrument schaffen. Um diesem breiten Spektrum von unzufriedenen städtischen Mittelschichten, diversen linken Tendenzen bis hin zu den Zapatisten nicht zusätzlich Argumente und Legitimität zu verschaffen, mäßigte die Regierung Salinas de Gortari ihren aggressiven Kurs und stimmte widerwillig einem Dialog zu. Neben der starken Resonanz in den mexikanischen Unterschichten sowie unter Teilen der städtischen Mittelschicht, die sich die Demokratie-Kritik an der PRI zu eigen machten, fungierte die EZLN weltweit als Impulsgeber für eine »Internationale der Hoffnung«. Sie initiierte erste Ansätze einer internationalen Bewegung gegen die neoliberale Globalisierung. Die Versuche, den Zapatismus in ganz Mexiko organisatorisch zu etablieren (Nationale Befreiungsbewegung; Nationale Demokratische Konvention; Zapatistische Front), scheiterten jedoch. Die EZLN schaffte es in der Hochphase ihres Einflusses nicht, die breite Unterstützung in ganz Mexiko in verbindlichen Strukturen zu organisieren und so auf längere Sicht zu festigen. Ihre Struktur blieb auf die von Indígenas bewohnten Einflusszonen in Chiapas beschränkt. Daraus resultierte ein Spannungsverhältnis von allgemeingültigen demokratischen Forderungen einerseits und der organisierten sozialen Basis mit ihren spezifischen Interessen andererseits.

### Indígena-Rechte: Kampf um die Verträge von San Andrés (1996 – 2001)

Die PRI verfolgte eine mehrdimensionale Strategie, um ihre Vormachtstellung unter geänderten Bedingungen festzuschreiben. In Verhandlungen mit der gestärkten konservativen PAN, der ebenso gestärkten links-zentristischen Partei PRD stimmte sie einer kontrollierten Demokratisierung staatlicher Institutionen und Verfahrensweisen zu. Auf diese Weise kam sie den städtischen Mittelklassen und der institutionell orientierten Linken entgegen. Die bis dahin geeinte Demokratiekritik an der PRI spaltete sich auf: Einer parlamentsorientierten Mehrheit um die PRD mit Schwerpunkt im Großraum Mexiko-Stadt stand eine Minderheit von Zapatisten, außerparlamentarischer Linken und Indígenas gegenüber, welche in fest von der PRI kontrollierten ländlichen Zonen ihre Bastionen hatten und die politische Öffnung für ein weiteres Manöver der PRI hielten, um ihre Vorherrschaft zu sichern. Parallel zur Öffnung des politischen Systems für die Oppositionsparteien verhandelte die PRI-Regierung mit den Zapatisten über einen Punkt aus deren umfassendem Forderungskatalog, die Indígena-Rechte. Eine Regierungsdelegation unterzeichnete auch das Ergebnis, die Verträge von San Andrés, welche weitreichende Autonomierechte vorsahen. Gleichzeitig trieb die Regierung die Militarisierung und Paramilitarisierung von Chiapas voran, um die Basis der EZLN zu spalten und zu schwächen (Ross, 2000: 119ff.). Die Regierung Zedillo unternahm in der zweiten Hälfte der 1990er mehrere Anläufe, um die EZLN zu zerstören. Die EZLN begegnete der verringerten Bereitschaft der städtischen Mittelschichten und der parlamentarischen Opposition, sich für ihre Anliegen einzusetzen, mit einer Strategie-Änderung. Sie verlegte sich vor allem auf Bündnisse mit indianischen Organisationen, verstärkte ihren Anti-Wahl-Akzent und bewegte sich von der PRD weg, der sie immer offener das Verwobensein mit der politischen Klasse vorwarf. Die EZLN grenzte sich auch nach links gegenüber der Mitte 1996 aufgetauchten EPR-Guerilla deutlich ab. Deren Konzept der Machteroberung teile man ebenso wenig wie deren Methoden. Der Subkommandant Marcos bzw. das intellektuelle Umfeld der EZLN wie etwa Ana Esther Ceceña oder der bereits erwähnte John Holloway theoretisierten in der zweiten Hälfte der neunziger Jahre den Kursschwenk weg von der demokratisch-revolutionären Alternative und hin zum schwerpunktmäßigen Kampf um Indígenarechte. Sie betonten, das neue revolutionäre Subjekt befinde sich nicht in den Fabriken, sondern in den Tiefengründen des Sozialen. Der Name des Subjekts sei nicht mehr »Proletarier, sondern Mensch«, nicht mehr »Ausgebeutete, sondern Ausgeschlossene«. »Ihre Sprache ist metaphorisch, ihre Überzeugung demokratisch, ihr Sein indianisch und kollektiv« (Marcelo Barrera / Juan Rey: 2006).

Nach der Weigerung der PRI-Regierung, die von ihren Unterhändlern bereits unterzeichneten San-Andrés-Verträge im Parlament zu ratifizieren, zog sich die EZLN in ihr Einflussgebiet und ein langes Schweigen zurück. Die pro-zapatistische Bewegung in den übrigen Landesteilen hing indessen förmlich in der Luft. In der Zwischenzeit verlor die PRI beträchtlich an Einfluss. Bei Wahlen konnten im Zeitraum zwischen 1997 und 2000 sowohl die konservative PAN als auch die links-zentristische PRD Erfolge verbuchen. Mit dem friedlichen Ende des PRI-Staatsparteiensystems im Jahr 2000, das von Marcos für unmöglich erachtet worden war, verlor die bis dahin geäußerte Demokratiekritik der EZLN einen Teil ihrer faktischen Grundlage. Die Zapatisten quittierten die Veränderungen des politischen Systems lange mit Schweigen. Dieses wurde erst im Vorfeld des großen Marsches auf Mexiko-Stadt im Jahre 2001 wieder gebrochen. Hier unternahm die EZLN ihre bislang letzte große Kraftanstrengung, um mit einer erneut breit angelegten Massenmobilisierung die Indígena-Rechte auf eine gesetzliche Grundlage zu stellen. Der Zapatismus übernahm wie schon 1994 für die gesamte Opposition die wichtige Funktion, die Lähmung der linken und fortschrittlichen Bewegungen in einer ungünstigen Konstellation aufzubrechen. Der selbstsichere Präsident Fox, der getönt hatte, die Probleme in Chiapas in »15 Minuten« zu lösen, geriet erstmals ernsthaft von links unter Druck. Eine außerparlamentarische Kraft erhob von links außen urdemokratische Forderungen und fand für ihr Anliegen breite Zustimmung. Dieser Anlauf, per Reformgesetze in ihrem Sinne Indígena-Anliegen abzusichern, scheiterte. Die EZLN machte nicht zuletzt die PRD dafür verantwortlich. Das Verhalten der PRD wurde pauschal als »Verrat« gewertet. Diese Kritik, die sich auf das Abstimmungsverhalten im Senat und das Mitwirken bei Ausführungsbestimmungen der Gesetze konzentriert, ist insofern zu kurz gegriffen, als sie die Weigerung von Marcos und der EZLN-Führung außer Betracht lässt, die PRD aktiv in die eigene Strategie einzubinden. Im Umfeld des Marsches auf Mexiko-Stadt hatte die EZLN dazu keinerlei Anstrengungen unternommen. So verweigerte etwa Marcos ein Treffen mit Spitzenpolitikern der PRD, als er sich in Mexiko D.F. befand. Die EZLN unternahm gar nichts, um innerhalb der institutionellen Linken und anderen demokratischen Kräften die operative Absicherung ihres Gesetzesentwurfs im Parlament zu bewerkstelligen. Sie setzte ausschließlich auf Druck von der Straße und suchte mit einer Strategie des »Alles oder Nichts« die Konfrontation mit dem gesamten politischen System. Von den anderen Organisationen der außerparlamentarischen Linken hielt sich die EZLN ebenso fern. Als sich PRI/PAN mit ihrer Variante durchsetzen und die PRD auf deren »Verbesserung« setzte, wetterte die EZLN gegen das Parteiensystem an sich, ohne weiter zu differenzieren. Damit verbaute sich die EZLN die Möglichkeit, mit fortschrittlichen Strömungen der PRD Bündnisse einzugehen. EZLN-Sprecher Marcos markierte in seiner Bilanz »Die Zapatisten und die andere Kampagne« exakt an diesem Punkt den Bruch des Zapatismus mit der PRD und ihrem intellektuellen und sozialen Umfeld. In der Unfähigkeit bzw. Unwilligkeit zwischen verschiedenen Strömungen und Interessenskoalitionen innerhalb der linkszentristischen PRD zu differenzieren, sehe ich eine sektiererische Wendung der EZLN, die sich schon länger abgezeichnet hatte und die in ihrer ebenso radikalen wie pauschalen Anti-PRD-Position seit einigen Jahren geradezu zum Markenzeichen des Zapatismus wurde.

Mit dem Marsch auf Mexiko-Stadt kam die mehrere Jahre andauernde Umorientierung von einer bündnisfähigen und -willigen demokratisch-revolutionären hin zu einer selbstbezüglichen indianischen Autonomiebewegung zum Abschluss. Auf die Binnenwirkung der EZLN in ihren Hochburgen in Chiapas dürfte dies keinen negativen Einfluss ausgeübt haben. Denn das Binnenverhältnis zwischen EZLN, Unterstützungsbasis und übriger Bevölkerung in ihren Einflussgebieten, das für die reale Verankerung als politische Organisation von entscheidender Bedeutung ist, wurde durch den bündnispolitischen Kursschwenk nicht berührt. Anders verhält es sich mit der Außenwirkung des Zapatismus: In Bezug auf die parlamentarische und außerparlamentarische Linke Mexikos und die demokratische Öffentlichkeit Mexikos verringerte die Wende zur indianischen Autonomiebewegung Spielräume und Berührungspunkte ganz entscheidend. Eine Entfremdung zwischen Zapatismus und seinen städtischen Bündnispartnern war die Folge. Die negativen Auswirkungen für die internationale Außenwirkung waren geringer, da die erwähnte EZLN-Kursänderung kaum bzw. nur sehr oberflächlich rezipiert wurde. In der Soli-Öffentlichkeit standen häufig, wie etwa bei Anne Huffschmid (2004), politische Diskurse, Symbole, Begriffe, Metaphern bzw. das Charisma von Marcos und weniger sozio-politische Realitäten ganz Mexikos im Fokus der Aufmerksamkeit. Von den verschiedenen linken Strömungen Lateinamerikas wurden die Zapatisten zwar wohlwollend und solidarisch beobachtet, politische Allianzen ergaben sich wegen unterschiedlicher Politikverständnisse jedoch nicht.

### Autonomie von unten (2001 – 2005)

Nachdem klar war, dass es keine Chance gab, die San-Andrés-Verträge in ihrer ursprünglichen, von den Zapatisten akzeptierten Form durchs Parlament zu bringen, konzentrierte sich die EZLN wieder auf ihre Einflussgebiete in Chiapas um, wie es Luz Kerkeling (2007) auf den Punkt brachte, »Autonomie zu praktizieren«. Dort begann sie eine »Autonomie von unten«, jenseits von Staat und politischem System ins Werk zu setzen. Sie gab im August 2003 die Gründung von kommunalen Selbstverwaltungsgremien, »Räten der guten Regierung«, und fünf regionaler Selbstverwaltungszentren, den *Caracoles* (dt.: Schneckenhäuser) bekannt. Jeweils mehrere autonome Landkreise sind zu einem Schneckenhaus zusammengeschlossen. »Dabei«, so Luz Kerkeling (2007), »handelt es sich um Logistikzentren, in denen sich neben großen Versammlungshallen, Läden, Werkstätten, Kultureinrichtungen oder Sportplätzen auch kleine Hospitäler befinden«. Die *Caracoles* haben eine demokratisch gewählte Leitung, die für die Außenbeziehungen sowie die Umsetzung der gemeindeintern getroffenen Entscheidungen verantwortlich ist. Die Leitung ist jederzeit abwählbar, sollte sie nicht »gehorchend befehlen«. Auf diese Weise sollen auf lokaler Ebene zivile Strukturen unabhängig von den militärischen Strukturen der EZLN und unabhängig von jedweder staatlichen Hilfe und Einmischung entstehen. Die EZLN zog ihre militärischen Einheiten weiter aus den 38 autonomen Gemeinden zurück. Im Rahmen des internationalen »Treffens zwischen den zapatistischen Gemeinden und den Völkern der Welt«, das um die Jahreswende 2006/2007 in Oventic stattfand, berichteten Sprecherinnen der *Caracoles* über die bisherigen Erfahrungen mit ihrer Autonomie von unten. Keine andere linke oder linksradikale Bewegung Mexikos verfügt über einen derart reichen Schatz von real gelebter Gegenmacht. Diese Binnendimension zapatistischer Politik ist es, die vorbildhaft für andere ländliche Gegenden sein kann. Sowohl in Oaxaca unter dem gesetzlichem Schutz der *usos y costumbres,* als auch in einigen Gegenden von Guerrero versuchen legale und halblegale Bewegungen unter den Stichworten »Autonomie« bzw. »*Poder popular*« vergleichbare Ansätze real gelebter Gegenmacht zu etablieren. Auf diese Weise ist die Unterstützung einer radikalen außerparlamentarischen Organisation oder gar Untergrundbewegung nicht nur mit Verzicht und Opferbereitschaft bis hin zum Tod, sondern auch mit der Aussicht auf eine bessere konkrete Lebensalternative verbunden. Vertritt eine Organisation wie die EZLN oder wie die Guerillabewegungen ERPI und TDR-EP oder die magonistische Untergrundgruppe MI-RFM in Oaxaca eine derartige Konzeption, so kann dieser Ansatz zur politischen und sozialen Selbstermächtigung gerade in pauperisierten ländlichen Zonen auf extrem marginalisierte Bevölkerungsgruppen sehr anziehend wirken. Vor allem aus Guerrero und Oaxaca gibt es dafür Hinweise. Allerdings ist mit Immanuel Wallerstein (2008) die Frage zu stellen, ob diese Autonomie von unten dauerhaft sein kann, angesichts fortwährenden Drucks von Seiten des Staates. Ohne »ernsthaften politischen Wandel«, so Wallersteins Befürchtung, hängt die Autonomie von unten, so positiv sie nach innen auch wirken mag, auf Grund der äußeren Bedingungen an einem seidenen Faden.

Ungeachtet der attraktiven Binnenwirkung sowie der wertvollen Erfahrungen in Sachen Demokratie von unten, Selbstverwaltung und Selbstregierung handelt es sich bei der De-Facto-Autonomie in Chiapas, in autonomen Landkreisen in anderen Bundesstaaten oder bei den Keimformen des Poder popular um lokale Ansätze, die auf die mexikoweite Dynamik der politischen Kräfte keinen unmittelbaren Einfluss haben. Mit der Konzentration auf die lokale Autonomie, die mit heftigen verbalen Attacken auf die opportunistische Politik der PRD einherging, verloren die Zapatisten einen Teil ihrer verbliebenen Außenwirkung. Aus Sicht der städtischen Mittelschichten und der linkszentristischen Partei PRD war die

EZLN gewissermaßen wieder in den Urwald zurückgekehrt und kreiste dort um ihre spezifischen Angelegenheiten. Dort war sie auch für Präsident Fox kein größeres Hindernis mehr. Er konnte es sich ungestraft leisten zu verlautbaren, die Probleme mit der EZLN seien gelöst.

## 2.2. *La Sexta/La Otra:* Antikapitalistische Wende

Im Juni 2005 kündigte die EZLN eine neue politische Initiative an. Sie zog in der »Sechsten Lakandonischen Erklärung« eine Zwischenbilanz ihrer Politik. Als Ergebnis einer breiten Diskussion ihrer Basis und als Reaktion auf die militärische Einschnürung in ihren chiapanekischen Hochburgen kündigte sie eine antikapitalistische Ausrichtung und die Gründung eines Instruments zu deren Umsetzung an, die »Andere Kampagne«. Die Sechste Erklärung birgt eine Reihe von Überlegungen, welche im Ergebnis einen weiteren grundlegenden Kurswechsel begründen. Die EZLN formuliert zum ersten Mal, wenn auch schematisch und nicht besonders tiefschürfend, eine Grundsatzkritik am Kapitalismus und folgert, dass die EZLN antikapitalistisch ist. Des Weiteren definiert sie sich nicht nur als »rebellisch« gegenüber dem Neoliberalismus, sondern sieht die Notwendigkeit, eine grundlegende gesellschaftliche Alternative zum Kapitalismus zu entwickeln. Die Weigerung des Parlaments, die Verträge von San Andrés in ihrer vereinbarten Fassung zu verabschieden, zeige, dass es im peripheren Kapitalismus mexikanischer Prägung keinen Spielraum für die Anerkennung der Indígena-Rechte gebe. Die Zunahme der sozialen und ökonomischen Polarisierung mache den mexikanischen Kapitalismus immer abhängiger und ungleicher. Daraus leite sich die Notwendigkeit ab, den Kapitalismus zu überwinden. Deshalb sei es nötig, »ein nationales Kampfprogramm zu schaffen, aber eines, das links und antikapitalistisch, anti-neoliberal, für die Gerechtigkeit, die Demokratie und die Freiheit des Volkes« sei. Es solle ein Bündnis »mit Personen der Linken« geschmiedet werden, das nicht nur für die Indígenas, sondern auch für die »Ausgebeuteten und Entrechteten« kämpfen solle. Es gebe eine Vielzahl von widerständigen Potentialen und Kampferfahrungen. Man sehe die Möglichkeit und Notwendigkeit diese in der Anderen Kampagne zu bündeln. Subkommandant Marcos sprach in diesem Zusammenhang von »dem Regenbogen, von dem wir immer geträumt haben«. Die EZLN betont, dass dieser Kampf friedlich und ohne Waffen erfolgen soll. In verschiedenen linken und linksradikalen Spektren wurde die Idee einer gemeinsamen, breit angelegten, antikapitalistischen und staatskritischen Bewegung wohlwollend bis enthusiastisch aufgenommen. Auch bewaffnete Untergrundbewegungen wie TDR-EP, ERPI und MI-RFM, die auf die Herausbildung von Keimformen einer gesellschaftlichen Alternative schon unter den aktuellen

Bedingungen setzen, zeigten sich aufgeschlossen. Indigene Bewegungen in ganz Mexiko sowie kleinere Kollektive vorwiegend junger Leute waren begeistert mit dabei. Der Aufruf zur Gründung einer Anderen Kampagne wurde von nahezu allen außerparlamentarischen Kräften als wertvoller Beitrag zur Selbstermächtigung aufgefasst und brachte den Zapatisten wieder viel Zustimmung und Anerkennung ein. In einer Rundreise, die in den ersten Monaten des Jahres 2006 stattfand, versuchte die EZLN-Leitung ihr Prestige in die Waagschale zu werfen, um vor Ort die Gründung von Basisstrukturen der Anderen Kampagne mit anzuschieben. Dabei sah die EZLN ihre Rolle darin, »zuzuhören und zu lernen«. Man wollte sich bewusst vom Avantgardismus der traditionellen Linken unterscheiden. Wenig beachtet von den Massenmedien entstanden so in den ersten Monaten des Jahres 2006 an vielen Orten Initiativen, die von verschiedenen Seiten im Grundsatz positiv bewertet wurden, weil man sie als konkrete Bausteine für eine »soziale Vetomacht von unten« bewertete. Allerdings blieb die Selbstdefinition dieser in der Anderen Kampagne zusammenfließenden Kräfte ungeklärt. Sollte es sich um eine Front, ein Bündnis antisystemischer Kräfte handeln oder eine »Bewegung der Bewegungen? Sollte man versuchen eine »nationale Organisation der antikapitalistischen Linken aufzubauen oder besser ein loses Netzwerk, das dadurch gekennzeichnet sein sollte, dass es explizit nicht um die politische Macht kämpft?« (Gutiérrez, 2006: 2ff.)

Die innewohnende politische Problematik des Ansatzes schälte sich im Verlaufe der zunehmend schärferen Wahlauseinandersetzung zwischen dem neoliberalen Block um die PAN einerseits und López Obrador andererseits immer deutlicher heraus. Die Einteilung der mexikanischen Welt in »die da oben« und »wir hier unten« erwies sich als zu reduktionistisch. Der Versuch diejenigen zusammenzuschließen, die »links« unten« sind und jede Verständigung mit Sektoren von vorneherein auszuschließen, die mehr zu verlieren haben als ihre Ketten, erwies sich als strategische Sackgasse. Die scharfen Angriffe auf die PRD und López Obrador in einer Gesamtsituation, in der ihn die neoliberale Rechte umfassend unter Beschuss nahm, verbaute den Zapatisten und in ihrem Gefolge der Anderen Kampagne die Möglichkeiten mit denjenigen in einen fruchtbaren Dialog zu treten, die Hoffnungen auf López Obrador setzten. Die scharfe Anti-PRD-Linie führte auch innerhalb der Anderen Kampagne zu Kontroversen und katapultierte die Zapatisten wieder in die politische Isolation zurück, die sie mit ihrem Kurswechsel gerade dabei waren hinter sich zu lassen. Selbstkritische Anhänger der Anderen Kampagne wie Barrera/Rey (2006: 1) nehmen dies als ernstes Problem wahr, während andere wie Liera (2008: 5ff.) weiter auf die »Heuchelei«, den »Opportunismus« der PRD und das »komplizenhafte Schweigen der Medien« eindroschen, ohne auch nur einen Gedanken darauf zu verschwenden, ob deren konkrete Politik auch etwas mit der eigenen Haltung zu tun haben könnte. Die Weigerung, den scharfen Anti-PRD-Kurs abzumildern sowie das unverständlich lange Schweigen zu der Rebellion in Oaxaca, an der maßgeblich dogmatische marxistisch-leninistische Gruppierungen mitbeteiligt waren, mit deren autoritären Politikvorstellungen die EZLN genauso wenig anfangen kann, wie mit jenen der PRD, ließen die hoffnungsvoll gestartete Andere Kampagne meiner Einschätzung nach versanden.

In seiner vierteiligen Bilanz unter dem Titel »Die Zapatisten und die andere Kampagne: Die Fußgänger der Geschichte« (September/Oktober 2006) fasst Marcos deren Zwischenergebnisse aus seiner Sicht zusammen. Kennzeichnend scheinen mir vor allem die Pauschalisierungen darin. So wird etwa die PRD mit der politischen Klasse gleichgesetzt. Diese Bewertung löste eine ebenso eindimensionale und geradezu erschreckend platte Betrachtung ab, wonach die Zapatisten in der Anfangszeit nach dem Aufstand gedacht hatten, dass es sich bei der PRD um »ehrliche, konsequente und natürliche Verbündete aller Volkskämpfe« gehandelt habe. Es sei, so Marcos, grundsätzlich ein Fehler gewesen auf Dialog zu setzen und dazu »ein Gespräch mit der politischen Klasse« aufzubauen. Der neue Schritt der EZLN werde sich gegen alle Politiker richten. Man müsse dazu eine frontale und radikale Kritik der gesamten politischen Klasse in ihrer Gesamtheit bringen, ohne weiter zu unterscheiden. Dazu wende man sich direkt an einfache, bescheidene Leute und nicht an dazwischengeschaltete Organisationen. Von diesen hält Marcos nicht allzu viel, wie aus seinen Ausführungen über Streitigkeiten in der ersten Phase der Anderen Kampagne deutlich wird. Bis auf wenige Ausnahmen werden alle anderen organisierten Gruppierungen negativ etikettiert, wobei Marcos an mehreren Beispielen betont, dass sie nur wenige seien, Versammlungen lediglich majorisierten und manipulierten und keine reale Verankerung aufweisen würden. Insgesamt sei die erste Phase der Anderen Kampagne jedoch als Erfolg zu werten.

Raquel Gutiérrez (2006) und Massimo Modonesi (2006) kamen zu ganz anderen Einschätzungen. In ihren solidarischen, aber differenzierten und selbstkritischen Einschätzungen kommen sie zu dem Ergebnis, dass es *La Otra* nicht gelungen ist, sich in eine »reale soziale Kraft« zu verwandeln (Gutiérrez, 2006: 3). Modonesi sieht das ähnlich. Unter der Führerschaft von Marcos sei es zu einer Allianz zwischen Indígenas und einigen Kernen der revolutionären Linken gekommen, wobei letzteres angesichts der antikapitalistischen Wende nicht überrasche. Die mit der Sechsten Erklärung intendierte Öffnung und Grundsteinlegung für einen breit angelegten Prozess sei jedoch als gescheitert zu betrachten, befinde sich auf halbem Weg oder habe noch nicht einmal richtig begonnen, wenn man berücksichtige, dass die grundlegenden Ziele nicht erreicht wurden.

### Weitere Kräfte in *La Otra*

Neben der EZLN gibt es eine ganze Reihe weiterer Kräfte aus anderen Landesteilen und politischen Traditionen, die sich positiv auf die Andere Kampagne beziehen oder dort aktiv mitwirken. Juan Rey (2007) hat auf Grundlage der EZLN-Informationen einen Überblick zusammengestellt. Demzufolge definierten sich in Mexiko im Jahre 2007 etwa 1100 Organisationen als Anhänger der Anderen Kampagne. Von diesen insgesamt 1100 Nennungen sind 400 Kollektive, 100 Indígena-Gemeinden, laut ihrer eigenen Definition 200 – 300 soziale Organisationen und viele, die sich zu keiner der oben genannten Kategorien zugehörig fühlten. Die Anhänger der Anderen Kampagne sprachen in diesem Zusammenhang von den fünf Fingern: Indígena-Gemeinden, radikalisierte und in Kollektiven organisierte Mittelklasseangehörige, Prekariat (schlecht bezahlte Arbeitskräfte, nicht die großen Gewerkschaften), die am meisten ausgeschlossenen Sektoren der Unterklassen (kleine Netzwerke von Sexarbeiterinnen, Punks, Homosexuellen, Lesben) und repäsentativere soziale Organisationen.

Dieses bunte Mosaik setzt sich in den einzelnen Bundesstaaten jeweils sehr unterschiedlich zusammen und auch die Beziehungen zur EZLN variieren erheblich. In einigen Landesteilen ist die Bewegung gut strukturiert, homogen und es herrscht politischer Konsens, in anderen gibt es dagegen ausgeprägte Differenzen. Mit dem Organisationsgrad verhält es sich ebenso. Generell fühlen sich Leute angezogen, die auf der Straße agieren wollen und sich mit ihrer Politik nahe an den Menschen orientieren, sei es in Schulen, Universitäten oder Barrios. In diesem Sinne gibt es für die EZLN durchaus potentielle Bündnispartner. Sollte sich jedoch Marcos mit seiner Neigung zu kräftigem Austeilen mittels grob geschnitzter Anwürfe durchsetzen oder sollte Marcos versuchen, als gemeinsamen Nenner einer solchen Bewegung seine spezielle Interpretation von Staats-, Parteien und Institutionenkritik vorzugeben, so wird die »Andere Kampagne« scheitern wie die vorherigen Versuche der EZLN, im ganzen Land organisatorisch Fuß zu fassen. Auch ein erneuter Tagesordnungswechsel von Antikapitalismus zu Indígena-Autonomie oder ein unklares Schlingern zwischen den beiden Polen, wie es sich seit Mitte 2007 abzeichnet, würde das Projekt gemessen an seinen Zielsetzungen zum Misserfolg verurteilen. Zu wünschen ist es nicht. Denn dadurch würde sich die EZLN weiter ins politische Abseits stellen und günstige Bedingungen für gewaltsame Angriffe auf ihre UnterstützerInnen in Chiapas schaffen. Dies könnte sich im schlimmsten Falle zu einem Rückschlag auswachsen, der die ganze ausserparlamentarische Linke mit träfe. Dass die Bundes- und Landesregierung darauf setzen, zeigen wiederholte Nadelstiche, Provokationen und Angriffe wie zuletzt die Armee- und Polizeiinvasion im zapatistischen Caracol La Garrucha vom Juni

2008. Vorwände lassen sich leicht finden. Seien es Streitigkeiten um Landbesitz oder seien es angebliche Drogenpflanzungen. Mit Verweis auf die Bekämpfung der Drogenkriminalität lässt sich, zumal im Grenzgebiet zu Guatemala, im Prinzip nahezu jede Armeeoperation rechtfertigen.

Sollten sich in der Anderen Kampagne und in der EZLN Kräfte durchsetzen, die auf eine Aktionseinheit mit anderen linken Spektren setzen, auch wenn diese nicht von vorneherein die spezielle Staats- und Institutionenauffassung des Zapatismus teilen, so wäre dies ein bedeutsamer Schritt hin zur Stärkung eines linksradikalen Flügels in einer breiteren Bewegung gegen das neoliberal-autoritäre Regime von Präsident Calderón. In diesem Sinne wäre es höchste Zeit in Form einer differenzierten Auseinandersetzung anzuerkennen, dass es außerhalb der PRD bedeutsame Akteure wie die APPO in Oaxaca oder die verschiedenen Guerillabewegungen gibt, die von ihren Zielsetzungen her mehr oder weniger große Schnittmengen mit dem Zapatismus und der Anderen Kampagne aufweisen. Allein aus diesem Grund ist die ständige konfrontative Gegenüberstellung aufrechte *La Otra* vs. opportunistische PRD obsolet. Aus Gründen, die nie dargelegt wurden, hat es Marcos bisher vermieden, differenziert zur Stärkung der außerparlamentarischen Linken Stellung zu nehmen. Im Hinblick auf die Anti-Privatisierungsbewegungen wäre es erforderlich, auch in das Schwarz-Weiß-Bild von gesellschaftlichem »Oben« und »Unten« differenzierende Grautöne einzubeziehen und, um es auf den politischen Punkt zu bringen, die Rolle des PRD-Flügels um López Obrador in seiner Ambivalenz zu analysieren und nicht einfach gleichzusetzen mit jener des neoliberalen Blocks. Sollte der Anderen Kampagne dieser Differenzierungsschritt nicht gelingen, wird sie in ihrer Außenwirkung in Richtung mexikanische außerparlamentarische und parlamentarische Linke, in Richtung national-populare Massenströmung und in Richtung Aufbau einer wirksamen anti-neoliberalen Oppositionsbewegung weitgehend einflusslos bleiben. Aber selbst in einem derart negativen Szenario bliebe den Zapatisten ihre Binnenwirkung in ihren Hochburgen erhalten. Es wäre jedoch für das ganze Land von Vorteil, wenn, wie in vorhergegangenen Phasen, die dort vorhandenen solidarischen und emanzipatorischen Potentiale wieder vorwärtstreibend in die politischen Auseinandersetzung eingebracht werden könnten. Der bereits zitierte Massimo Modonesi bringt ein zusätzliches Argument: »Gegenüber der staatlichen Gewaltanwendung darf es keine Spaltungen geben.« Nur eine breite soziale Front sei in der Lage die Repressionswelle, die alle Kräfte trifft, zu bremsen. Das kurzatmige Schielen auf Apparatelogik oder defensive Taktiken, um Mikroräume des Widerstands zu erhalten, seien beide nicht geeignet, die Expansion der eigenen Kräfte in Richtung einer realen sozialen Vetomacht in die Wege zu leiten. Diese sei jedoch erforderlich, um die Kräftekorrelation in einer nach wie vor zutiefst konservativen Gesellschaft nachhaltig zu verschieben.

Grund zur Hoffnung gibt die Tatsache, dass sich die Zapatisten schon mehrfach in ihrer Geschichte grundlegend neu orientiert haben, um Krisensituationen zu meistern. Bisher sind sie sich immer in einem treu geblieben sind: Weder gaben sie den Kampf für eine bessere Welt auf, noch ließen sie sich einschüchtern, bestechen oder kooptieren. Das über einen Zeitraum von 25 Jahren und das in Mexiko!

## 3. Revolutionäre Aufstands- und Guerillabewegungen – drei Strömungen

In über einem dutzend Bundesstaaten, die mehr als die Hälfte des nationalen Territoriums umfassen, operieren heute revolutionäre und zum Teil sozialistisch bzw. kommunistisch orientierte Guerillabewegungen. Seit den verstärkten Aktionen in den Jahren 2006/2007 und der Dialoginitiative der »Revolutionären Volksarmee« (EPR) vom April 2008 finden sie auch in den Massenmedien Beachtung. Die Ausweitung der Aktivitäten ging einher mit der Wiederaufnahme nennenswerter militärischer Aktionen. Insofern fand 2006/2007 ein Qualitätssprung statt. Die Guerilla verwandelte sich von einer potentiellen zu einer realen Bedrohung für das politische System. Sie etablierte sich als Akteur, der von allen politischen Kräften ernst genommen werden muss, weil sie eine reale politische und militärische Kraft darstellt. Trotz ihrer gemeinsamen Herkunft aus einem sehr engen und sehr spezifischen Spektrum des mexikanischen Linksradikalismus und trotz einer vergleichbaren sozialen Basis sollten die Guerillagruppen nicht mit dem Zapatismus in einen Topf geworfen werden. Denn sowohl ihr Selbstverständnis und ihre Selbstwahrnehmung als auch die Wahrnehmung durch die Gesellschaft trennen sie. Ihre Auffassungen und Zielsetzungen unterscheiden diese Gruppierungen zum Teil grundlegend vom heutigen Selbstverständnis des Zapatismus. Sie sind vor allem in verarmten und vernachlässigten Regionen im Süden Mexikos verankert, propagieren »alle Formen des Kampfes« und sehen im bewaffneten Kampf ein entscheidendes Element ihrer Strategie. Dieses Kriterium stellt sie außerhalb des Verfassungsrahmens und unterscheidet sie von anderen revolutionären Gruppierungen, die innerhalb der Legalität agieren. Jedoch weisen auch die Guerillabewegungen dem Militärischen derzeit lediglich eine Komplementärfunktion zur Hauptachse der Kämpfe zu: der politischen Organisierung und Aktion. Die bewaffneten Aktionen sind demzufolge als Beitrag zur Selbstverteidigung *(autodefensa armada)* der eigenen Organisation bzw. der sozialen Bewegungen defensiv angelegt. Hier spielt besonders die Eindämmung staatlicher Übergriffe und massiver Menschenrechtsverletzungen wie Verschwindenlassen, Folter oder Verhaftungen von Aktivistinnen und Aktivisten eine Rolle. Eine Offensivstrategie zur Eroberung der Macht steht aktuell bei keiner Gruppierung ganz oben auf der Agenda, wenngleich dies, mit Ausnahme der Zapatisten, letztlich das erklärte Ziel der Selbstorganisationsprozesse ist. Die Schwerpunkte der kleinen und von vielen Beobachtern lange übersehenen revolutionären Untergrundbewegungen liegen in Guerrero, Oaxaca und Chiapas. Nach Einschätzungen von Jorge Lofredo, dem Experten in Sachen mexikanischer Guerilla, gibt es gegenwärtig in etwa einem weiteren dutzend Bundesstaaten Aktivitäten dieser Gruppen. Der staatliche Geheimdienst CISEN sprach in einem Bericht, der zu Beginn des Jahres 2007 an die Öffentlichkeit gelangte, von »insgesamt 14 Gruppierungen, die vor allem in den Hochgebirgsregionen der Bundesstaaten zu finden sind, aber auch in den Landeshauptstädten sowie in Mexiko D.F. operieren« (Rodríguez, 2007). Unterschiedlichen Schätzungen zufolge, die jedoch empirisch nicht überprüfbar sind, können alle Guerillagruppen insgesamt mehrere hundert bis mehrere tausend Kämpfer mobilisieren. In einem Beitrag für *Enfoque* (16.12.07) gibt Sergio Aguayo Quezada die aktuelle Zahl der EPR-Kämpfer mit »nicht mehr als 200« an, wobei jedoch die »Polarisierung des Jahres 2006 hundert neue Militante« in die Reihen des EPR gedrängt habe. Bei all diesen Angaben ist die EZLN nicht mitgezählt. Mit Ausnahme einer kurzen Phase 1996/97 verfügt keine Organisation über Guerillafronten oder größere Kampfeinheiten. Vielmehr sind die Kräfte in Form von Kleingruppen strukturiert. Auf diese Weise ist es einfacher, durch die Maschen der Streitkräfte zu schlüpfen. Dies impliziert aber auch, dass die Guerilla keine größeren direkten Angriffe auf Armeeeinheiten durchführen kann. Dazu fehlt die nötige Feuerkraft. So bleiben als militärische Aktionsformen kleinere Sabotageakte, Propagandaaktionen wie Straßensperren und Nadelstichtaktiken gegen isolierte gegnerische Einheiten. Dazu kamen seit Juli 2007 als qualitativ neues Element von langer Hand vorbereitete Bombenanschläge gegen strategische Infrastruktureinrichtungen wie Öl- und Gaspipelines bzw. Pump- und Verteilerstationen. Diese können von spezialisierten und mobilen Kleinstgruppen mit Hilfe örtlicher Unterstützer verübt werden. Diese Aktionsform ist, was den unmittelbaren und mittelbaren wirtschaftlichen Schaden sowie den politischen Kontrollverlust betrifft, für Staat und Wirtschaft am schmerzhaftesten. Wenngleich es die offen erklärte Bereitschaft zur Anwendung militärischer Gewalt ist, welche die politisch-militärischen Organisationen von anderen linksradikalen und systemkritischen Tendenzen unterscheidet, so sollte nicht übersehen werden, dass derzeit ausnahmslos alle Guerillagruppen den Schwerpunkt ihrer Aktivitäten auf die politische Organisierung legen und nicht auf die bewaffnete Konfrontation mit dem Staat. Die erklärt auch, dass es in den letzten Jahren trotz einer verhältnismäßig großen Zahl von Guerillagruppen jeweils nur zu einigen wenigen bewaffneten Aktionen kam. Es handelte sich dabei vorwiegend um bewaffnete Propaganda. Jorge Lofredo registrierte im Zeitraum zwischen 2000 und 2006 gut zwei Dutzend Aktionen, durchschnittlich vier pro Jahr und etwa drei pro Gruppe. Allerdings haben Zahl und Qualität der Guerillaaktionen seither spürbar zugenommen. Lofredo zählte in den sechs Jahren unter Präsident Vicente Fox neun in irgendeiner Art und Weise aktive politisch-militärische Organisationen, wobei allein 2006 vier neue hinzu kamen (Lofredo, 21.9.06). Im Großen und Ganzen fächert sich heute die mexikanische Guerilla in drei Strömungen auf, die sich durch ihre unterschiedlichen Strategien und Taktiken differenzieren:

Strömung 1: Marxisten-Leninisten um die »Revolutionäre Volksarmee« (EPR) im Stile lateinamerikanischer Guerillas der 1970er Jahre; Konzept: verlängerter Volkskrieg (*Guerra Popular Prolongada*/GPP).

Strömung 2: Bewegungsnahe und aufstandsorientierte Kräfte um die »Demokratisch-Revolutionäre Tendenz – Volksheer« (TDR-EP) und die »Revolutionäre Koordination«; Konzept: Volksaufstand bzw. Aufbau des *Poder popular.*

Strömung 3: Pro-zapatistische Gruppierungen wie die »Revolutionäre Armee des aufständischen Volkes« (ERPI) oder die »Aufständischen Milizen – Ricardo Flores Magón« (MI-RFM); Konzept: sofortiger Aufbau des *Poder popular.*

Folgt man der von Jorge Lofredo entwickelten Charakterisierung, so ist die Herkunftsgeschichte der Hauptkräfte der heute aktiven Guerillagruppen zurückzuführen auf a) den Zapatismus und b) den Eperrismo. Mit letzterem bezeichnet er die Kürzel, die aus der 1994 als Sammlungsbewegung gegründeten und ab Ende der 90er Jahre wieder zerfallenden »Revolutionären Volksarmee« (EPR) entstanden sind. Seit einigen Jahren ist zudem zu beobachten, dass sich neue, kleine Organisationen zu Wort melden, die wie die »Revolutionäre Bewegung Lucio Cabañas Barrientos« (MRLCB) oder die Aufständischen Milizen Ricardo Flores Magón (MI-RFM) weder im Eperrismus noch im Zapatismus unmittelbare Wurzeln haben. Die Beziehungen zwischen den einzelnen Organisationen sind, betrachtet man den Zeitraum seit 1994, sehr wechselvoll. Nach dem Zusammenfließen von über einem Dutzend Gruppen in der EPR 1996, deren Gründung einen historischen Einschnitt und den Beginn einer neuen Phase der Guerillaaktivitäten markierte, folgte wenige Jahre später ein mehrjähriger Prozess von Abspaltungen, Aufsplitterungen und Neugruppierungen, der vorübergehend von heftigen innerorganisatorischen und zwischenorganisatorischen Feindschaften geprägt war. Diese gingen soweit, dass einige Organisationen andere Guerillagruppen als Hauptfeind betrachteten und die »eigentlichen« Konfliktlinien in den Hintergrund gerieten, welche ursprünglich zur Gründung der Guerillagruppen geführt hatten. Erst das Erstarken der Massenbewegung in Oaxaca im Jahr 2006 und das Verschwindenlassen zweier EPR-Kader im Mai 2007 in Oaxaca-Stadt hat einen Klimaumschwung herbeigeführt. Seither nimmt unter den politisch-militärischen Gruppen die Bereitschaft zu gemeinsamen Stellungnahmen und zu koordiniertem Handeln spürbar zu. Heute äußern sich alle Guerillabewegungen ähnlich: Sie wirken in Massenbewegungen mit, fördern Aktionseinheiten und verlangen die Respektierung aller Formen des Kampfes. Wie eine Pflanze Wasser, Erde und Sonne brauche, um wachsen zu können, benötige auch »unser Kampf von allem:

Wir befinden uns in der Phase der Aussaat und wir brauchen den bewaffneten Kampf ebenso wie offene soziale Bewegungen«, proklamierte beispielsweise die Revolutionäre Bewegung Lucio Cabañas Barrientos (MRLCB) am 30.1.08.

### Vorläufer der heutigen Guerillabewegungen

Die Tradition bäuerlicher Aufstandsbewegungen und insbesondere deren Bedeutung für die mexikanische Revolution kann nicht hoch genug eingeschätzt werden. Ihre Existenz und ihr Wirken schrieben sich in das moderne Mexiko ein. Trotz der politischen Einhegung und Institutionalisierung der Revolution riss die aufständische Tradition nie völlig ab. Sie wurde, wenn auch auf kleiner Flamme und zum Teil diskontinuierlich, mittels kleiner und häufig lokaler Gruppen fortgeführt. Aktuelle Meinungsumfragen haben ergeben, dass über 10% der Befragten für den bewaffneten Kampf Verständnis äußern. Die Journalistin und Sozialforscherin Laura Castellanos hat in ihrem 2007 erschienen Buch »México armado, 1943 – 1981« im genannten Zeitraum dreißig Gruppen registriert und dokumentiert, wobei die meisten Gruppen längst in Vergessenheit geraten sind. Es sind nur einige wenige, die als direkte Vorläufer und politische Referenz für die heute aktiven politisch-militärischen Bewegungen dienen. Deren Gründungsmitglieder und Führungskader wurden persönlich und politisch geprägt durch den »schmutzigen Krieg«, den Armee und paramilitärische »weiße Garden« vor allem im Laufe der siebziger und achtziger Jahre gegen linksradikale Gruppierungen geführt haben. Der selektiv angewendete Staatsterror hat in der ersten Hälfte der siebziger Jahre einige hundert Tote und »Verschwundene« gekostet (Schulz, 2000: 136). Menschenrechtsorganisationen geben an, dass der »schmutzige Krieg« insgesamt etwa 1500 Tote, 1000 politische Gefangene und über 500 »Verschwundene« zur Folge gehabt habe. Dennoch löste diese blutige Repressionswelle bis auf kleine Aktionen aus dem engsten persönlichen und politischen Umfeld der Betroffenen kaum öffentliche Reaktionen oder Proteste aus. Dass es in Mexiko unter der Ägide von gewählten PRI-Präsidenten wie Luis Echeverría und López Portillo, die sich international als Verfechter der Blockfreienbewegung und Beschützer der verfolgten Linken Südamerikas feiern ließen, einen blutigen Feldzug gegen kleine linksradikale Bewegungen gab, ist im Ausland auch heute noch weitgehend unbekannt. Dieser auf den ersten Blick überraschende Umstand hat Ursachen, innenpolitische und außenpolitische.

Bis zum Zapatisten-Aufstand hatten bewaffnete Gruppen nicht nur in der breiten Öffentlichkeit, sondern auch in weiten Teilen der linken Systemopposition Mexikos einen schlechten Ruf. Organisationen wie die »Revolutionäre Partei der Arbeiter-, Bauern-, und Volkseinheit« (PROCUP), die in der »Revolutionären Volksarmee« (EPR) aufging, fanden kaum Unterstützung. Trotz ihres Verdienstes lange Jahre gegen die PRI und ihre örtlichen Statthalter gekämpft zu haben – die Vorläufer reichten bis in die sechziger und siebziger Jahre des 20. Jahrhunderts zurück – wurden Gruppen wie die PROCUP oder auch die »Partei der Armen« (PD-LP) wahlweise als Militaristen, ultralinke Sektierer oder politische Abenteurer gesehen. Um die PROCUP rankte sich gar »eine schwarze Legende«. Sie galt als stalinistischer Haufen ohne klares politisches Projekt, der Bomben legte und von Geheimdienstspitzeln durchsetzt, wenn nicht sogar von diesen instrumentalisiert und gelenkt war. Die traurige Besonderheit der PROCUP: Sie ging auch gegen politische Widersacher in anderen linken Organisationen vor und tötete in diesem Zusammenhang mehrere linke Aktivisten (*Excelsior,* 11.4.08). Als Echo dieser Vorbehalte sind die ablehnenden Reaktionen linker Vordenker wie etwa von Adolfo Gilly (»reaktionäre Bewegung mit maoistisch-stalinistischem Diskurs«) oder Carlos Monsiváis (»im Namen einer Phantomrevolution begangene Verbrechen«) gegenüber dem Auftreten der EPR-Guerilla zu werten. Was den internationalen Kontext betrifft konnte die mexikanische Guerilla der 1970er Jahre, anders als vergleichbare Gruppierungen der »zweiten Welle« in Süd- und Mittelamerika, zu keinem Zeitpunkt auf praktische oder politische Unterstützung aus Kuba oder anderen Ländern Lateinamerikas zählen. Da Fidel Castro und die kubanische Staatsführung das Prinzip der Nichteinmischung in die innere Angelegenheiten Mexikos auf Grund der wertvollen Dienste, welche die PRI-Regierungen Kuba jahrzehntelang in außenpolitischer und außenwirtschaftlicher Hinsicht leisteten, äußerst strikt auslegten, fehlte der mexikanischen Guerilla auf lateinamerikanischer und internationaler Ebene der politische Schlüssel zu den Multiplikatoren, welche die öffentliche Meinung zu ihren Gunsten hätten beeinflussen können (Castañeda, 1993: 102-106). Um die Aktionen der Vorläufergruppen der heutigen Guerillabewegungen Mexikos lag somit ein mehrfacher Ring des Schweigens, der verhinderte, dass Umfang, Brutalität und Gesetzlosigkeit des »schmutzigen Krieges« öffentlich bekannt und ihre Anliegen legitimiert werden konnten.

Erstens fand die Aufstandsbekämpfung unter Ausschluss unabhängiger Zeugen vorwiegend in abgelegenen ländlichen Zonen von Bundesstaaten wie Guerrero und Oaxaca statt. Die lokal unter den Campesinos verankerten Guerillagruppen von Lucio Cabañas und Genaro Vázquez verfügten in den Großstädten über keine relevanten Bündnispartner. Zweitens kontrollierte die »Partei der Institutionellen Revolution« (PRI) in dieser Phase Politik und Medien nahezu vollständig, so dass auch die blutige Verfolgung städtischer Gruppen aus dem studentischen Mittelschichtsmilieu wie im Fall der »Kommunistischen Liga – 23. September« als Tabu-Thema galt. Drittens schwieg Kuba aufgrund der politischen Verpflichtungen gegenüber den mexikanischen Regierungen; diesem Schweigen schlossen sich, viertens, die südamerikanischen Guerilleros und Intellektuellen an, weil Kuba schwieg bzw. weil viele von ihnen in den siebziger Jahren vor den heimischen Militärdiktaturen nach Mexiko flohen, dort mit offenen Armen aufgenommen wurden und im Gegenzug als conditio sine qua non das eng ausgelegte Prinzip der »Nichteinmischung in innere Angelegenheiten« akzeptierten bzw. akzeptieren mussten. Daraus ergibt sich, fünftens, im lateinamerikanischen Vergleich die Besonderheit, dass in der mexikanischen Guerilla – abgesehen von einer Hand voll Einzelfällen – keine lateinamerikanischen Internationalisten mitgekämpft haben. Somit fehlten persönliche und auch organisatorische Verbindungen zu süd- und mittelamerikanischen Organisationen. Als Folge daraus konnten auch keine engen und direkten Beziehungen zur internationalen Öffentlichkeit entstehen.

Investigative Reportagen zum Thema »Schmutziger Krieg« wie »Stark ist das Schweigen« von Elena Poniatowska waren die große Ausnahme. Sie wurden im Original erst Ende der siebziger Jahre bzw. 1980 als Buch veröffentlicht. Trotz ihrer Bekanntheit konnte auch Elena Poniatowska mit ihren Arbeiten die öffentliche Debatte nicht nachhaltig beeinflussen. Schüchterne Ansätze zur Aufarbeitung dieser dunklen historischen Phase von Seiten der damals involvierten Staatsapparate wurden erst vor einigen Jahren unter der ersten Post-PRI-Regierung von Präsident Vicente Fox auf den Weg gebracht. Fox ließ eine Sonderstaatsanwaltschaft gründen, die mit Ermittlungen beauftragt wurde. Gegen Ende seiner Amtszeit, mit zunehmender neuerlicher Repression gegen soziale und linke Bewegungen und parallel zur Annäherung der PAN-Regierung an die abgehalfterte Staatspartei PRI wurde das Thema »Aufarbeitung des schmutzigen Krieges« jedoch immer niedriger gehängt und schließlich wieder in Nischen abgedrängt. Am Tag vor seinem Amtsende löste Fox die Sonderstaatsanwaltschaft wieder auf. Die Nachfolgeregierung unter Felípe Calderón ging auch diesbezüglich einige Schritte weiter: sie schob einer möglichen gerichtlichen Verurteilung des Ex-Präsidenten Luis Echeverría einen Riegel vor und entließ General Arturo Acosta Chaparro, der als einer der Hauptverantwortlichen für den schmutzigen Krieg gilt und für viele Fälle von Verschwindenlassen und Folter verantwortlich gemacht wird, aus dem Gefängnis und gab ihm seine Rechte und seinen Generalsrang zurück. Davor waren bereits andere Symbolfiguren des alten Autoritarismus wie der Folterer und Ex-Chef der Dirección Federal de Seguridad, Miguel Nazar Haro, frei gelassen worden. Damit machten beide PAN-Regierungen deutlich, dass sie die Straflosigkeit der früheren PRI-Administrationen für Menschenrechtsverbrechen weiter gewährleisten.

## Signifikanter Neuaufschwung seit 2006

Nach Jahren, die im Lager des Eperrismus von internen Konflikten, Spaltungen, Atomisierung und Einflussverlust bis hin zu weitestgehender politischer Marginalisierung gekennzeichnet waren, sind seit 2006 wieder spürbar zunehmende

Aktivitäten aller Gruppierungen und Tendenzen zu verzeichnen. Mitte 2006 verstärkten die eher undogmatischen Guerillagruppierungen ihre Zusammenarbeit und schlossen sich zu einer »Revolutionären Koordination« zusammen. Um die »Demokratisch-Revolutionäre Tendenz – Volksheer« (TDR-EP), der militärisch aktivsten Gruppe im ersten Jahrfünft des neuen Jahrtausends, und die »Revolutionäre Bewegung Lucio Cabañas Barrientos« (MRLCB) sammelte sich ein halbes Dutzend Unterzeichner, das sich mit der »1. Erklärung an die Nation« als neu gegründeter Zusammenschluss revolutionärer Organisationen präsentierte und sowohl reformerische als auch systemfeindliche Kräfte zu gemeinsamen Anstrengungen im Kampf gegen Repression und Neoliberalismus aufrief. Bemerkenswert daran ist, dass sich die revolutionäre Koordination von sich aus keineswegs von vorneherein von den legalen und reformerischen Kräften um die PRD und Andrés Manuel López Obrador abgrenzt, sondern vielmehr auf gegenseitigen Respekt und Aktionseinheit setzt. Allerdings unter der Maßgabe, dass »alle Formen des Kampfes«, also auch illegale, möglich sein müssten. Bewaffnete Propagandaaktionen, hier vor allem im November 2006 drei zeitgleich verübte Bombenanschläge auf die PRI-Zentrale, die oberste Wahlbehörde und eine Bank in Mexiko D.F. zeigten, dass der neue Zusammenschluss den Worten auch Taten folgen lassen konnte. Im Juli 2007 startete schließlich die reorganisierte «Revolutionäre Volksarmee« (EPR) die von ihren Wirkungen her bislang bedeutendste bewaffnete Kampagne ihrer Geschichte. »Die Wirtschaftsinteressen der Oligarchie und der illegitimen Regierung Calderón« wurden zum Angriffsziel erklärt. »Die feindseligen Aktionen mit chirurgischem Charakter werden nicht aufhören«, schrieb die EPR, »bis unsere verschwundenen Genossen Edmundo Reyes Amaya und Gabriel Alberto Cruz Sánchez lebend präsentiert und freigelassen werden«. Anschließend kam es wiederholt zu schweren Sprengstoffattentaten auf Pipelines und Verteilerstationen des staatlichen Ölkonzerns PEMEX, die nach Angaben des PEMEX-Generaldirektors Jesús Reyes Heroles »einen schweren Schlag« darstellten und »Schäden in Höhe von mehreren hundert Millionen US-Dollars« verursachten (*Reforma,* 11.9.07). Die CDU-nahe Konrad-Adenauer-Stiftung sprach von »täglich 70 Millionen Euro« Schäden, die im September 2007 im Zeitraum von einer Woche angefallen wären (KAS-Auslandsinformationen 10/07, S. 86). Über eintausend Unternehmen, darunter transnationale Automobilkonzerne, mussten ihre Produktion wegen Gasmangels wiederholt unterbrechen. Im September 2007 schloss Volkswagen Mexiko sein Werk in Puebla aus demselben Grund eine Woche lang.

Für die politische Begründung und Rechtfertigung der Guerillaaktionen spielen neben dem »Verschwindenlassen« der beiden EPR-Aktivisten besonders die Ereignisse in Oaxaca und hier insbesondere das repressive Vorgehen des Staates eine wichtige Rolle. Denn einerseits nehmen alle Untergrundorganisationen positiv Bezug auf die legale Massenbewegung in Oaxaca und andererseits werden die toten, verletzten und verhafteten APPO-Aktivisten als Belege mit angeführt für die Notwendigkeit und Sinnhaftigkeit des eigenen Ansatzes, sich außerhalb der Legalität zu stellen und unter dem relativen Schutz der Klandestinität zu agieren. Die vor allem im Bundesstaat Guerrero aktive Gruppe BA-2D, die Mitglied der bewegungsnahen »Revolutionären Koordination« ist, argumentiert in ihrem ersten öffentlichen Kommuniqué vom 2. Dezember 2007 in diese Richtung: »Wir haben innerhalb der ›Legalität‹ gekämpft, um unsere Lebensbedingungen zu verbessern. Aber als Antwort bekamen wir nur Verfolgung, Repression und ›Verschwindenlassen‹. Deshalb entschieden wir uns eine andere Organisationsform zu suchen und formierten Selbstverteidigungsgruppen, die heute die Brigada de Ajusticiamiento 2 de Diciembre bilden«. Ähnlich argumentiert die Revolutionäre Armee des bewaffneten Volkes (ERPI): »Die legalen Kampfformen sind ungeeignet und bewirken keine wirklichen sozialen Veränderungen. Wir laden alle sozialen Aktivisten ein, am bewaffneten revolutionären Kampf teilzunehmen und mitzuwirken« (16.11.07). Die bewaffneten Aktionen werden dargestellt als notwendige Elemente einer Strategie der Selbstverteidigung gegen systematische Übergriffe staatlicher Apparate, die sich an den für sie gültigen gesetzlichen Rahmen nicht halten und auf eine Neuauflage des »schmutzigen Krieges« zusteuerten. Die Regierungsseite sowie regierungstreue Massenmedien wiesen »Terror und Gewalt« verschiedentlich scharf zurück, verurteilten die »gesetzlosen Akte energisch«, kündigten an die Sicherheitsmaßnahmen im Umfeld der strategischen Energieeinrichtungen zu verstärken und mit dem »ganzen Gewicht der Gesetze« gegen die Urheber der Anschläge vorzugehen. Verschiedentlich wurden, frei von irgendwelchen konkreten Anhaltspunkten, Gerüchte gestreut, welche die EPR-Guerilla in Zusammenhang mit der Drogenmafia brachten. So behauptete etwa General Justiciano González Betancourt, PAN-Abgeordneter und Vorsitzender des Verteidigungsausschusses, die Drogenmafia würde die Volksbefreiungsarmee fördern, denn für ihre Aktionen benötige die EPR Geld. Der Mexiko-Landesbeauftragte der CDU-nahen Konrad-Adenauer-Stiftung, Frank Priess, griff diese Kampagne auf und brachte in seinem ausführlichen Artikel in den KAS-Auslandsinformationen (10/07, S. 86) ebenfalls die EPR-Anschläge mit Aktivitäten der Drogenkartelle in Verbindung. Das Ziel dieser Gerüchte ist einfach zu entschlüsseln: Den sozial-revolutionären Aufstandsbewegungen soll ihr politisches Wollen abgesprochen werden. Stattdessen werden sie als »Narco-Guerilla«, also als eine Variante kriminellen Handelns, abgestempelt. Auf diese Weise können sie von Seiten des Staates einfacher bekämpft werden. Der ehemalige Präsident Kolumbiens und Ex-Generalsekretär der Organisation Amerikanischer Staaten (OAS),

César Gaviria, äußerte sich anlässlich eines Unternehmerkongresses in Veracruz 2007 diesbezüglich glasklar: »Er schloss aus, dass sich Mexiko einer Narco-Guerilla entgegenstellen« müsse, wie dies »in anderen Ländern des Kontinentes« der Fall sei. Auf erneute Nachfrage zu denkbaren Verbindungen EPR/Drogenmafia entgegnete er. »Ich glaube nicht, dass es dieses Problem gibt. Ohne Beweise lohnt es sich nicht darüber nachzudenken, dass dies passieren könnte.« (*La Jornada,* 20.9.07). Diese klaren Aussagen und das anhaltende Fehlen von Belegen hindern weder PRI- noch PAN-Abgeordnete EPR und Drogenmafia immer wieder in einem Atemzug zu nennen.

Die oppositionelle PRD schwankte nach Aufnahme der EPR-Militärkampagne zwischen kritischen Anfragen an die Regierung bezüglich der beiden verschwundenen EPR-Kader und der haltlosen Unterstellung, vielleicht hätten staatliche Behörden die Explosionen selbst herbeigeführt, um eine Nebelwand zu erzeugen, damit dahinter andere politische Probleme verschwinden. So sprach der Präsidentschaftskandidat López Obrador davon, die Aktionen seien »von der Regierung orchestriert worden, um die Aufmerksamkeit vom Korruptionsskandal Ye Gon abzulenken«. Einer seiner engsten Mitarbeiter und seit 2007 auch Koordinator der linkszentristischen Parlamentsfraktion, Porfirio Muñoz Ledo, meinte: »Immer, wenn es für die Regierung gerade passt, taucht die EPR auf. Ich habe seit jeher große Zweifel, was die EPR eigentlich ist.« Luis Hernández Navarro (2007) merkte dazu kritisch an, dass die Abqualifizierung der Guerilla mittels Argumenten, es handle sich um »Provokationen von Regierungsleuten« oder »Infiltrierten« bzw. »Manipulierten«, eine nie mit konkreten Fakten untermauerte Standardthese sei, die der Mitte-Links-Partei PRD lediglich dazu diene, der Guerilla abzusprechen, dass ihre Aktionen Ausdruck einer sozio-politischen Widerstandsbewegung seien. Die linksliberale Tageszeitung *La Jornada* handelte die Problematik in einer Fülle von Artikeln und Kommentaren ab, welche zwar mit unterschiedlichen Begründungen und Akzentuierungen die Aktionen der EPR ablehnten, jedoch durchaus Verständnis für die von der EPR angeführten Problematiken äußerten. Generell nahmen die Massenmedien die EPR-Kampagne sehr ernst. Es war von einem »Alarmsignal« (*La Jornada,* 12.9.07) die Rede und in manchem Kommentar wurde die Sorge geäußert, dass es zu einer »militärischen Eskalation« kommen könnte (*El Universal,* 30.9.07).

Das Innenministerium nahm im Dezember 2007 erstmals seit 1994 wieder explizit zum Thema Stellung und sprach in einem Bulletin (Nr. 331-07/12/2007) davon, dass die EPR eine »Bedrohung für die Mexikaner und ihre Institutionen« sei. Sie stelle eine Gefahr für die »innere Sicherheit« dar, sei jedoch »keine Bedrohung der nationalen Sicherheit«. Wenige Wochen davor hatte sich der Innenminister

Francisco Ramírez Acuña anlässlich seines Rechenschaftsberichtes im Parlament viel Kritik dafür anhören müssen, dass sich unter seiner Amtsführung die Sicherheitslage verschlechterte. Dies dürfte auch der Grund für seine Demission gewesen sein. Sein Nachfolger Juan Camilo Mouriño Terrazo nahm unmittelbar nach seiner Amtseinführung zum Thema unmissverständlich Stellung: »Mit der EPR wird es keinen Dialog geben.« Kein halbes Jahr später sah er sich gezwungen, eine Kehrtwende zu machen und Verhandlungen mit der EPR zuzustimmen. Hohe Beamte des Außenministeriums äußerten die Sorge, dass sich die Anschläge auf PEMEX-Einrichtungen negativ auf die Bereitschaft internationaler Kapitalanleger auswirken könnten, in Mexiko zu investieren. Einige politische Konvertiten, darunter die üblichen Verdächtigen aus dem Umfeld der liberalkonservativen Kulturzeitschrift *Nexos*, äußerten sich ebenfalls: schrill, hetzerisch und pamphletistisch. So sprach etwa der Schriftsteller Héctor Aguilar Camín in einem zweiteiligen Beitrag für die Tageszeitung *Milenio* (24. und 25.9.07) von »Terroristen«, »Feinden des Gesetzes, die Bomben legen«. Da gebe es nichts zu erklären oder zu verstehen. Dies zu versuchen sei gleichbedeutend damit, die Aktionen des EPR zu rechtfertigen. Der vom Ex-Guerillero zum Regierungsberater mutierte Gustavo Hirales Morán bringt es in seinem mehrseitigen Beitrag für die Dezember-Nummer der *Nexos* (Nr. 360: 41ff.) mit dem Titel »Para leer al EPR« fertig, keine einzige Zeile über die Rolle der staatlichen Sicherheitsorgane beim gewaltsamen Verschwindenlassen der beiden EPR-Mitglieder zu verlieren. Sein historisch orientierter Text ist ein von pauschalen Anschuldigungen geprägter ideologischer Ausrichtungsbeitrag, der mit aneinander gereihten Totschlagvokabeln wie »kambodschanische Umerziehungslager, autistische Sprache, manichäische Schwarz-Weiß-Malerei, gewalttätige und irrationale Haltung« gespickt ist und an mehreren Stellen legale Bewegungen und Personen, die sich selbst nicht als EPR-Leute definieren, direkt mit der Guerilla in Verbindung bringt. Der denunziatorische Ton kommt einer öffentlichen Vorverurteilung gleich, die unter den gegebenen Bedingungen schwerwiegende Folgen haben kann. Dieser kurze Überblick über aktuelle Reaktionen auf Guerilla-Aktionen soll genügen, um zu verdeutlichen, dass sich spätestens mit der EPR-Kampagne die Aufstandsbewegungen auch in der breiten Öffentlichkeit als relevanter Akteur zurückmeldeten. Im Zusammenhang mit dem kolumbianischen Bombardement auf ein Lager der kolumbianischen FARC-Guerilla in Ecuador, dem am 1. März 2008 neben der Nummer 2 der FARC sowie weiteren FARC-Angehörigen auch vier mexikanische Staatsangehörige und ein Ecuadorianer zum Opfer fielen, wurde in den mexikanischen Massenmedien das Thema von einem anderen Gesichtspunkt aus hoch gekocht. Da es sich bei den toten Mexikanern um Universitätsangehörige der Nationalen Autonomen Universität

(UNAM) handelte, wurde diese von Konservativen beschuldigt, eine »Wiege der Guerilla« zu sein.

Nachfolgend sollen nun in einer Zusammenschau die drei Haupttendenzen der mexikanischen Guerillabewegung sowie die wichtigsten Einzelorganisationen vorgestellt werden.

## 3.1. Aktuelle Tendenzen in der Guerillabewegung

### 3.1.1. *Strömung 1* Traditionelle Marxisten-Leninisten: Die »Revolutionäre Volksarmee« (EPR)

Die älteste Gruppierung unter allen derzeitigen politisch-militärischen Bewegungen ist die »Revolutionäre Volksarmee« (EPR). Ihr marxistisch-leninistisches Selbstverständnis mit dem Ziel der Machtübernahme und der Errichtung eines nicht näher definierten sozialistischen Systems sind vergleichbar mit lateinamerikanischen Guerillabewegungen der »zweiten Welle«, beispielsweise mit den »Volksbefreiungskräften« (FPL) El Salvadors der 1970er und 80er Jahre. Die »Revolutionäre Volksarmee« entstand nach eigenen Angaben im Mai 1994 als Zusammenschluss von 14 verschiedenen bewaffneten Gruppierungen, von denen einige seit 30 Jahren im Untergrund agiert hatten. Die EPR führt ihre Wurzeln auf die »Revolutionäre Partei der Arbeiter Bauern und Volkseinheit« (PROCUP) sowie die »Partei der Armen« (PDLP) um Lucio Cabañas zurück, der in den siebziger Jahren die mit bis zu 200 Bewaffneten größte Bauernguerilla Mexikos anführte, bevor er 1974 getötet wurde. Zum ersten Mal an die Öffentlichkeit trat die »Revolutionäre Volksarmee« (EPR) am 28. Juni 1996 in Aguas Blancas/Guerrero. Anlässlich einer Gedenkfeier für 17 Campesinos, die im Vorjahr auf dem Weg zu einer Demonstration erschossen worden waren, stürmten etwa 70 vermummte Schwerbewaffnete auf die Bühne, verlasen ein revolutionäres Manifest, riefen zum Sturz der Regierung auf und zogen sich wieder in die umliegenden Berge zurück. Der als Redner anwesende PRD-Chef Cuauthémoc Cárdenas sprach in einer ersten Reaktion von einer »grotesken Pantomime«. Die Veröffentlichung des »Manifests der Sierra Madre Oriental«, eines 45-Punkte-Programms mit einer Mischung aus Forderungen nach konkreten sozialen Verbesserungen sowie der Einberufung einer verfassungsgebenden Versammlung mit dem Ziel, eine »demokratische Volksrepublik« zu errichten, folgten. Im August 1996 lancierte die EPR eine Serie von Angriffen in den Bundesstaaten Guerrero, Oaxaca, Michoacán, México, Puebla und Chiapas, die dutzende Soldaten das Leben kosteten. Damit verlieh der neu aufgetauchte Akteur seinen Forderungen Nachdruck und brachte sich als ernstzunehmender Faktor ins Spiel. Sein Aktionsradius und seine militärische

Schlagkraft erwiesen sich im Vergleich zu den Zapatisten als deutlich größer. Die EPR verfügt mit der im Mai 1996 gegründeten »Demokratisch Revolutionären Volkspartei« (PDPR) über einen aus dem Untergrund heraus operierenden politischen Arm. In einigen regionalen sozialen Verbänden und Campesino-Organisationen soll die EPR vorübergehend über nennenswerten Einfluss verfügt haben. Anders als die Zapatisten zeigte sich die EPR in den neunziger Jahren nicht abgeneigt, in Wahlkämpfen zugunsten der links-zentristischen PRD zu intervenieren. Mit der im Oktober 1996 gegründeten Monatszeitschrift *El Insurgente*, welche das PROCUP-Zentralorgan *El Proletario* ablöste, verfügt die EPR seither über ein eigenes Organ, von dem bis Juni 2008 insgesamt 107 Nummern erschienen sind. Die im Internet zugängliche *El Insurgente* veröffentlicht Berichte, Kommuniqués und Einschätzungen der EPR-Führung. Beiträge von organisationsfremden Gastautoren gibt es nicht. Ebenso wenig eine (selbst)kritische und offene Debatte um die politische und militärische Ausrichtung der Organisation. *El Insurgente* ist ein klassisches Partei- und Verlautbarungsblatt mit einer engen inhaltlichen Spannbreite. Zugespitzt gesagt: Es gibt eine richtige politische Linie und das ist die, welche die PDPR-EPR-Führung zum Zeitpunkt X gerade vertritt. Alles andere ist Abweichung vom wahren revolutionären Weg. Es ist die Aufgabe der wirklichen Revolutionäre, also der eigenen Organisation, falsche Ansichten zu kritisieren, ihre Anhänger auf den richtigen Weg zu bringen oder, falls diese unwillig sein sollten, mittels »ideologischem Kampf« politisch zu neutralisieren. Diese Art und Weise die Dinge zu sehen kommt mit schöner Regelmäßigkeit im Schlussabsatz der EPR-Kommuniqués zum Ausdruck. Diese enden in standardisierter Weise immer mit den politischen Hauptlosungen. Nach den variierenden Tagesforderungen folgt jeweils: »Für unsere proletarischen Kameraden! Entschlossen zu siegen! Für die sozialistische Revolution! Siegen oder sterben! Mit dem Volkskrieg wird die EPR triumphieren!« Da siegt kein Bündnis, nicht das Volk und auch nicht die sonst oft und gerne beschworene Arbeiterklasse. Es siegt die eigene Organisation! Enger und ausschließender kann man sein revolutionäres Selbstverständnis kaum auf den Punkt bringen. Mit Beginn der EPR-Kampagne zugunsten ihrer beiden Verhaftet-Verschwundenen Mitglieder im Sommer 2007 drängen jedoch praktische tagespolitische Anliegen diese dogmatische Haltung in den Hintergrund.

Innerhalb der EPR war es in der zweiten Hälfte der neunziger Jahre zu heftigen internen Debatten gekommen: Die nach Ansicht von Kritikern fehlende oder zu geringe innerorganisatorische Demokratie, der Umgang mit Wahlen, die Bündnispolitik, das Eingehen auf die konkreten und unmittelbaren Bedürfnisse der Dorfgemeinschaften in ihrem Einflussbereich sowie Fragen der militärischen Strategie und Taktik waren umstritten. In der Folge kam es von 1998 bis etwa 2000 zu einer Serie von Abspaltungen und der Entstehung neuer Kürzel wie ERPI, FARP, TDR-EP, EVRP und CJ-28 de Junio. Aus der EPR entstand der Eperrismus, also ein ganzes Spektrum von Gruppen im Umfeld der ursprünglichen EPR. Bei diesen Gruppen handelt es sich nicht um Neugründungen im engeren Sinne. Vielmehr entstanden sie aus dem wieder rückgängig gemachten Integrationsprozess, der 1996 unter Mitwirkung der erwähnten Gruppen, damals nannten sie sich nur anders, zur Gründung der EPR geführt hatte. Die EPR-Führung, die im Zuge der zunehmenden Militarisierung ihrer Einflussgebiete (Reiß, 2006: 46 – 55) und angesichts heftiger interner Widersprüche ab 1998 keine Pressekonferenzen mehr durchführte, kommentierte die inneren Zerwürfnisse in ihrer monatlich erscheinenden Organisationszeitschrift *El Insurgente* gemäß ihrer einfach gestrickten Weltsicht noch Jahre später äußerst schematisch mit Begriffen aus der stalinistischen Mottenkiste wie »innere Säuberung«, »notwendiger Kampf gegen Abweichungen und Irrtümer« bzw. »ideologischer Kampf gegen Opportunismus und Reformismus«. Im Stil ähnlich, aber im Ton etwas zurückhaltender sind diese Bewertungen auch in den Grundsatzpapieren zu finden, welche die EPR nach einem sechsmonatigen Diskussionsprozess im Januar 2001 verabschiedete. Die Texte »Unsere Strategie und militärische Taktik« oder der »Verlängerte Volkskrieg« *(Guerra Popular Prolongada)* sind mittlerweile wie andere Materialien auch im spanischen Original auf der Internetseite der Organisation (www.pdpr-epr.org) zu finden.

Präzisere und differenziertere Einblicke in die damaligen internen Debatten erlauben jedoch eine Serie von Interviews, die Jorge Lofredo mit EPR-Aussteigern und späteren Neugründern anderer Guerillagruppen führte. Ein mit über 30 Seiten ausführliches, sehr konkret geschriebenes und selbstkritisches Bilanzpapier aus der Feder von ausgestiegenen EPR-Führungsleuten, die in der Zwischenzeit die TDR-EP aufgebaut hatten, erschien im Dezember 2005 unter dem Titel: »Chronik einer unvermeidlichen Kollision«*(Crónica de una colisión inevitable)*. Es ist im spanischen Original unter www.CEDEMA.org/Mexico/Tendencia_Democrática_Revolucionaria zu finden. Hier werden die unterschiedlichen historischen Etappen der EPR abgehandelt und die jeweiligen Erfolge und Rückschläge einer schonungslosen Kritik unterzogen. Diese Einschätzungen kann man mit den Selbstwahrnehmungen von EPR-Kadern in Bezug setzen, wie sie sich in Interviews mit David Pavón Cuellar und María Luisa Vega äußern, die darüber das Buch »Lucha eperrista« (Mexiko 2005) publizierten. Um zu überprüfen, inwiefern die Selbst- und Fremdeinschätzungen mit der politischen und sozialen Wirklichkeit korrespondieren, ist es nützlich diese mit den konkreten Fakten abzugleichen, die David Pavón Cuéllar in seinen ausführlichen und bis in die jüngste Vergangenheit reichenden Chroniken zusammengetragen hat. Er referiert über den Zeitrum von einer Dekade die Aktivitäten der EPR sowie der Gruppen, die aus ihr hervorgingen (www.geocities.com/pentagon/bunker/506).

Es gibt weitere Ansätze, die hilfreich für das Verstehen des Eperrismus sind. Zu nennen wären hier Armando Bartra (2000), der mit »Guerrero bronco. Campesinos, ciudadanos y guerilleros en la Costa Grande« eine umfassende Regionalstudie verfasste, und vor allem die Arbeiten von Carlos Montemayor, der sich intensiv mit den rebellischen Campesinos in Guerrero befasste. Unter dem Titel »Krieg im Paradies« legte er einen in Mexiko viel beachteten dokumentarischen Roman und mit »La Guerilla recurrente« (1999) eine historische Untersuchung zu diesem Themenkomplex vor. 2003 folgten »Las balas del alba« und 2007 erschien dazu mit »La Fuga« einen weiterer Roman aus seiner Feder. Carlos Montemayor ist in Mexiko zur Thematik bewaffnete Gruppierungen seit vielen Jahren ein weithin anerkannter Autor und Interviewpartner, der sich erfolgreich bemüht, die sozialen und politischen Realitäten hinter dem Wald aus nichts sagenden Floskeln sichtbar zu machen. Er ist Sprecher der Vermittlerkommission, die im April 2008 auf Initiative der EPR gegründet wurde, um Verhandlungen zwischen EPR und Regierung über die beiden Verhaftet-Verschwundenen EPR-Leute in die Wege zu leiten. Die Aufstandsbewegungen sind seiner Ansicht nach nicht die Ursache sozialer und politischer Instabilität, sondern vielmehr das Endergebnis eines vorher stattgefundenen Verarmungs- und Ausgrenzungsprozesses. Diese Auffassung vertritt er seit eh und je. Carlos Montemayor sagte mir schon vor Jahren im Gespräch, dass er durchaus sehe, dass »die ideologischen Kategorien, die das EPR verwendet, mehr an Thesen und Argumentationen erinnern, wie sie in der radikalen Linken in den siebziger und achtziger Jahren vorherrschten«. Er warnte aber davor, bei der Kritik dieser Konzepte oder der damit verbundenen Diktion stehen zu bleiben, denn: »Die Landguerillabewegungen sind nicht das Ergebnis von ideologischer Radikalisierung, sondern Resultat von sozialen Prozessen, die zum Ausbluten und Auslaugen ganzer Landesteile führen. Das EPR beispielsweise spricht davon, dass es den bewaffneten Kampf zur Selbstverteidigung führe. Darin liegt für mich der Schlüssel zum Verständnis. Der Punkt ist, das es ganze Regionen gibt, in denen die reale Alternative nur lautet: sterben oder kämpfen« (*Kommune* 12/1999: 19). Auch Laura Castellanos, die nach zehnjähriger Forschungsarbeit kürzlich das Buch »México armado, 1943 – 1981« veröffentlichte, hebt hervor, dass »die institutionelle Gewalt die Gewalt von unten hervorruft«. Dabei versteht sie unter institutioneller Gewalt nicht nur Polizei, Armee oder Paramilitärs, sondern auch »die Marginalisierung und Verarmung der ländlichen Zonen«.

Nach Jahren des Aderlasses durch Abspaltungen, Armeeoffensiven und interne Meinungsverschiedenheiten gelang es der EPR zwischen Juli 2000 und Januar 2001 im Untergrund einen Kongress durchzuführen. Sie verabschiedete neue politische

Leitlinien, worin sie ihre Ansichten bündelt. Die vom Vietcong erfundene und in El Salvador und Guatemala für Lateinamerika weiterentwickelte »Strategie des verlängerten Volkskrieges« (GPP) wurde als verbindliche Grundlage verabschiedet. Offenbar hatte sich die »Volksbefreiungsarmee« schon 2001 auf die erneute Aufnahme bewaffneter Aktionen vorbereitet. Eine Serie öffentlichkeitswirksamer Aktivitäten, die in einer entsprechenden Hintergrundberichterstattung des Wochenmagazins *Proceso* mündeten, deuteten darauf hin (Boris/Sterr, 2002: 174/175). Aber die Al Quaida-Attacken auf US-Machtsymbole am 11. September 2001 und der in der Folge ausgerufene »Krieg gegen den Terror« kamen dazwischen. Die EPR hielt sich in den Jahren danach ebenso bedeckt wie die anderen mexikanischen Guerillagruppen auch, um keine überflüssigen Angriffsflächen zu bieten. Mittels »stiller Arbeit« wurden Organisation und politische Unterstützerbasis wieder aufgebaut. Nach anfänglich heftigen Konflikten wurden offenkundig auch die Beziehungen zu einigen Abspaltungen aus dem Lager des Eperrismus wieder verbessert, etwa zu den FARP und zur CJ-28J.

Die Jahreschronologien von David Pavón Cuellar legen die Interpretation nahe, dass es nach dem EPR-Kongress 2001 wieder zu einem Aufschwung der Organisation kam. Von Seiten der Sicherheitskräfte wurde die EPR mehrfach als Adressat von Waffenlieferungen aus Zentralamerika genannt. Verschiedene anonyme Bombenanschläge auf Banken oder am 23. November 2004 das Lynchen von zwei Geheimagenten einer Anti-Terror-Einheit der Polizei durch 300 Bewohner von San Juan Ixtayopan, das im südlichen Bezirk Tláhuac der Hauptstadt liegt, deuten ebenfalls auf vermehrte Aktivitäten hin. Die getöteten Zivilpolizisten bewegten sich photographierend durch den Stadtteil, angeblich in einem Einsatz gegen den Drogenkleinhandel. Die Bewohner sahen in ihnen laut späteren Verlautbarungen potentielle Kindesentführer. In Wirklichkeit sollen die Zivilpolizisten Informationen über die EPR-Generalkommandantur ausgeforscht haben, deren höchster Verantwortlicher, Francisco Cerezo Quiroz, nach Angaben des Chronisten in einem Haus in der Nähe der Ereignisse gewohnt haben soll. Offiziell verliefen die Ermittlungen im Sande. Die direkte Beteiligung der EPR an der Lynchaktion konnte nicht bewiesen werden, wenngleich ihre Zeitschrift *El Insurgente* die Einwohner gegen staatliche und publizistische Anwürfe in Schutz nahm. Offiziösen Angaben zufolge, die David Pavón Cuellar ebenfalls zitiert, soll die EPR zum damaligen Zeitpunkt 2004 in mindestens 46 Nachbarschaften *(colonias)* von elf Gemeinden des Bundesstaates Mexiko präsent gewesen sein.

Nach Jahren harter inner- und zwischenorganisatorischer Konfrontationen, die mit dem Mord an dem bekannten sozialen Aktivisten Miguel Angel Mesino im September 2005 ihren Höhepunkt fanden, gab es etwa ab 2006 erste Signale, dass sich die Spannungen zwischen den linksradikalen Organisationen langsam verringerten. So erklärte die EPR in einem Kommuniqué am 29.12.05, sie werde »wachsam sein«, damit sich die Zapatisten bei ihrer Mexiko-Rundreise anlässlich der Anderen Kampagne »sicher fühlen« könnten. Zwei Monate nach dieser Stellungnahme traf sich der Sub-Kommandant Marcos auf seiner Rundreise in Santa María Ixcotel (Oaxaca) mit 16 Indígenas, die wegen ihrer mutmaßlichen Beteiligung an EPR-Aktivitäten inhaftiert worden waren. Nach dem Polizeiüberfall auf San Salvador Atenco am 3. Mai 2006, bei dem es zu blutigen Auseinandersetzungen mit den Einwohnern kam, mit einem Toten, 211 Verhafteten und hunderten Verletzten, solidarisierten sich mehrere Guerillaorganisationen verschiedener Tendenzen in einem Kommuniqué mit den betroffenen Einwohnern Atencos. Die rebellische Gemeinde, die in der Nähe der Hauptstadt liegt, gilt als pro-zapatistisch.

Einen qualitativen Sprung der Guerillaaktivität bewirkte die Volkserhebung in Oaxaca, die mit dem Lehrerinnenstreik im Mai 2006 begann, sich über viele Mobilisierungen und die Gründung der »Volksversammlung der Völker Oaxacas« (APPO) steigerte und schließlich in der gewalttätigen Niederschlagung durch mehr als 4000 militarisierte Polizisten des Bundes am 25. November 2006 ihren vorläufigen Höhepunkt fand. In Oaxaca steht nicht nur der verhasste Gouverneur Ulises Ruiz Ortiz auf dem Prüfstand, sondern das gesamte politische System Mexikos. Es bestand den demokratischen Lackmustest nicht. Aus Sicht der außerparlamentarischen linken Organisationen ist spätestens seit dem blutigen 25. November 2006 klar, dass man auf die demokratischen Versprechen der mexikanischen Institutionalität auch heute nicht vertrauen kann. Andererseits entstand mit der Bewegung in Oaxaca ein breiter politischer Raum links und unabhängig von der linkszentristischen Parlamentspartei PRD, so wie es ihn seit 1994/95, der ersten Phase der zapatistischen Erhebung, nicht mehr gegeben hatte. In diesen Raum links von den Parlamentsparteien kann auch die revolutionäre Linke aus dem Untergrund heraus intervenieren. Vielen Berichten zufolge tut sie dies auch, wenngleich aus nahe liegenden Gründen nicht mit offenem Visier. Außerdem agiert sie, worauf Carlos Montemayor hinwies (*La Jornada*, 15.7.07), »nicht als bewaffnete Kraft, als Organisation mit Feuerkapazität, als aufständische Gruppe«, sondern trägt ihren Anteil bei mittels »ziviler Kader oder ihrer sozialen Basis«. Ein deutliches Anzeichen dafür ist das Wirken und die Verhaftung der beiden EPR-Spitzenkader Edmundo Reyes Amaya und Gabriel Alberto Cruz Sánchez in Oaxaca. Beide sind erfahrene Leute im Aufbau legaler sozialer Bewegungen. Die beiden Mittfünfziger wurden, so eine Version des Tathergangs, die sich auf Informationen aus den Sicherheitsapparaten beruft, im Rahmen einer kombinierten polizeilich-militärischen Operation am 24. Mai 2007 im Hotel del Arbol in der Stadt Oaxaca festgenommen. Dies berichteten die Journalisten Carlos Ramírez und Pedro Ansótegui Tage nach dem Vorfall. Seither sind sie »Verhaftet-Verschwundene«, wie der entsprechende Fachterminus der Menschenrechtsorganisationen lautet. Denn der mexikanische Staat leugnet die Verhaftung der beiden, die schon im Gefolge der mexikanischen 1968er-Bewegung aktiv mit dabei waren. Am 25. Mai 2007 sind sie, berichtet Carlos Montemayor in einer minutiösen Rekonstruktion der Vorgänge (*La Jornada,* 14. und 15.7.07), von der Folter schwer gezeichnet in Oaxaca zum letzten Mal lebend gesehen worden. Dann wurden sie, so Carlos Montemayor weiter, nach Mexiko D.F. verbracht. Seither ist ihr Schicksal und ihr Verbleib ungeklärt. Fast ein Jahr nach den Ereignissen befasste sich Jorge Lofredo in seinem Beitrag »Frentes abiertos del EPR« (*Excelsior,* 28.2.08) noch einmal damit. Er bestätigt, dass es die genannte polizeilich-militärische Operation gegeben habe. Allerdings korrigiert er einige Details. So sei die Festnahme erst am 25. Mai erfolgt. Es habe sich nicht, wie verlautbart, um einen Zufallstreffer gehandelt. Vielmehr seien die Geheimdienste den Verhaftet-Verschwundenen seit Monaten auf der Spur gewesen. Bemerkenswert ist, dass es im oben bereits zitierten Artikel des Mexiko-Repräsentanten der Konrad-Adenauer-Stiftung, Frank Priess, wörtlich heißt, die beiden seien »verhaftet« worden (KAS-Auslandsinformationen 10/07: 87). Allerdings erwähnt der CDU-Mann mit keinem Wort, dass die mexikanischen Behörden dies bestreiten und dass die beiden seither »verschwunden« sind. Außer bei wenigen Mexiko-Beobachtern sind diese Fakten hierzulande unbekannt. Die Leserschaft der KAS-Auslandsinformationen wird also bewusst und mit eindeutiger politischer Intention hinters Licht geführt. Der »Delegitimierung der jetzigen demokratischen Regierung«, indem diese in »einer gefährlichen Argumentation« mit dem »schmutzigen Krieg in den siebziger Jahren« in Verbindung gebracht wird, so der Adenauer-Mann, muss ein Riegel vorgeschoben werden. Auch wenn die Fakten nicht passen! Soweit zur Ernsthaftigkeit und Konsistenz der Menschenrechtspolitik der Konrad-Adenauer-Stiftung im Falle Mexiko.

Die mexikanische Regierung in Gestalt ihres Innenministers Franciso Ramírez Acuña präsentierte sich in vermeintlich bester Absicht als unwissend. Der Innenminister verlautbarte am 5. Dezember 2005 zum soundsovielten Mal, dass es »bisher keine Information gibt, welche es ermöglicht, den Aufenthaltsort der Verschwundenen zu bestimmen«. Man habe alle staatlichen Stellen angewiesen, nach ihnen zu suchen. Das mag glauben, wer will. Auf jeden Fall nimmt es die betroffene EPR den Behörden nicht ab. Vielmehr insistierte sie über Monate darauf, dass die Regierung für das Verschwinden der beiden und damit für schwerste Menschenrechtsverletzungen verantwortlich sei. Die Organisation selbst warte »geduldig und vernünftig«, darauf dass die Regierung das Problem löse und die beiden lebend präsentiere. Immer wieder wurde betont, man greife nicht leichtfertig zum Mittel bewaffneter Aktionen. Man berücksichtige sogar

Naturkatastrophen wie in den Bundesstaaten Tabasco und Chiapas, wo es zu schweren Überschwemmungen gekommen war, und verschiebe die eigenen Pläne, weil man mit den Aktionen nicht die Bevölkerung treffen wolle, sondern ausschließlich die Mächtigen in Regierung und Wirtschaft. Die starke Betonung von tagespolitischen und menschenrechtlichen Erwägungen, das Aufgreifen weiterer aktueller Fälle von Verschwindenlassen, die Erwähnung der wichtigsten repressiven Aktionen von Seiten der Regierung gegen soziale Bewegungen und das Zurücknehmen der lange Jahre sehr im Vordergrund stehenden revolutionär-sozialistischen Grundsatzargumentationen dokumentiert sichtlich das Bemühen um Legitimitätsgewinn in breiteren Bevölkerungsschichten. Die EPR schrieb ihren tagespolitischen Forderungskatalog fort. Sie verlangt nun neben dem Auftauchen ihrer beiden Mitglieder die Präsentation aller Verschwundenen, die Freilassung aller politischen Gefangenen und die Verabschiedung eines Amnestiegesetzes. In Richtung vermehrtes Eingreifen in die Tagespolitik geht auch die Differenzierung in der EPR-Argumentation, die seit Aufnahme der bewaffneten Angriffe im Juli 2007 zunehmend feststellbar ist und die sich sogar im Aufbau ihrer Kommuniqués und der Systematik ihrer Argumentationen spiegelt. Beispielhaft in ihren ersten Stellungnahmen des Jahres 2008 durchexerziert, sind die Argumente nicht mehr wie früher eine Aneinanderreihung geschichtlicher Ereignisse aus linksradikaler Sicht gemischt mit floskelhaften Revolutionsbekenntnissen, sondern aktuelle Antworten auf und Stellungnahmen zu öffentlich geäußerten Anfragen oder Kritik an der EPR-Politik. Die Radikalität der Aktion wird flankiert von einem Diskurs, der sich um Anknüpfungspunkte mit dem demokratischen Lager bemüht und versucht, das eigene Handeln konkret und Punkt für Punkt plausibel und nachvollziehbar zu machen. Auch für jene, die nicht von vorneherein auf die revolutionäre Karte setzen. In offenen Briefen wandte sie sich sogar persönlich an Politikerinnen wie die Senatpräsidentin und PRD-Abgeordnete Ruth Zavaleta (19.5.08) oder Journalisten wie Carlos Ramírez (5.5.08), die sich zuvor kritisch zur EPR geäußert hatten. Um etwa das Standardargument, bewaffnete Aktionen gefährdeten Leben und Unversehrtheit Unbeteiligter, zu entkräften, gab die EPR am 15.1.08 bekannt, »dass Momente vor dem Agieren die Regierung über unsere Aktion in Kenntnis gesetzt wird, um menschliche Verluste zu vermeiden«. Sollte es dennoch zu Verlusten kommen, so sei dies dann »ausschließliche Verantwortung der Regierung«. Zwar wird die Regierung Calderón scharf attackiert, aber schon bei anderen staatlichen Institutionen wie etwa dem Obersten Gerichtshof wird differenziert zwischen den »Komplizen Calderóns« und jenen Richtern, die »Aufrichtigkeit und Verbundenheit mit der Gerechtigkeit« zeigten. Ähnlich verhält es sich im Falle der linkszentristischen PRD. Sie wird nicht wie die PRI und die regierende PAN pauschal als neoliberal und repressiv abgestempelt. Wohl aber werden »jene in der PRD« kritisiert, welche die »Politik des Bündnisses PRI/PAN unterstützen, den Präsidenten Calderón legitimieren und den Gouverneur von Oaxaca, Ulises Ruiz Ortiz, weiter schützen«. Diese für EPR-Verhältnisse sehr flexible Taktik, die sich auch deutlich von den Pauschalangriffen »gegen die politische Klasse« unterscheidet, wie sie seit einigen Jahren der Subkommandant Marcos bei jeder passenden und unpassenden Gelegenheit vom Stapel lässt, zeitigte Früchte. Die allermeisten Guerillaorganisationen unterstützten die EPR-Forderungen bezüglich ihrer Verschwundenen explizit. Zur Überraschung vieler schlossen sich durch eine Stellungnahme von Subkommandant Marcos (22. September 2007) auch die Zapatisten an. Zwar erwähnte dieser anhaltende Differenzen, äußerte sich in der Hauptsache jedoch eindeutig gegen die Regierung Calderón und machte sie explizit für die Entführung der beiden EPR-Leute verantwortlich. Damit die Regierungsseite keine »inexistenten Dispute zwischen Revolutionären« vorschieben könne, um möglicherweise »hinter diesem Deckmantel gegen die zweite Rundreise der Anderen Kampagne vorzugehen«, sagte Marcos die zweite Etappe im Zentrum und Süden ab. Diese bis dahin deutlichste solidarische Geste von Seiten der Zapatisten quittierte die EPR wenige Tage später mit einer überaus freundlich und emotional gehaltenen Antwort, aus der sich ersehen lässt, wie wertvoll ihr der Zuspruch von Marcos ist.

Ein qualitativer Sprung nach vorne gelang der EPR mit einer Dialoginitiative, die sie im April 2008 lancierte. In einem öffentlichen Brief fragte sie bei angesehenen Persönlichkeiten wie dem Schriftsteller Carlos Montemayor, dem ehemaligen Bischof von San Cristóbal de las Casas, Samuel Ruíz, dem bekannten Wissenschaftler Gilberto López y Rivas sowie der Senatorin und Menschenrechtsaktivistin Rosario Ibarra de Piedra an, ob sie bereit wären, als Vermittler bei Gesprächen mit der Regierung zu wirken. Das Thema: die beiden Verhaftet-Verschwundenen EPR-Leute. Die Angefragten sagten zu, stellten aber die Bedingung, dass die EPR keinerlei bewaffnete Aktion durchführe, solange sie tätig seien. Die EPR willigte sofort ein. Die Regierung war offenkundig völlig überrascht und brauchte Tage, bevor sie sich öffentlich äußerte. Zunächst versuchte sie die Vermittlerkommission auf einen Status von stummen Zeugen zu reduzieren. Dies lehnten sowohl EPR wie auch die Vermittler ab. Nach weiterem Zögern stimmte die Regierung schließlich der Vermittlungstätigkeit zu. Es kam, begleitet von heftigen Spekulationen in den Massenmedien, zu mehreren Treffen der Regierung mit den Vermittlern. Konkrete Ergebnisse wurden nicht bekannt. Offenkundig spielte die Regierung auf Zeit und versuchte auf diese Weise, die Initiative versanden zu lassen. Dennoch hat die EPR mit ihrer signalisierten Gesprächsbereitschaft den bisher größten Terraingewinn erzielen können. Es gelang ihr mit der Dialoginitiative die Regierung in Sachen Verhaftet-Verschwundene erneut in eine schwierige

Lage zu manövrieren. Entscheidend für die weitere Entwicklung wird sein, ob die EPR den Spagat zwischen präzise geplanten, ohne zivile Opfer durchgeführten und ökonomisch folgenreichen Anschlägen sowie einem offenen Diskurs, der im linkszentristischen Spektrum Gehör finden kann, beibehält. Sofern dies gelänge, bekäme das politische Establishment ein ernst zu nehmendes Problem, weil sich hier ein Akteur etabliert, der mittels revolutionärer Aktion ausgeschlossene ländliche Bevölkerungsschichten ansprechen könnte, die anderweitig von Parteien nicht mehr repräsentiert werden.

Im ersten Jahr nach Beginn der EPR-Militärkampagne bleibt festzuhalten, dass die Organisation ihre politische Isolation verringern konnte. Dazu haben sowohl die Aktionsformen wie auch die begleitenden Stellungnahmen und die Dialoginitiative beigetragen, in denen die EPR das eigene Handeln erklärte und rechtfertigte. Die EPR legte großen Wert darauf, sich von Gewalttaten mit unklarem Hintergrund abzugrenzen, weil es sich »um Formen und Methoden handelt, die wir niemals benutzt haben« (Kommuniqué vom 21.2.08). Dies etwa im Falle des als Folterer bekannten Polizeioffiziers Alejandro Barita Ortiz, der in Oaxaca-Stadt von Unbekannten erschossen worden war. Hier wies die EPR jede Verantwortung von sich. Im Zusammenhang mit der Bombenexplosion, die Mitte Februar 2008 in Mexiko D.F. für einen Toten, eine Verletzte und große Aufregung sorgten, ermittelten Polizei und Staatsanwaltschaft offiziell »in alle Richtungen«. Angesehene Massenmedien wie etwa die Tageszeitung *Excelsior* (21.2.08) wiesen jedoch schon kurz nach der Tat darauf hin, dass diese Aktion, die sich wahrscheinlich gegen einen Polizeichef richten sollte, nicht zum Repertoire der EPR passe. Die Täter seien vielmehr im Umfeld der organisierten Kriminalität zu suchen. Auch in diesem Falle machte sich das klare Aktionsprofil für die Guerilla politisch bezahlt. Sie konnte nicht in einen Topf geschmissen werden mit Drogenmafiosi und Kriminellen, die ihre offenen Rechnungen mit Terroraktionen begleichen.

Ihre Themen Verhaftet-Verschwundene, politische Gefangene, Menschenrechtsverletzungen und Repression eigneten sich als Grundlage für gemeinsame Stellungnahmen, die zum Teil auch bei breit aufgestellten legalen sozialen Bewegungen wie der im Herbst 2007 neu gegründeten »Nationalen Front gegen die Repression« (FNCR) Resonanz fanden. Die lange Jahre gehegten Intimfeindschaften, Abgrenzungen und Antipathien unter den verschiedenen Strömungen und Organisationen der revolutionären Linken schwächten sich ab. Eine Bereitschaft zu gemeinsamen Erklärungen und Aktivitäten gegen die Herrschaft der neoliberalen und autoritären Eliten deutete sich an. Dass damit die alten Abgrenzungen und Differenzen sich nicht plötzlich in Luft auflösen, ist klar. Organisationsinterne Echos wie der Maulkorb, den die EPR-Leitung nach Differenzen in Oaxaca ihren Länderkomitees verpasst hatte oder vage Anwürfe in Richtung nicht präzise genannter Adressaten, sie seien »vom Militärgeheimdienst kooptiert« (*Excelsior*, 28.2.08) deuten darauf hin, dass es in den EPR-Binnen- und Außenbeziehungen weiter Konfliktpotential gibt. Sollten etwa in Folge erhöhten Außendrucks durch die Intensivierung der Aufstandsbekämpfungsmaßnahmen diese Konflikte wieder zunehmen, wäre eine erneute Isolierung der EPR-Guerilla die Folge.

Ein anderes wichtiges Zwischenergebnis der EPR-Militärkampagne von 2007 ist, dass diese Organisation, die ein Jahrzehnt lang in ihrer Operativität weitgehend auf Guerrero und Oaxaca beschränkt blieb, diese imaginäre Trennungslinie überwunden hat. Sie konnte ihre Aktionen auf weitere Bundesstaaten ausdehnen und die Infrastruktur der dynamischen Industriegürtel wiederholt empfindlich beeinträchtigen. Zum ersten Mal mussten die transnationalen Konzerne die Kosten der Guerillaangriffe tragen und nicht die pauperisierte ländliche Unterstützungsbasis der EPR. Jorge Lofredo resümiert, dass die Einpunktforderung (»Verschwundene lebend präsentieren«) des EPR die Regierung vor ein doppeltes Dilemma stellt: sie will die Illegalität des Regierungshandelns auf Bundes- und Landesebene demonstrieren. Auf der anderen Seite soll dem mexikanischen Staat Legitimität entzogen werden, so der Experte in einem Beitrag für die angesehene Tageszeitung *El Universal* (13.12.07). Gleichzeitig, bewertet Lofredo weiter, bewirke die Kampagne ein »legitimierende Neupositionierung ihrer Existenz und ihres Handelns«. Nicht zuletzt traf die Kampagne Staat und Wirtschaft an einem höchst verwundbaren Punkt: der Energieversorgung. Wenngleich die Ursachen und Akteure des revolutionären Handelns vorwiegend mit den konkreten Bedingungen in ländlichen Armutsregionen zu tun haben, so vermochten sie es mit dieser Kampagne erstmals, diese geographische Begrenzung hinter sich zu lassen und ihren Widerstand auf unübersehbare Art und Weise in die Kernzonen der wirtschaftlichen Dynamik zu tragen. Hierin manifestiert sich eine potentielle Vetomacht, die beträchtliche politische Möglichkeiten in sich birgt. Denn mit der Drohung auf Dauer die Energieversorgung anzugreifen, lassen sich viel eher Zugeständnisse erzwingen als mit noch so aufopferungsvollen friedlichen Mobilisierungen ländlicher Marginaler. Dass der Staat diese Angriffe als Attacke auf das Gemeinwohl delegitimiert und sie mit allen Mitteln zu unterbinden sucht, weil sie nicht zuletzt auch die gewünschte Privatisierung des Energiesektors von einer ganz praktischen Seite her komplizieren, versteht sich von selbst. Und dass in einer derartigen Situation die Lobsänger der Macht wie etwa der Romancier Héctor Aguilar Camín laut einstimmen in den Chor der vermeintlichen Terroristenjäger, ist auch nicht anders zu erwarten.

### Die »Revolutionären Streitkräfte des Volkes« (FARP)

Eines der Zerfallsprodukte des Eperrismus sind die »Revolutionären Streitkräfte des Volkes« (FARP). Sie entstanden 1999 als Abspaltung aus der EPR und traten am 22. Februar 2000 in Puebla mit einer Aktion bewaffneter Propaganda erstmals in Erscheinung. Der Auftritt eines halben Dutzend Guerillas im Hauptstadtbezirk Xochimilco im April 2000 sowie weitere kleine Aktionen gegen McDonalds-, Ford- und Bankfilialen in den Bundesstaaten rund um die Hauptstadt folgten. Nach mehreren Festnahmen im August 2001 und einem unter formaljuristischen Gesichtspunkten als irregulär zu bezeichnenden Prozess wurden neben anderen die beiden Brüder Cerezo Contreras, Kinder von EPR-Kadern, als angebliche EPR-Mitglieder und Tatverantwortliche für die Angriffe auf die BANAMEX-Filialen zu langjährigen Haftstrafen verurteilt. Dies, obwohl die FARP sich verantwortlich erklärten und sowohl die Inhaftierten als auch EPR abstritten, dass die Verurteilten, anders als ihre Eltern, EPR-Mitglieder sind. Anlässlich der Amtsübernahme von Vicente Fox hatten die FARP in Nazareno/Oaxaca mit knapp zwei Dutzend bewaffneten Vermummten eine Propagandaaktion gegen das »neoliberale Regime Fox« durchgeführt, die auf Grund ihres Zeitpunktes und ihrer Ausrichtung in den Massenmedien Beachtung fand. Bei einer ähnlichen Aktivität am 14. Februar 2001 in San Felipe Neri (Morelos) gab die Gruppe der Regierung Fox die Frist von einem Jahr, um ihre Versprechungen zu erfüllen, einen Wandel zugunsten der Bevölkerung herbeizuführen. Erwähnenswert ist weiterhin, dass die FARP im Februar 2001 die »Nationale Guerillakoordination José Morelos y Pavón« mitbegründeten, die am 31. Mai 2001 in der Nähe der Stadt Iguala die erste offensive Militäraktion unter der Regierung Fox durchführte, einen folgenlosen Angriff auf eine Straßensperre von Polizisten. Diesem Zusammenschluss, der einen Gegenpol zur Fragmentierung der Untergrundgruppen bilden sollte, gehörten auch die Vililistenbewegung EVRP sowie die Gruppe CJ – 28J de Junio an, die beide, wie auch die FARP, aus der EPR hervorgegangen waren (*La Jornada,* 10.8.01).

Die FARP ist eine kleine politisch-militärische Organisation, die nach eigenen Worten «verschwiegener, langsamer, aber deshalb auch sicherer arbeitet«. Trotz ihrer Aktionen im urbanen und suburbanen Terrain sei sie keine Stadtguerilla, auch keine Landguerilla, sondern »eine nationale politisch-militärische Organisation«. Nicht das Wachstum der FARP stehe im Vordergrund, sondern die »persönliche und kollektive Sicherheit«, hoben Sprecher in einem Interview mit Jorge Lofredo hervor, das dieser in seinem Forschungsinstitut CEDEMA publizierte (2.1.06). Anders als etwa die Zapatisten, ERP, TDR-EP oder ERPI, die über eine mehr oder weniger solide soziale Verankerung in ihren ländlichen Hochburgen verfügen und deshalb den Charakter von Bewegungen haben, handelt es sich bei den FARP um eine bewaffnete Kleingruppe, die in abgeschotteten Zellen organisiert ist. Sie agiert aus dem Untergrund heraus und ist bislang vorwiegend mit punktuellen Einzelaktionen bzw. mit politischen Stellungnahmen in Erscheinung getreten. Der Zeitpunkt ihres Auftretens kurz vor den Präsidentschaftswahlen im Jahr 2000 ließ im ersten Moment Zweifel darüber ins Kraut schießen, ob es sich um eine »Strategie des PRI-Regimes« handle, eine »Montage aus den Kellergewölben der Macht« oder eine Gruppe mit einem »Anstrich von Legitimität« (*La Jornada*, 12.4.00).

Was ihre programmatischen und politisch-strategischen Vorstellungen betrifft, so sehen sich die FARP als Nationale Befreiungsbewegung, als »Marxisten-Leninisten, die den revolutionären Kampf vorantreiben wollen, um in ihrem Land den Sozialismus aufzubauen«. Dazu sollen die »drei Säulen des Marxismus-Leninismus entwickelt werden: Partei, Armee und Massenfront«. Die FARP hatten sich ursprünglich mit einer Kritik an der fehlenden innerorganisatorischen Demokratie von ihrer Mutterorganisation EPR abgespalten. Sie warfen den »Orthodoxen« in der EPR-Führung anfänglich vor, die »Spalter« kaltstellen zu wollen. Es habe sogar Befehle zur Tötung von Aussteigern gegeben, deren Ausführung gestoppt werden müsse, berichtete der FARPler »José Luis« in einem Interview mit José Gil Olmos, das in der Tageszeitung *La Jornada* (15.2.01) publiziert wurde. In der ersten Phase nach ihrer Abspaltung bis etwa Mitte 2001 verstanden sich die FARP als Teil der Basisbewegung gegen den Neoliberalismus, erhoben keinerlei Avantgardeanspruch und nahmen gegenüber allen anderen bewaffneten Gruppen eine konziliante Haltung ein. Nach heftigen internen Debatten, welche zur Einstellung öffentlicher Stellungnahmen zwischen August 2001 und September 2004 führten, kam es jedoch zu einem Kursschwenk zurück in Richtung ML-Orthodoxie. Dies hatte wiederum Abspaltungen zur Folge. Die FARP-Aussteiger kritisierten »zentralistische und autoritäre Methoden« und warfen einem führenden FARP-Mitglied vor, Beziehungen zur Drogenmafia zu unterhalten und FARP-Kämpfer bei einer Abrechnung unter Mafiabanden eingesetzt zu haben, so Jorge Lofredo (CEDEMA/Posdata: 3.11.05). Unterdessen näherten sich die FARP wieder der früheren Mutterorganisation an, die sie jetzt als »ernsthaften und respektablen revolutionären Ansatz« werten. Zu wichtigen aktuellen Fragen äußern sich die FARP heute inhaltlich ähnlich wie die EPR. Auch deren neuen Kommunikationsstil hat sie sich abgeschaut. In einem zweiteiligen Interview, das in der Tageszeitung *Milenio* (4./5. 2. 2008) veröffentlicht wurde, nehmen sie nicht nur zustimmend Stellung zur Einheit der linken Kräfte und zum Dialog mit der Regierung. Sie vermeiden auch Kritik an anderen Organisationen. Selbst die Regierung Calderón wird nicht frontal angegriffen, sondern vielmehr an mehreren konkreten Punkten auf eine Weise in Frage gestellt, wie dies auch von der Mitte-Links-Opposition getan wird.

Die Gruppierung veröffentlicht regelmäßig im Internet zugängliche Kommuniqués und verfügt mit ihrem Info *Verde Olivo* mittlerweile über ein eigenes Periodikum, in dem sie ihre Ansichten und Analysen veröffentlicht. Die Umstellung auf ein zweimonatiges Erscheinen im Jahr 2007 widerspiegelt die gewachsenen Kapazitäten ebenso, wie die Fähigkeit zu wichtigen Vorgängen zeitnah Einschätzungen und Orientierungen ausgeben zu können. Im zwölfseitigen *Verde Olivo,* von dem bis Juni 2008 insgesamt 14 Nummern erschienen, werden unter anderem Grundsatzthemen des Marxismus-Leninismus in einer Art Kursus für Einsteiger präsentiert. Die Herangehensweise ist hierbei sehr orthodox und erinnert in Kategorien und Diktion an Schriften, wie sie in den vergangenen Jahrzehnten von kommunistischen Sekten verbreitet wurden. Ein Beitrag über »gewerkschaftliche Strömungen« in *Verde Olivo* Nr. 12 (September/Oktober 2007) wird beispielsweise durch einen Text des Gründers der salvadorianischen Volksbefreiungskräfte (FPL) und Mitbegründers der Befreiungsbewegung Farabundo Martí (FMLN), Salvador Cayetano Carpio, abgedeckt. Weder die Rolle des Autors noch die Entstehungszeit und -umstände des Papiers werden skizziert. Der nachgedruckte Aufsatz ist in den 1970er Jahren geschrieben worden. Er schematisiert die unterschiedlichen Gewerkschaftstendenzen und legt aus Sicht der »revolutionären Gewerkschaftsbewegung«, so wie sie der davor aus der Kommunistischen Partei ausgestiegene Cayetano Carpio damals verstand, dar, »wie der andauernde Kampf gegen diese Tendenzen und Abweichungen« zu führen sei. Die Gewissheit im Besitz der »wissenschaftlichen Wahrheit« zu sein, so der O-Ton, spricht aus diesem und vergleichbaren Grundsatzbeiträgen des FARP-Periodikums. Dass diese Gewissheiten vorgetragen werden, als ob seit den 1970er Jahren nichts passiert wäre, was bestimmte ML-Thesen in Frage stellen könnte, scheint mir die heutigen FARP zu kennzeichnen. Sie verstehen sich als »wirkliche Marxisten-Leninisten«, die für den Sozialismus kämpfen. Sie treten dafür ein, dass soziale Bewegungen wie in Oaxaca »wahrhaft revolutionäre Ideen, Klassenideen annehmen« und Diskurse von »Zivilität, Pazifismus und Horizontalismus, die dem revolutionären Prozess soviel Schaden zufügen«, fallen lassen (*Verde Olivo* Nr. 5/«2006: 9). Da werden »Fälschungen der historischen Wahrheit« aufgedeckt, infiltrierte Chamäleons entlarvt, der »ideologische Kampf geführt, um die eigenen Reihen von Opportunisten, Abweichlern und falschen Revolutionären zu säubern«, etc. pp. Man fragt sich bei diesen Beiträgen mitunter, in welchen Gruften und Hinterzimmern diese Begrifflichkeiten und die dahinter stehenden Denkweisen überwintert haben.

In bemerkenswertem Widerspruch zu den grobschlächtigen theoretischen Einlassungen steht jedoch die erstaunlich differenzierte Beobachtung sozialer

Dynamiken und politischer Bewegungen. Diese werden in Form eines aktuellen Themas ebenfalls regelmäßig in *Verde Olivo* abgehandelt. Wichtige Themen, wie das Auf und Ab der Massenbewegung in Oaxaca, werden in vielen Artikeln dargestellt. Hier kamen die FARP beispielsweise zu der Einschätzung, dass es ihr zwar im Prinzip möglich wäre, »Polizeieinheiten in Oaxaca in Hinterhalte zu locken, oder andere bewaffnete Aktionen durchzuführen«. Dies würde jedoch die »tapferen Rebellen nicht verteidigen«, sondern »ihren Kampf nur noch schwieriger machen«, weil es als willkommener Vorwand dienen würde, Oaxaca weiter zu militarisieren. »Diese Art Hilfe von Seiten der Guerilla brauchen die Compañeros nicht«, so der FARP-Leitartikel in *Verde Olivo* Nr.5/2006 unmissverständlich. Wie andere bewaffnete Gruppierungen setzen auch die FARP vorrangig auf die politische Mobilisierung, auf den »legalen, friedlichen, politischen und sozialen Kampf«, so ein entsprechender Leitartikel in *Verde Olivo* (1/2007). Als Hauptproblem dabei sehen sie, dass es auf nationaler Ebene keinen Referenzpunkt gibt, der in der Lage wäre, und sei es auch nur partiell, die verschiedenen Kämpfe zu bündeln. Deshalb sei es notwendig, »Avantgardevorstellungen abzulegen und frank und frei sowie öffentlich damit zu beginnen, über ein Minimalprogramm zu sprechen.« Weiter heißt es in dem bereits zitierten Artikel: »Wenn der Staat uns spalten will, einigen wir uns um einige wenige Forderungen herum, die für alle etwas bringen. Treten wir dem Staat friedlich und legal entgegen, dann wird uns der Klassenkampf zeigen, was danach kommt.«

Nimmt man diese Töne ernst, dann müssten die FARP zuallererst über ihren eigenen Schatten springen. Denn zusammen mit dem nun nachfolgend behandelten »Kommando für die Herstellung der Gerechtigkeit – 28. Juni« (CJ-28J), sind sie diejenige Gruppierung aus dem Spektrum des Eperrismus, welche seit Jahren am unversöhnlichsten gegen die politisch deutlich offenere Guerillatendenz Stellung bezieht, die sich um die TDR-EP sammelt. Nach dem bereits erwähnten Mord an Miguel Angel Mesino im September 2005, für den ein TDR-EP-Kommando verantwortlich war, kam es zu einer Serie von schweren gegenseitigen Beschuldigungen. Beide Seiten warfen der jeweils anderen vor, für blutige zwischenorganisatorische Abrechnungen verantwortlich zu sein. Für Außenstehende blieben die Fakten undurchschaubar und unüberprüfbar. Während das TDR-EP-Kommando den Getöteten im Nachhinein der Zusammenarbeit mit Staat und Drogenmafia um des eigenen persönlichen Vorteils willen bezichtigte und ihn zudem für etwa 20 Morde verantwortlich machte, warfen vor allem FARP und CJ-28 und weniger lautstark auch die EPR in nahezu gleich lautenden Anschuldigungen der TDR-EP vor, generell zu Paramilitärs degeneriert zu sein und das Geschäft von Armee und Geheimdiensten zu betreiben. Diese Grundhaltung haben die beiden genannten Organisationen beibehalten. Während sich um die TDR-EP mehrere Organisationen sammelten und mit ihren Manifesten an die Nation sowie mit diversen Aktionen im Laufe des Jahres 2006 die gesamte Guerillabewegung aus der politischen Marginalisierung und Nichtbeachtung zurück in die politische Arena führten, behielten FARP und CJ-28J ihre Rolle als Scharfmacher bei der Denunzierung von »einem höchst gefährlichen neuen Element: Paramilitärs mit dem Vokabular von Revolutionären, Pseudo-Revolutionäre« (*Verde Olivo* 5/2006: 8). Im bereits erwähnten Interview mit Jorge Lofredo kategorisieren sie die mexikanische Guerillabewegung wie folgt: Auf der einen Seite gebe es die revolutionären Gruppen und Organisationen, bei denen die Unterschiede vor allem in taktischen und nicht in strategischen Fragen lägen. Auf der anderen Seite befänden sich pseudo-revolutionäre Gruppen und Paramilitärs. 2007 standen diese Thesen weniger im Vordergrund, als in den Jahren davor, blieben aber als wabernder Untergrund präsent. Beispielsweise in einem Ende November 2007 veröffentlichten FARP-Papier über die »Zerstörung des sozialen Gewebes der Gemeinde Atoyac de Alvarez«, der roten Zone in Guerrero, die immer wieder Guerillabewegungen hervorgebracht hat. Darin ist mehrfach die Rede vom »Paramilitarismus«, der »in einer diffusen Mischung wieder auftaucht«. Weitere Anspielungen lassen einen ahnen, dass die TDR-EP gemeint sein muss. Die Vorwürfe bleiben jedoch seltsam allgemein und verschwommen. Weder wird auf den heutigen Stand der Diskussionen der Revolutionären Koordination Bezug genommen, noch wurden die Anwürfe konkretisiert, aktualisiert, differenziert oder gar zurückgenommen. Ähnlich verwaschene Formulierungen, »obskure pseudo-revolutionäre Interessen«, finden sich auch in einem aktuellen Interview der Tageszeitung *Milenio* (4./5.2.08) wieder. Auf dieser Grundlage kann natürlich keinerlei Aktionseinheit entstehen. Entsprechenden Ankündigungen von Seiten der FARP folgten denn auch keine Taten.

### Das »Kommando für die Herstellung der Gerechtigkeit – 28. Juni« (CJ – 28J)

Wie die FARP entstand 1998 auch das Kommando CJ-28J aus dem Eperrismus. 1999 führte die Gruppierung in Aguacatitlán, Teloloapan, ihre erste bewaffnete Aktion durch, um die Öffentlichkeit von ihrer Existenz zu unterrichten. Spätere Kommuniqués zeigten, dass das CJ-28J sich aus der ursprünglichen EPR-Struktur des Bundesstaates Guerrero abgespalten hat, die sich im Lauf des Jahres 1998 als ERPI neu konstituiert hatte. Die CJ-28J-Vorläufer waren in den siebziger Jahren von einem Überlebenden der Guerilla von Lucio Cabañas gegründet worden, formierten sich 1992 und gingen später im EPR auf. Es handelt sich um eine kleine, vorwiegend ländlich geprägte Organisation, die in einigen Gegenden des Bundesstaates Guerrero agiert. Das Kommando definiert sich selbst als marxistisch-leninistisch und sieht sich im Streit mit den »Pseudo-Revolutionären, Söldnern der Revolution und falschen Propheten« an der Seite von EPR und FARP. Das

CJ-28J geht in seinen Vorwürfen sogar noch weiter als die FARP. Denn sie macht für die Ermordung von Miguel Angel Mesino, der verschiedentlich als Chef des CJ-28J bezeichnet wurde, nicht nur das sich selbst als Täter bekennende TDR-EP-Kommando verantwortlich, sondern darüber hinaus auch die Gruppierungen ERPI und MRLCB. Beiden wird eine Art Kontaktschuld vorgeworfen, weil sie sich mit der TDR-EP koordinieren. Wörtlich heißt es im entsprechenden CJ-28J-Papier mit dem Titel »Nuestro pedazo de historia« vom 30.11.2004: »Sie sind in gewisser Weise für den Mord an Miguel Angel Mesino verantwortlich. Sag mir, mit wem Du gehst und ich sage Dir, wer Du bist.« Im Bezug auf die vorherigen politischen Differenzen innerhalb der EPR macht das Kommando ein zuviel an »Liberalismus«, die übertriebene Öffnung von Organisationsstrukturen, eine falsche Rekrutierungspolitik und den mitunter verschwenderischen Umgang mit Geld für die internen Probleme verantwortlich. Mit anderen Worten: Es wird von einem ultraorthodoxen ML-Standpunkt aus argumentiert und anderen Strömungen vorgeworfen, sie seien zu nachgiebig und liberalistisch mit den inneren Differenzen umgegangen. Die eigene Arbeit sei vor allem darauf ausgerichtet, mit solider und stiller Basisarbeit Kräfte zu akkumulieren. Man vertraue auf bewaffnete Selbstverteidigung, um sich gegen »Kaziken, Paramilitärs, Pseudo-Revolutionäre und zivile Agenten der Regierung zur Wehr zu setzen«. Daneben setzte man auf »ideologischen Kampf, um die pseudo-revolutionären Gruppen aufzudecken und zu entlarven«. In einem Gespräch, das Jorge Lofredo im März 2006 veröffentlichte, drehte sich vieles um die Anwürfe gegen die von CJ-28J so titulierten Pseudo-Revolutionäre. Im Ton waren diese noch unversöhnlicher als im oben dargestellten Fall der FARP. Aber ähnlich wie bei diesen mäßigte auch das CJ-28J im Verlauf der letzten beiden Jahre seine Attacken und konzentrierte seine Kritik auf die Regierungen in Guerrero sowie im Bund. Es denunzierte auch das Umsichgreifen der Drogenmafia und deren Verbandelung mit staatlichen Institutionen und Vertretern. Im Bezug auf die vom PRD-Gouverneur Zeferino Torreblanca Galindo geführte Landesregierung in Guerrero macht das CJ-28J einen »Mangel an sozialer Sensibilität« geltend, bleibt aber abwartend. »Wenn wir angegriffen werden, verteidigen wir uns. Aber im Moment greifen wir nicht selbst an«, zitiert die Tageszeitung *Excelsior* (8.2.08) aus einem Interview. Die Gruppierung schloss sich wie viele andere Untergrundgruppen der EPR-Forderung im Bezug auf ihre beiden verschwundenen Mitglieder an und äußerte sich allgemein zustimmend zu Einheitsaufrufen. Ohne die so heftig befehdeten Gruppen noch direkt zu benennen, hob das Kommando jedoch hervor, dass verbale Aufrufe nicht genügten. Vielmehr müssten die Taten im Einklang mit den Worten stehen. Selbst stelle man sich weiterhin gegen die »neoliberale Globalisierung« und kämpfe für den »Aufbau des Sozialismus« (11.6.07).

### Weitere Gruppen aus dem ML-Spektrum

Weitere Gruppen wie die sich auf Pancho Villa berufende und 1999 gegründete EVRP, die nach Aktivitäten in den ersten Jahren der Regierung Fox und einer nachfolgenden Repressionswelle vorübergehend in der Versenkung verschwand, bevor sie im Kontext der Bewegung in Oaxaca wieder Lebenszeichen von sich gab, oder die im Mai 2002 erstmals aufgetretene »Revolutionäre Organisation – 2. Dezember« (OR-2D), über die öffentlich wenig bekannt ist, sind ebenfalls dem Spektrum des Eperrismus zuzurechnen. Diese Gruppen sollen hier nicht im Detail betrachtet werden, da über ihre derzeitige politische Positionierung eben so wenig bekannt ist, wie über ihre praktische Relevanz. In beiden Fällen handelt es sich eher um kleine Kerne von Aktivisten, die über punktuelle Kontakte zu anderen Untergrundorganisationen verfügen und sich verschiedentlich an Aktionen anderer Organisationen aus der orthodoxen ML-Strömung des Eperrismus beteiligten.

Bemerkenswert ist, dass von Seiten des Staates, konkret in Gestalt der Generalstaatsanwaltschaft überhaupt nur drei Aufstandsbewegungen als existent anerkannt werden: Zapatisten, EPR und ERPI. Die anderen bisher und nachfolgend vorgestellten Organisationen der EPR-Diaspora gibt es offiziell gar nicht. Die EPR-Abspaltungen seien reine Fiktion. In Wirklichkeit handle es sich um eine PR-Strategie der »Revolutionären Volksarmee« mit dem Ziel, mit Hilfe verschiedener Masken Publizität zu erreichen bzw. im Ausland vorzutäuschen, dass es in Mexiko eine Vielzahl revolutionärer Gruppierungen gebe. Dies sei Ausdruck einer politisch-militärischen Taktik des Eperrismus, eine Kommunikationsstrategie, die sich einschreibe in ihre Strategie des verlängerten Volkskrieges. Diese von Politik und Staatsanwaltschaft immer wieder vorgebrachte Sichtweise leugnet die spezifischen Entstehungszusammenhänge der bewaffneten Organisationen, spricht ihnen jegliche Legitimität ab und bereitet einer militärischen Zerschlagung den Boden. Eine weitere immer wieder variierte These lautet, dass es Spaltungen und Konflikte zwischen den verschiedenen Gruppen zwar gebe, dass diese jedoch nur von deren eigentlichen Interessenskonflikten ablenken sollen: diese Gruppierungen seien in Wahrheit mit verschiedenen Kräften der Drogenmafia und der organisierten Kriminalität liiert. Die Konflikte seien nichts anderes als das Begleichen offener Rechnungen. Diese Sichtweise leugnet, dass es überhaupt Gründe für das Entstehen von authentischen Guerillabewegungen geben könnte und hat ebenfalls die Funktion, dem »Kampf gegen Drogenmafia und Terror« den ideologischen Boden zu bereiten. Bei beiden genannten Argumentationen verzichten die staatlichen Akteure bzw. ihre Verlautbarungsorgane in den regierungstreuen Massenmedien auf die inhaltliche Unterscheidung zwischen den unterschiedlichen Kürzeln, sowohl hinsichtlich ihrer Entstehung und Verankerung als auch bezüglich ihrer unmittelbaren Ziele. Ebenso wenig wird der Versuch gemacht zwischen Diskurs und Praxis zu differenzieren. Vielmehr wird eine vermeintlich homogene »Gefahr für den mexikanischen Staat« beschworen, die mit Geheimdiensten, Polizei und Militär bekämpft werden müsse. Der soziale Inhalt und die politischen Forderungen der betreffenden Bewegungen werden von vornherein ausgeblendet. Auf diese Weise ist es unmöglich, die Entwicklungen und Widersprüchlichkeiten der Prozesse im linksradikalen Lager in den unterschiedlichen historischen Etappen auch nur ansatzweise adäquat zu erfassen. Von Seiten des Staates ist so an erster Stelle und im Wesentlichen immer nur eine Antwort zu erwarten: militärische Gewalt. Selbst die soziale Flankierung dieser Gewalt in Form von integrierenden Sozialprogrammen unterbleibt in der Regel, so dass in definierbaren »roten Zonen« wie in einigen Gegenden von Guerrero und Oaxaca auch nach noch so brutalen Aufstandsbekämpfungskampagnen sich nach einiger Zeit immer wieder aufständische Ansätze bilden, wie unter anderem Blanca Estela Martínez Torres Arbeit »Contrainsurgencia ante movimientos armados en México: EPR-PDPR« (UAM/Iztapalapa, 2006) zeigt.

### 3.1.2. *Strömung 2* Bewegungsnahe und aufstandsorientierte Kräfte: »Demokratisch-Revolutionäre Tendenz – Volksheer« (TDR-EP)

Neben der bislang dargestellten orthodoxen ML-Strömung gibt es einen zweiten Block von Guerillabewegungen, der diskursiv und politisch wesentlich offener und weniger dogmatisch auftritt. In Bezug auf die Andere Kampagne der Zapatisten verhalten sich die beiden Blöcke unterschiedlich: während die orthodoxen ML-Gruppen aus einer vorsichtigen Distanz heraus verhaltene Zustimmung signalisieren, bezieht sich der nachfolgend vorgestellte zweite Block uneingeschränkt positiv auf die Zapatisteninitiative. Während der erste Block meint, er allein bündele die wirklichen Revolutionäre, setzt der zweite Block auf eine gleichberechtigte Aktionseinheit vielfältiger Gruppen. Nur aus dieser Einheit in Vielfalt könne ein politisches Instrument erwachsen, das die nötigen Veränderungen vorantreiben könne. Dagegen meinen die Orthodoxen des ersten Blockes und hier insbesondere die tonangebende EPR von sich, sie selbst verkörpere die Kontinuität der Revolution und stelle bereits den Kern der revolutionären Partei dar, um die sich die übrigen willigen Gruppen gruppieren sollten.

Die Hauptkraft dieser zweiten an sozialen Bewegungen orientierten Strömung ist die mehrfach erwähnte »Demokratisch-Revolutionäre Tendenz – Volksheer« (TDR-EP). Sie ist im Herbst 1999 ebenfalls aus der EPR hervorgegangen. Gegründet von einem Mitglied der EPR-Generalkommandantur und ursprünglich auf den Bundesstaat Guerrero und einen rein politischen Organisationsansatz begrenzt, hat sich die TDR-EP in den letzten Jahren mit ihrem offenen, bewegungsnahen, selbstkritischen, demokratisierenden und antihierarchischen Diskurs zu einem Anziehungspol entwickelt. In verschiedenen Bundesstaaten ordneten sich mehrere kleinere Kommandos (México Bárbaro; Jaramillista Morelense 23 de Mayo; La Patria es Primero; Magonista de Liberación) in die Struktur ein. Seit ihrem zweiten Kongress 2004 sind sie offiziell Teil der TDR-EP. Öffentlich bekannt wurde dies erst 2006. Die verschiedenen Kommandos sowie einige weitere, deren Existenz der TDR-EP zufolge noch geheim gehalten wird, verfügen über ein gewisses Maß an operativer und organisatorischer Autonomie. Sie sind es, die den Großteil aller Guerillaaktionen durchgeführt haben, die zwischen 2003 und 2006 bekannt wurden. Erst mit der EPR-Offensive ab Juli 2007 haben sich diesbezüglich die Gewichte wieder verschoben. Es sind vor allem diese Kommandos, die von den ultraorthodoxen ML-Gruppen FARP und CJ-28J als »Pseudo-Revolutionäre« oder »Paramilitärs mit revolutionärem Diskurs« gebrandmarkt werden.

Was aus Sicht der EPR-Orthodoxen, die beispielsweise in ihrem Papier »Historia reciente« niedergelegt ist, eine »politisch-ideologische Säuberung« war gegen »Fraktionstätigkeit, Flucht, Desertion und Verräter« verstanden die Gründer der TDR-EP als »interne politische Krise und Fragmentierung des Eperrismus«, die Anlass für eine »tief greifende Reflexion und selbstkritische Analyse« war. Ebenso wie die verwendeten Begrifflichkeiten belegt der politische Inhalt der Bilanz, die Ende 2005 unter dem Titel »Crónica de una colisión inevitable« veröffentlicht wurde, dass sich in der »Demokratisch-Revolutionären Tendenz – Volksheer« ein Teil der undogmatischeren Linksradikalen gesammelt hat. Diese waren davor zum Teil lange Jahre und vielfach in leitender Position in der Revolutionären Volksarmee (EPR) aktiv. Die genannte Bilanz lässt die wichtigsten Etappen und Ereignisse der EPR-Geschichte aus einer bestens informierten Binnensicht Revue passieren, skizziert unterschiedliche Tendenzen und politische Haltungen und fasst die wichtigsten Einsichten in einer schmerzlichen Selbstkritik zusammen.

Die Autoren sehen folgende Grundprobleme: Man sei ausgegangen von ML-Manualen, wie sie von der KPdSU geliefert worden waren, habe die daraus gezogene Theorie zur heiligen Lehre erklärt und von der praktischen Politik abgetrennt. Leninistische Organisationsprinzipien wie der demokratische Zentralismus seien in einer einseitigen und dogmatischen Weise angewendet worden, so dass diese in der Hierarchisierung der Partei und der Unterdrückung der innerparteilichen Demokratie mündeten. Auf Grundlage dieser doppelten Dogmatisierung sei es nicht möglich gewesen, ethische Prinzipien im konkreten sozialen Handeln umzusetzen. Ethische Normen im zwischenmenschlichen Umgang wurden den Notwendigkeiten des bewaffneten Kampfes untergeordnet. Der bewaffnete

Kampf habe ein mystifiziertes Eigenleben bekommen und sei jenseits von Ort, Zeit und Bedingungen als höchste Form des Kampfes gesehen worden, dem sich alles andere unterzuordnen habe. Dies habe auf allen Ebenen Beziehungen von Herrschaft und Gehorsam reproduziert. Außerdem habe den aus der Tradition der PROCUP-PDLP kommenden Gründungskern des EPR ein hegemoniales Selbstverständnis gekennzeichnet. Dies habe sich unter anderem in einer systematischen Abqualifizierung aller anderen linken Gruppierungen geäußert. Man verstand sich selbst als die Avantgarde revolutionären Denkens und Handelns, hob die Geschichte der PROCUP hervor und minimierte, leugnete oder disqualifizierte den Beitrag anderer Ansätze. Die »Interpretation der Welt und der politischen Praxis« wurde vorgenommen mit »Kategorien, wie sie in Texten vom Beginn der 70er Jahre« vorgefunden wurden, so die TDR-EP-Kritik an der Leitung ihrer Mutterorganisation. Konkret bedeutete das fehlende innere Debatten und fehlende innerorganisatorische Demokratie; eine dogmatische und unzeitgemäße Interpretation des Marxismus, welche die kreative und kritische Mitwirkung der eigenen Basis ausschloss, Sektierertum und eine Parteikonzeption, die sich als Selbstzweck genügte und nicht als Instrument der Massenkämpfe. »Schließlich Berufsrevolutionäre, die wie bezahlte Angestellte der Revolution waren, mit einer bürokratischen Stufenleiter, wo den höchsten Ebenen die beste Bezahlung und das geringste Risiko zukam.« Dies führte zu »Abhängigkeit, Anpassung, Korruption und doppelter Moral«, so die ernüchternde Bilanz. Das Fazit: »Die dogmatische Konzeption von Revolution, Partei und politischer Linie sowie das Führungsmodell und der revolutionäre Aufbau auf Grundlage der Beziehung von Befehl und Gehorsam bürokratisierten die Partei und entfernten sie immer weiter von den konkreten sozialen Bewegungen.«

Auf Detailkritik aus den eigenen Reihen reagierte die EPR-Organisationsleitung im Wesentlichen mit zwei Strategien: a) Sie sakralisierte die Parteiführung nach dem Motto »die Partei hat immer recht«. Der leitende Nukleus, Partei und Revolution waren aus dieser Sicht ein und dieselbe Sache. b) Die EPR-Leitung psychologisierte Kritik als »unreif, unausgewogen, Verärgerung, schlechte oder unvollständige Prognose« etc. Politische Differenzen, und seien sie noch so gering gewesen, wurden scharf verurteilt als persönliches Problem, politische Abweichung oder ideologische Auflösungserscheinung. Dem stellte sie die angebliche notwendige Homogenität der Organisation gegenüber.

Zum Tragen kamen diese Defizite insbesondere ab Mitte 1997, als in Folge der eigenen Guerillaaktionen die Armee zu einer blutigen Gegenoffensive ausholte und die EPR sowie ihre soziale Basis schwere Schläge in Form von Toten, Verletzten und vielen Verhaftungen hinnehmen mussten. In Leitungsdebatten kam es beim Versuch einer Bestandsaufnahme der geänderten Lage zu unterschiedlichen

Einschätzungen vor allem hinsichtlich der Frage, ob es richtig sei, die menschlichen und materiellen Kräfte für den Aufbau einer Guerillafront in Guerrero zu bündeln. Dies wurde von den regionalen EPR-Verantwortlichen in Guerrero abgelehnt, der EPR-Organisationszentrale jedoch befürwortet. Dieser Konflikt und die Formen, wie er ausgetragen wurde, waren Ausgangspunkt für die Desintegration der ursprünglichen EPR und die Entstehung des Eperrismus. Die unterschiedlichen Sichtweisen kollidierten in der innerorganisatiorischen Praxis immer wieder und führten zur Herausbildung und organisatorischen Festigung der »Demokratisch-Revolutionären Tendenz« zuerst als politische Tendenz innerhalb der EPR und schließlich zu deren Ausscheiden und dem Aufbau einer eigenen Struktur, die bis 2004 unter dem Kürzel PDPR-EPR-TDR auftrat, bis sie sich nach ihrem zweiten Kongress in »Demokratisch-Revolutionäre Tendenz – Volksheer« (TDR-EP) umbenannte. Die TDR beschloss auch, sich in Form regionaler Kommandos zu restrukturieren und diese Kommandos mit Aktionen »bewaffneter Propaganda, der Selbstverteidigung sowie revolutionärer Justiz« schrittweise in der Öffentlichkeit bekannt zu machen.

In diesem Kontext wurde 2005 in Acapulco nicht nur José Rubén Robles erschossen, ein enger Vertrauter des abgelösten PRI-Landesfürsten, der für vielfältige Repressionsmaßnahmen verantwortlich gemacht wurde, sondern wie bereits mehrfach erwähnt, eben auch der soziale Aktivist und revolutionäre Kader Miguel Angel Mesino. Dessen Tötung, welche die ohnehin angespannten Beziehungen zwischen den verschiedenen Gruppierungen der EPR-Diaspora noch einmal deutlich verschlechterte, wird in dem TDR-Bilanzpapier auf über zehn Seiten dargestellt und gerechtfertigt. Es fehlt aber eine Begründung, wie dieser Tod mit der vorher lang und breit dargestellten revolutionären Ethik in Einklang zu bringen ist. An anderer Stelle werden in dem Papier einmal die FARP kritisiert, weil sie sich als Ankläger und Richter gleichzeitig gebärdet hätten. Diese Vermischung der Funktionen sei unzulässig. Nichts anderes hat die TDR im Fall Mesino getan. Die Frage, warum es von ihrer Seite im Vorfeld keine öffentlichen Vorwürfe gegen Miguel Angel Mesino gab, etwa in der Art, dieser habe die Seiten gewechselt und stehe seit seinem Gefängnisaufenthalt im Sold der Armeegeheimdienste, ist begründet. Die Anwürfe kamen erst *post mortem* und haben deshalb den Charakter von Rechtfertigungsargumenten. Der Getötete hatte keine Chance sich zu erklären und sich zu verteidigen. Welch schillernde Rolle Miguel Angel Mesino auch gespielt haben mag, sicher ist, dass der Umgang der TDR-EP mit den daraus möglicherweise resultierenden Problemen den selbst formulierten, hohen ethischen Maßstäben nicht genügte. Vielmehr erinnerte der Vorfall an die lange und bittere Geschichte blutiger Abrechnungen im Gefolge innerlinker Fraktionskämpfe. Der Fall Mesino trug zur weiteren Fragmentierung und Atomisierung des Eperrismus bei, die bis 2006 anhielt. Außerdem kostete er dem auf Zusammenarbeit und Bündnis mit den unterschiedlichsten Kräften angelegten Ansatz von TDR-EP erheblich an Glaubwürdigkeit.

Der Grundgedanke der TDR-EP: Keine Organisation kann für sich allein »die Partei« aufbauen, keine hat »die Wahrheit«. Aus diesem Grund sei es notwendig, dass alle ihren Ausschließlichkeitsanspruch in dialektischer Weise negieren. Nur so könne man eine neue einheitliche Struktur aufbauen mit einem einschließenden und großzügigen politischen Projekt. Jede Option, die auf »einzig richtige Methoden« aufbaue, sei zur Isolation und zum Scheitern verurteilt. Als allererster Schritt sei notwendig, dass sich die unterschiedlichen revolutionären Organisationen anerkennen und respektieren. Der Kampf zwischen verschiedenen Gruppen sei nicht wünschenswert und sollte auf jeden Fall vermieden werden. Mehr noch als die anderen bisher vorgestellten Gruppen legt die TDR-EP Wert auf politische und - einhergehend damit – soziale Veränderungen. Die Dimension der konkreten Subjekte, ihre alltäglichen Praxen und ihre lebensweltlichen Vorstellungen spielen in der Gedankenwelt dieser Strömung eine große Rolle. Es geht nicht nur um den Aufbau einer anderen Macht, sondern Hand in Hand damit auch um eine »tief greifende soziale Transformation«, welche die vom Kapitalismus geprägte Lebens- und Wertvorstellungen hinter sich lässt. Das eigene Handeln wird unter dem Gesichtspunkt beurteilt, ob es gelingt, diesen umfassenden Transformationsprozess voranzubringen. Aus diesen Überlegungen ergibt es sich gewissermaßen von selbst, dass die TDR-EP zu reformerischen Kräften und der linkszentristischen PDR bzw. ihrem Präsidentschaftskandidaten Andrés Manuel López Obrador ein differenziertes Verhältnis hat. Erstens werden jeweils Ort, Zeit und Bedingungen der politischen Initiativen von PRD und AMLO in Rechnung gestellt, d.h. es gibt keine abstrakte und immergleiche Position dazu wie etwa bei den Zapatisten. Zweitens wird unterschieden zwischen den verschiedenen parteiinternen Fraktionen der PRD. Und drittens schließlich wird differenziert zwischen der Parteianhängerschaft sowie dem »breiten Fluss der Menschen«, so der O-TON, welche für López Obrador bei verschiedenen Anlässen auf die Straße gegangen sind. Konkret sprach sich die TDR-EP mehrfach für die Teilnahme an Aktionseinheiten aus, etwa gegen den Wahlbetrug.

**Die »Revolutionäre Koordination«**

Die TDR-EP, die argumentativer, gewandter und viel weniger autoritär als ihre Mutterorganisation auftritt, konnte offenbar durch erfolgreiche Basisarbeit für ihre Konzeption werben. So ist es ihr 2006 gelungen, eine »Revolutionäre Koordination« auf die Beine zu stellen. Dieser gehörten vorübergehend ein halbes Dutzend Gruppen an, davon einige bis dahin unbekannte. Zu Beginn des Jahres 2008 sind es immer noch vier. Mit ihren Stellungnahmen und Aktionen gelang es der »Revolutionären Koordination«, die Guerilla als politischen Faktor aus der Marginalisierung und Nichtbeachtung herauszuführen und wieder als wahrnehmbare, eigenständige und ernstzunehmende Kraft zu etablieren. Neben der TDR-EP als Triebfeder gehören heute die 2001 gegründete »Revolutionäre Bewegung Lucio Cabañas Barrientos (MRLCB) sowie die 2006 erstmals erwähnte »Aufständische Bewegung – 1. Mai (OI –1M) und die »Brigade für Gerechtigkeit – 2. Dezember (BA – 2D), welche Ende 2007 ihr Gründungsmanifest veröffentlichte, der Koordination an. Dieses Bündnis von Guerillagruppen trat im September 2006 mit einer bewaffneten Straßensperre in Guelatao/Oaxaca aktiv in Erscheinung. Wie so oft war in den Massenmedien zunächst von einer »Farce« bzw. einer vom Geheimdienst »montierten Szene« die Rede. Ein Dutzend Uniformierter verteilte ein »Manifest an die Nation«, in dem im Gedenken an die Ermordeten von Aguas Blancas und auf Grundlage einer Analyse der mexikanischen Realität auf eine Aktionseinheit aller linken Kräfte unter Respektierung aller Formen des Kampfes orientiert wird. Im Bezug auf das politische System sprechen die Unterzeichner der »Revolutionären Koordination« von einem Wahlbetrug, welcher die Vertiefung des neoliberalen Projektes, das zur Ausplünderung des Landes führt, ermöglichen soll. Die »Parteien der Oligarchie PRI-PAN« garantieren dessen Funktionieren. Die PRD und ihr Kandidat André Manuel López Obrador greifen die Grundlagen des kapitalistischen Systems zwar nicht an, komplizieren jedoch die Vertiefung des Neoliberalismus, indem sie eine andere Akkumulationsstrategie vorschlagen. Auch stehen sie in Konfrontation mit einigen der Hauptprofiteure. Aus diesem Grund und um der Ultrarechten den Weg zu versperren, habe ein Großteil der Arbeitenden für López Obrador gestimmt, jedoch »ohne dieser Partei und ihrem Projekt vollständige Glaubwürdigkeit zu attestieren«. »Wir respektieren diese Entscheidung«, heißt es weiter, »halten es aber für notwendig alle Formen des Kampfes anzuwenden. Wenn die zivilen und politischen nicht mehr weiterführen, werden die bewaffnete Selbstverteidigung und der bewaffnete revolutionäre Kampf vorangetrieben, bis der Volkswille respektiert wird.« Über die Wahlperiode hinaus sei es nötig, die sozialen Bewegungen zu stärken, um so die Wirtschaftsbeziehungen zu demokratisieren und anzufangen von unten her die Volksmacht aufzubauen. Dabei müssen »alte autoritäre, pyramidale und sektiererische Strukturen aufgebrochen werden«, um allerorts »neue soziale, wirtschaftliche und kulturelle Beziehungen aufzubauen.« Die Linke müsse neu artikuliert werden und die »antikapitalistischen Organisationen sollten zur Einheit beitragen, ohne ihre Autonomie und ihre Kampfformen aufzugeben«. Dabei müsse das Prinzip des »gehorchenden Befehlens« gelten. Um die Kämpfe für die unmittelbaren Bedürfnisse der Bevölkerungsmehrheiten und gegen die Privatisierung (zu unterstützen), müsste die neue Bewegung aufgebaut werden. Diese solle schließlich in eine neue verfassungsgebende Versammlung münden, welche den Rahmen für ein neues nationales Entwicklungsprojekt gestalten könne. So weit die strategische Vorstellung der Revolutionären Koordination. Es ist unverkennbar, dass sich die darin zusammengeschlossenen Gruppen von der ML-Bündnispolitik alter Tage verabschiedet haben. Da findet sich nichts mehr über die führende Rolle von Partei und Arbeiterklasse, nichts über das strategische Bündnis Arbeiterklasse und Campesinos etc. pp. Vielmehr dominieren Vorstellungen einer Pluralität von Kräften, die in einem offenen und wirklich demokratischen Prozess eine tief greifende wirtschaftliche und soziale Umgestaltung auf den Weg bringen soll, die ihrerseits so angelegt ist, dass sie Platz für unterschiedliche soziale und politische Optionen bietet. Die revolutionäre Transformation wird als umfassender Prozess der Selbstermächtigung der ausgebeuteten und marginalisierten Klassen begriffen, der unter dem Begriff *»poder popular«* gefasst wird und dessen Umsetzung schon heute begonnen werden soll. Die Revolutionäre Koordination will dazu beitragen, diesen Prozess zu initiieren, zu fördern und zu verstärken. Der Umschlag in eine neue gesellschaftliche Qualität soll daraus schrittweise erwachsen und letztlich in eine allgemeine, vorwiegend politisch-sozial geprägte Aufstandsbewegung münden, welche die herrschenden Eliten von den Schalthebeln der Macht vertreibt.

Die revolutionäre Koordination hat verschiedentlich in die Debatte um Oaxaca interveniert und dabei auch viel Resonanz erzeugen können, wenngleich diese zum Teil auch kritisch ausfiel. Denn aus dem Umfeld der Landesregierung etwa in Gestalt der hohen Justizbeamtin Lisbeth Caña Cadeza war die legale Massenbewegung mehrfach mit der Guerilla in Verbindung gebracht worden. Es war von »subversiven Aktionen«, »Stadtguerilla« und »Verbindungen zur Guerilla« die Rede. PRI- und PAN-Abgeordnete und ihnen nahe stehende Journalisten hatten diese Anwürfe wiederholt und variiert. Derartige Thesen hatten in der Vergangenheit verschiedentlich dazu gedient, das Eingreifen der Armee vorzubereiten und zu legitimieren. Aus Sicht der legalen Massenbewegung und insbesondere einer Tendenz in der APPO-Führung sollte deshalb alles unterbleiben, was zur Untermauerung der Vorwürfe dienen konnte, die legale Massenbewegung um die APPO habe irgendetwas mit Guerillagruppen zu tun. Die meisten Debatten riefen drei zeitgleiche Bombenanschläge der Revolutionären Koordination auf die PRI-Zentrale, die oberste Wahlbehörde sowie eine Bank hervor, die am 6.11. 2006 in Mexiko D.F. stattfanden. Bei der sehr präzise und professionell durchgeführten Aktion gab es, was zum Kern des eigenen Selbstverständnisses gehört, keinerlei zivile Opfer. Trotz hohem Fahndungsdruck konnte auch niemand festgenommen werden. In verschiedenen Medien geäußerte Kritiken, die bewaffneten Aktionen hätten die legale soziale Bewegung in Oaxaca unter erhöhten Repressionsdruck gebracht, begegnete die Koordination, indem sie dazu konkret und detailliert Stellung bezog. Um ihren guten Willen unter Beweis zu stellen, verkündete die Revolutionäre Koordination einen zeitlich befristeten, einseitigen Waffenstillstand. Mitte Dezember 2006 erklärte sie in einer Stellungsnahme, die der Tageszeitung *La Jornada* zuging, man »verlängere den Waffenstillstand« und setze »auf eine Kombination aller Kampfformen«. Mit diesen Positionen und Aktionen holte die Revolutionäre Koordination die Guerillabewegung nach einer langen Phase weitestgehender politischer Isolation wieder in den Bereich des politisch Diskutablen zurück. Es zeichneten sich nach Jahren der Spaltung, des Zerfalls und interner, zum Teil blutig ausgetragener Konflikte erstmals Kommunikationsformen und Inhalte ab, die nicht schon von vorneherein an den existierenden legalen sozialen Bewegungen vorbeigehen mussten.

Im Laufe des Jahres 2007 verzichtete die Revolutionäre Koordination auf bewaffnete Aktionen, zumindest bekannte sie sich bisher zu keinen, und konzentrierte sich statt dessen auf Basisarbeit und die Ausarbeitung ihrer politischen Strategie. Diese legte sie in weiteren Erklärungen an die Nation dar. In Stil, Sprache und Argumenten öffnete sich die Koordination weiter, sowohl nach links Richtung EPR-Orthodoxe, indem sie sich etwa im Kommuniqué Nr. 5 (23.9.07) ohne wenn und aber »mit deren legitimen Forderungen solidarisiert« und scharf die Version zurückweist, das Verschwinden der beiden EPR-Leute sei auf eine »Abrechnung unter Revolutionären« zurückzuführen. Überdies sei eine »Kombination aller Formen des Kampfes, einschließlich des Rechtes auf bewaffnete Selbstverteidigung« erforderlich. In Richtung Zapatisten wurden ebenfalls Signale ausgesandt. Viele sprachliche Wendungen und Begrifflichkeiten in den Erklärungen an die Nation sind dem zapatistischen Diskurs entlehnt. Auch grundlegende strategische Gedanken, wie etwa jener, dass der »befreierische Prozess prinzipiell von unten und von außerhalb der Institutionen beginnen« müsse, finden sich im Zapatismus wieder. Aber nicht nur nach links, sondern auch in Richtung der Wählerschaft der zentristischen PRD gibt es Annäherungsversuche: Anders als Zapatismus und die Andere Kampagne, die ausschließlich auf die Selbstermächtigung links unten setzen und dies ausschließlich in friedlicher Art und Weise, postuliert die Revolutionäre Koordination, man solle auch »von oben und innerhalb der bestehenden Institutionen Positionen aufbauen«, um so auf dem Weg zu einer »neuen Nation« voranzukommen. Zu diesem Zweck rufen sie auch «ehrliche Sektoren und integre Persönlichkeiten der institutionellen Linken auf«, ihr Wirken nicht nur auf Parlamentsarbeit zu beschränken, sondern an breit angelegten sozialen Kämpfen teilzunehmen. Vor allem im Bundesstaat Guerrero, der von der linkszentristischen PRD regiert wird und in dem die Guerillabewegungen besonders aktiv sind, kommt es darauf an, die Landesregierung von links her zu kritisieren, ohne sich ins sektiererische Abseits zu begeben. Es scheint, dass die Revolutionäre Koordination die Gratwanderung meistern könnte. Aktuelle Interviews, die Jorge Lofredo mit verschiedenen Organisationen geführt hat, haben zwei Stränge als gemeinsamen Tenor: konkrete und grundsätzliche Kritik an der Landesregierung und auch an der PRD, jedoch Zurückhaltung was bewaffnete Aktionen betrifft. Stellvertretend sei die Aussage der Revolutionären Bewegung Lucio Cabañas Barrientos zitiert: »Wir befinden uns in einer Phase, die gekennzeichnet ist von den Zusammenstößen zwischen den Drogenkartellen und ihren Verbündeten in der Regierung. Die Wahlprozesse finden nach den Enttäuschungen der Vergangenheit wenig Beachtung. Wir müssen uns anstrengen, die popularen Kämpfe zu stärken. Selbstverteidigungsaktionen müssen eng an die Bewegungsdynamik geknüpft sein (*Excelsior*, 6.3.08).

Die Bereitschaft sich auf diese politische und soziale Spannbreite einzulassen, sie in einem neuen pluralen Projekt zu artikulieren und dies nicht als unvermeidliche Schwäche, sondern als Stärke und zukunftsweisende Bestimmung sehen zu können, unterscheidet meiner Ansicht nach den Ansatz der Revolutionären Koordination deutlich sowohl von der Bündnispolitik der ML-Orthodoxen als auch von den Zaptatisten/*La Otra*. Letztere haben es, folgt man ihren öffentlichen Stellungnahmen, aufgegeben, im Feld der diffusen städtischen Mitte-Links-Strömungen Unterstützung für ihre Anliegen zu suchen. Entscheidend für die weitere Entwicklung wird sein, ob die Revolutionäre Koordination für ihr anspruchsvolles Konzept in beiden Richtungen Ansprechpartner findet oder ob ihres letzten Endes nur der Platz zwischen allen Stühlen bleibt.

## 3.1.3. *Strömung 3* Pro-zapatistische Gruppierungen:

### »Revolutionäre Armee des aufständischen mexikanischen Volkes« (ERPI)

Die erste aller EPR-Abspaltungen, die »Revolutionäre Armee des Aufständischen Volkes« (ERPI), vertritt politische Vorstellungen, die jenen von TDR-EP und Revolutionärer Koordination verwandt sind. Sie unterscheiden sich eher in der Akzentsetzung und durch die Tatsache, dass die ERPI seit ihrer Gründung für sich alleine agiert und sich mit öffentlichen Stellungnahmen und Koordinationsbemühungen zurückhielt. Hinsichtlich der Anderen Kampagne vertreten ERPI und TDR-EP nahezu dieselbe Position. Beide begrüßen sie uneingeschränkt und wollen dazu beitragen, dass der Ansatz vorankommt. Um die Bedeutung zu unterstreichen, die sie dieser Initiative gibt, hatte die TDR-EP im ersten Halbjahr 2006 sogar einen einseitigen Waffenstillstand verkündet. Zum Fraktionsstreit zwischen FARP, CJ-28J sowie EPR einerseits und der TDR-EP andererseits äußerte sich die ERPI nicht konkret. DIE ERPI appellierte jedoch mehrfach in allgemein gehaltenen Appellen an alle Kräfte, sich nicht in innerlinken Linienstreitigkeiten aufzureiben und unterschiedliche Ansätze einfach nebeneinander stehen zu lassen, ohne immer gleich über »richtig« und »falsch« zu urteilen. »Wir dürfen die Feinde nicht verwechseln. Sie befinden sich nicht in den Reihen der revolutionären Gruppierungen. Die wirklichen Feinde sind der Imperialismus und die von ihm gelenkten Regierungen wie jene von Felípe Calderón«, heißt es etwa im ERPI-Kommuniqué Nr. 36 (20.6.07).

Die »Revolutionäre Armee des Aufständischen Volkes« (ERPI), die im linksradikalen Spektrum große Anerkennung genießt, wurde vom ehemaligen Chef der EPR-Front »Frente Sierra Madre Oriental«, Comandante Antonio, im Januar 1998 gegründet. Sie übernahm viele EPR-Strukturen des Bundesstaates Guerrero und trat erstmals am 7. Juni des Jahres in El Charco/Guerrero in Erscheinung, als die Armee mit Hunderten Soldaten das Dorf umstellte, elf Personen erschoss und 27 gefangen nahm. ERPI-Aktivisten hatten eine Dorfversammlung abgehalten und waren dabei von der Armee überrascht worden. Unter ihren Führungsleuten Comandante Antonio, alias Jacobo Silva Nogales, und seiner Gefährtin Gloria Arena Agis, alias Coronel Aurora, entfaltete die neue Organisation neben kleineren bewaffneten Aktionen vielfältige politische und organisatorische Aktivitäten in Guerrero und im benachbarten Bundesstaat Oaxaca. Die Spannbreite reichte vom demonstrativen Auftreten kleinerer ERPI-Guerillagruppen in der Touristenhochburg Acapulco, Attacken auf Militärkonvois bis hin zur Teilnahme an legalen Straßenaktionen gegen den Wahlbetrug in Guerrero.

ERPI-Sprecher Comandante Antonio hob in Abgrenzung zur Mutterorganisation EPR anfänglich drei maßgebliche Unterschiede hervor: Erstens messe man den Wahlen eine höhere Bedeutung bei. Man müsse von der »Rolle des kritischen Beobachters« in die eines »Teilnehmers« schlüpfen, weil im Wahlprozess sowie im Kampf gegen den Wahlbetrug kritisches Bewusstsein entstehe, das letztlich dem Wachstum der eigenen Bewegung förderlich sei. Zum zweiten komme man dem Wunsch der Gemeinden nach Selbstverteidigung nach, damit sich diese gegen Übergriffe zur Wehr setzten könnten. Hier liege der Unterschied zur EPR darin, dass für diese nicht die konkreten Bedürfnisse vor Ort, sondern übergreifende landesweite Ziele handlungsleitend seien. Und drittens schließlich bereite man sich auch auf einen möglichen Volksaufstand vor, während sich die EPR ausschließlich an der Linie des »verlängerten Volkskrieges« orientiere. Man führe Selbstverteidigungsaktionen jedoch nur dann durch, wenn diese von der Bevölkerung per Mehrheitsvotum gewünscht werden. Wenn die Bewohner einer Ortschaft bewaffnete Aktionen ablehnten, unterlasse man sie, so der inhaftierte ERPI-Kommandant Jacobo Silva Nogales in einem Interview mit der Tageszeitung *El Universal* (4./5.4.08) Von den Zapatisten unterscheide sich die ERPI dahingehend, dass man selbst bewaffnete Selbstverteidigungsaktionen durchführe, jene aber auf die nichtmilitärische Karte setzen. Dagegen gebe es im politischen Bereich viele ähnliche Vorstellungen. Ihr demokratisches Selbstverständnis etwa, das die Zapatisten mit »gehorchend befehlen« oder mit der Parole »für alle alles, für uns nichts« umschreiben, werde auch von der ERPI geteilt. Die von den Zapatisten lancierte Andere Kampagne griff die ERPI enthusiastisch auf und machte sich die Intention vollumfänglich zu eigen. In ihrer Zeitschrift *El Paliacate* wird die Andere Kampagne breit und zustimmend diskutiert. Die ERPI bezeichnet sich als »mexikanische revolutionäre Organisation, die für eine wahre Demokratie und einen tief greifenden sozialen Wandel kämpft« (*La Jornada,* 8.3.01). Zu diesem Zweck versucht sie soziale Basisorganisationen aufzubauen und diese unter dem Schlagwort »poder popular« mit sozialer und territorialer Macht auszustatten. Der auf diese Weise entstehende Druck von unten soll, sofern nötig, mit »Aktionen zur bewaffneten Selbstverteidigung« verstärkt werden.

Die Inhaftierung von Jacobo Silva Nogales, einem Guerillaveteranen, der unter der Folter angeblich zugab, schon zwanzig Jahre in verschiedenen Untergrundgruppen mitgewirkt zu haben, sowie seiner Lebensgefährtin Gloria Arena Agis im Oktober 1999 bedeuteten für die Organisation einen herben Rückschlag, der vorübergehend die Einstellung öffentlich wahrnehmbarer Aktivitäten zur Folge hatte. Diese beiden Gründungsmitglieder fungierten nicht nur als Anführer der ERPI, sondern waren auch für die meisten publizistischen Aussenaktivitäten verantwortlich. Die Verhaftung der ERPI-Leitungskader war offenkundig das Ergebnis geheimdienstlicher Aktivitäten. Sie hatten nicht nur den Kontakt mit der ERPI-Führung hergestellt, sondern auch die Beschlagnahmung entscheidender Computerdateien ermöglicht (*El Proceso Sur* Nr. 51, 2.2.02). Die Verhaftungen ihrer Führungsleute, die von einer groß angelegten polizeilichen Fehlinformationskampagne der öffentlichen Meinung hinsichtlich der genauen Umstände und Hintergründe der Festnahmen begleitet war, zwangen die Gruppe eigenen Angaben zufolge »die gesamte Infrastruktur zu verändern«, sich zurückzuziehen und zu reorganisieren. Da nach mehrjähriger Pause ihre Zeitschrift *El Paliacate* wieder erscheint, wenn auch unregelmäßig, und die ERPI zu wichtigen Ereignissen wieder Stellungnahmen abgibt, kann man davon ausgehen, dass die Organisation nach den Rückschlägen wieder handlungsfähige Strukturen aufbauen konnte. Im Vergleich zum EPR-Blatt *El Insurgente* ist *El Paliacate* durch Beiträge von Fremdautoren, Artikelnachdrucke und kontroverse Thesen lebendiger und undogmatischer. Das jeweils etwa 60 Seiten umfassende Heft im Format A4 handelt auch ein wesentlich breiteres Themenspektrum ab und ist so auch für interessierte Linke außerhalb der eigenen Organisation lesenswert.

Wie bei den anderen bisher erwähnten Organisationen ist auch bei der ERPI seit 2006 ein höheres Aktionsniveau festzustellen. Dies äußert sich nicht zuletzt in vermehrten öffentlichen Stellungnahmen. »Unsere Organisation bricht jetzt das taktische Schweigen, das der Notwendigkeit gehorchte, mehr zu tun und weniger zu sagen.« Nun sei es nötig »gegen die Kriminalisierung der sozialen Proteste« und die »Verletzung verfassungsmäßiger Garantien durch Folter und gewaltsames Verschwindenlassen« Stellung zu beziehen, dem unter anderen die zwei EPR-Angehörigen zum Opfer fielen. Die ERPI ruft alle revolutionären Organisationen auf, ihre »Anstrengungen zu vereinen und ausgehend von übereinstimmenden Zielen gegen den gemeinsamen Gegner zu richten«. Es solle das Einende und nicht das Trennende vorne angestellt werden sowie die »Koordination der Aktionen, weil die Realität dies erfordert«, heißt es im Kommuniqué Nr. 35 (5.9.06). Die ERPI betont in ihren jüngsten Stellungnahmen immer wieder, dass sie angesichts des schmutzigen Krieges von Seiten des Staates »im umfassenden Sinne auf die bewaffnete Selbstverteidigung setze. Zwischen Oktober 2006 und Juni 2007 habe sie zehn bewaffnete Aktionen gegen Polizei, Paramilitärs und Geheimdienstoffiziere durchgeführt«, so das oben bereits zitierte Kommuniqué Nr. 36. In der Presse war darüber bis dahin nicht berichtet worden. Die beiden in einem irregulären Prozess zu 50jährigen Haftstrafen verurteilen ERPI-Führungsleute Jacobo Silva Nogales und Gloria Arena Agis waren in einem Interview mit Blanche Petrich (*La Jornada*, 13.10.07) ebenfalls davon ausgegangen, dass die ERPI keine bewaffneten Aktionen durchgeführt habe, weil sie den Schwerpunkt auf die politische Organisierung legt. »Sicher weiß ich es aber nicht«, schränkte Gloria Arena Agis ein. Offenbar sind die genannten Aktionen Ausdruck einer spürbaren Stärkung in einigen Regionen des Bundesstaates Guerrero. Darauf deutet auch eine mehrteilige Reportage hin, die Sergio Ocampo Arista in *La Jornada Guerrero* (25.-27.3.08) veröffentlichte. Aus dieser geht hervor, dass sich »dutzende Indígena-Dörfer entschieden haben, sich in die ERPI zu integrieren«. In der Gebirgsregion Montaña de Guerrero könne es zu »einer sozialen Explosion mit unkalkulierbaren Folgen kommen«, zitiert der Reporter einen örtlichen Priester.

In der Tageszeitung *Excelsior* (»México armado«, 1.1.08) war im Zusammenhang mit der EPR-Guerilla darauf verwiesen worden, dass es in der »Dynamik von Aufstand und Aufstandsbekämpfung eine Dialektik von Verbergen und Entdecken« gebe. Im Falle Mexikos agiere die Guerilla vielfach schweigend. Sie verberge ihre Präsenz in Zonen, in denen sie fest verankert sei und zeige sich demonstrativ in anderen, in denen sie keine festen Wurzeln habe. Im Zuge der Dialektik von Verbergen und Entdecken nehme die Guerilla zum Teil erst dann zu Aktionen Stellung, wenn sie durch die Umstände dazu gezwungen werde. Dies scheint auch für die ERPI zuzutreffen. In diesem Zusammenhang könnte auch das Abfackeln von schweren Baumaschinen stehen, welche für ein Straßenprojekt zwischen Tixtla und Apango eingesetzt waren. Diese wurden am 3. Januar 2008 von etwa zwei Dutzend Parolen rufenden Vermummten angegriffen, welche den bewaffneten Kampf befürworteten. Da diese Aktion im Nachgang von keiner Gruppierung als ihre bekannt gegeben wurde, kam es zu Spekulationen und einer kontroversen öffentlichen Diskussion über die Verantwortlichen (*Excelsior*, 18.1.08). Die Armee reagierte auf die neue Lage. Sie militarisierte einige Bergregionen, schnürte diese weitgehend von der Außenwelt ab und setzte die Zivilbevölkerung massiv unter Druck.

Die letzten ERPI-Stellungnahmen befassten sich vorwiegend mit dem Verhältnis zur Parlamentspartei PRD bzw. zu der vom PRD-Gouverneur Zeferino Torreblanca Galindo seit 2005 geführten Landesregierung in Guerrero. Bis dahin hatte sich die die ERPI-Polemik allgemein gegen die Fortführung des neoliberalen Kurses, die verstärkte Repression und die Korruption der Parteipolitiker gerichtet. Die Kritik an der linkszentristischen PRD war eher zurückhaltend und implizit. Verstärkt seit 2007 wirft die ERPI der PRD-geführten Landesregierung vor, die Erwartungen der Wählerschaft auf einen Wechsel in Guerrero zu enttäuschen. »Sie wiederholt die Politik der PRI-Vorgängerregierungen. Schwindel, Simulation, Überwachung und Verfolgung von Oppositionellen, Zensur regierungskritischer Medien, Kriminalisierung sozialen Bewegungen, selektive und massive Repression«. Die legalen Kampfformen produzieren keine realen sozialen Veränderungen. »Wir laden alle sozialen Kämpfer ein, sich am bewaffneten revolutionären Kampf zu beteiligen«, schließt das ERPI-Komitee Guerrero (16.11.07). Wenige Wochen später nimmt es erneut Stellung, zählt eine Reihe aus ihrer Sicht negativer Punkte auf und konstatiert eine »Scheidung der politischen Klasse Guerreros von ihrer Wählerschaft«. Es handele sich in Guerrero um eine »Vieleparteienrechte«, zu der auch die Regierung gehöre, die sich selbst links nenne, aber den Wählerwillen betrüge. Die PRD als Ganze sei für die Linke verloren und für die sozialen Aktivisten in der PRD stelle sich die Frage, wie sie sich dazu verhalten. Als kritische PRD-Strömung den Mehrheitskurs de facto mittragen oder austreten? Die »ehrlichen PRD-Mitglieder und Wähler« werden aufgerufen, angesichts deren Niedergang und Rechtsentwicklung über ihre Partei nachzudenken (*Sur de Acapulco*, 7.12.07). Inwieweit dieser Aufruf zum PRD-Parteiaustritt Echo findet, muss die Zukunft zeigen. Bemerkenswert bleibt, dass sich die ERPI wie auch die Revolutionäre Koalition bei aller Härte in der Sache um Differenzierung sowie um einen Ton bemüht ist, der von den Kritisierten angenommen werden kann. Hier ist ein deutlicher Unterschied zum Zapatismus bzw. der Anderen Kampagne festzustellen, die frontaler und ausschließender argumentieren.

**»Aufständische Milizen – Ricardo Flores Magón« (MI – RFM).**

Eine weitere pro-zapatistische Guerillagruppierung sind die »Aufständischen Milizen – Ricardo Flores Magón (MI-RFM). Anders als die bisher abgehandelten Bewegungen kommen sie nicht aus dem Spektrum des Eperrismus. Die in Oaxaca aktive Gruppierung formierte sich in den neunziger Jahren. Ihr gehören eigenen Bekundungen zufolge auch aus den USA zurückgekehrte Arbeitsmigranten an. Die MI-RFM veröffentlichten ihr Gründungsmanifest 1996. Sie erklären Ricardo Flores Magón, der in der mexikanischen Revolution für den linksradikalen, anarchosyndikalistischen Flügel stand, zu ihrem ideologischen Vorbild. Offenbar tief in der kommunitären und egalitären indianischen Kultur Oaxacas verwurzelt, verstehen sich die Magonisten-Milizen als Teil einer breiteren Bewegung, die mit den »Waffen der Ideen und des Wortes« und »einer guten Dosis Feuer und Blei« gegen den Staatsterrorismus und die Diktatur des Kapitals vorgehen wolle. In ihrer in unregelmäßigen Abständen veröffentlichten Flugschrift »Rojo y Negro« analysieren sie die Lage in Mexiko und unterbreiten Vorschläge insbesondere zu Fortführung der Rebellion in Oaxaca. Sie betonen die autonome Kraft der Bewegung und ihre Fähigkeit, Einzelforderungen zu bündeln und die Spaltung zu vermeiden. Bemerkenswert scheinen mir die Offenheit und gleichzeitig Differenziertheit, mit der sie auf Möglichkeiten und Grenzen verschiedener legaler Massenbewegungen eingehen. Sie beschreiben sowohl für den von Andrés Manuel López Obrador initiierten Nationalen Konvent als auch für die Andere Kampagne der Zapatisten konkrete Wege, wie sie sich ausgehend von ihrer derzeitigen Verfassung in einer Art und Weise weiterentwickeln können, dass sie breiten Bevölkerungsschichten Möglichkeiten zur Teilhabe bieten. Dabei werden die derzeitigen Defizite nicht verschwiegen, auch nicht jene der Anderen Kampagne, zu der sich die MI-RFM prinzipiell zustimmend äußern. Die »alte Linke und ihre großen revolutionären Theoretiker« mit ihrem Autoritarismus benennen sie lediglich als etwas, was man hinter sich lassen müsse. Mit »unorthodoxen Vorschlägen« gehe es darum, eine linke, antikapitalistische und libertäre Bewegung aufzubauen, welche die Unterschiedlichkeit sowie die ethnische und kulturelle Vielschichtigkeit Mexikos reflektiere, so »Rojo y Negro« vom 24.10.06.

Die Aufständischen Milizen-Ricardo Flores Magón übernehmen viel von der basisdemokratischen Ideologie des Zapatismus, sei es das »gehorchende Befehlen«, die Entscheidungsfindung in Versammlungen, das Konsensprinzip oder die Einbeziehung der Alten durch einen Rat der Ältesten. Im bislang ausführlichsten Interview über die Bewegung, das vom »Centro de documentación de los movimientos armados« (CEDEMA) im Mai 2007 geführt wurde, definierten sich die

Magonisten-Milzen selbst als bewaffnete Selbstverteidigungsstruktur, die, so ihre Worte, »aus dem Schatten heraus« agiert und auch wieder dorthin verschwindet. Sie war lange in autonomen Kleingruppen strukturiert, um Armeeangriffe überstehen zu können, baut jedoch eigenen Angaben zufolge regionale Einheiten wie die gemischten Brigaden »Guillermo Prieto«, »Francisco Javier Mina« oder »Xulab« auf, um offensive Aktionen durchführen zu können. Eine Besonderheit der aufständischen Magonisten ist, dass sie prinzipiell keine Stellungnahmen zu Aktionen abgeben, denn: »eine revolutionäre Aktion sollte selbst ausdrücken, für welches Ziel sie steht«. Sie legen besonderen Wert darauf, keinerlei Aktion durchzuführen, die sich gegen die Zivilbevölkerung oder Repräsentanten der Zivilgesellschaft richtet. Sie rufen auch alle anderen Organisationen auf, eine entsprechende Erklärung zu unterzeichnen. Ebenso deutlich sprechen sie sich dagegen aus, dass bewaffnete Untergrundorganisationen versuchen, von der Klandestinität aus legalen Massenbewegungen ihre Politik vorzuschreiben. Die Aufständischen Milizen haben ihren eigenen Angaben zufolge einen »Doppelcharakter als geheime bewaffnete Organisation, die in dieser Eigenschaft mit anderen ähnlichen Gruppen zusammen arbeitet und als soziale und politische Aktivisten, die in dieser Eigenschaft mit anderen legalen sozialen Bewegungen« interagieren. Sie stehen für eine libertär-antikapitalistische Tendenz mit Schwerpunkt in Oaxaca, die offen ist für Bündnisse. Ihre Stärke im verzweigten Netz der Rebellion in Oaxaca ist schwer einzuschätzen.

Bemerkenswert ist, dass sich die Aufständischen Milizen – Ricardo Flores Magón als erste mexikanische Untergrundgruppe sehr schnell zum Bombardement der kolumbianischen Luftwaffe auf ein Lager der FARC-Guerilla in Ecuador äußerten und die kombinierte Boden-Luft-Attacke als Souveränitätsverletzung und Kriegsverbrechen verurteilten (»Rojo y Negro«, 4.3.08). Bei der Attacke, die eine politische und diplomatische Krise zwischen Kolumbien auf der einen und Ecuador und Venezuela auf der anderen Seite auslöste, kamen am 1. März 2008 die Nummer 2 der FARC, Raúl Reyes, sowie 22 weitere Personen ums Leben. Anders als anfänglich von kolumbianischen und US-amerikanischen Quellen kolportiert, handelte es sich bei den übrigen Personen keineswegs durchgängig um FARC-Guerilleros. Nachdem eine Gruppe junger Chilenen bereits wieder abgereist war, befand sich noch eine Gruppe von fünf mexikanischen Studenten und Akademikern in dem Dschungelcamp. Diese waren am Tag vor dem Bombardement eingetroffen, um den FARC-Führer im Rahmen ihrer wissenschaftlichen Arbeit über linke und Aufstandbewegungen in Lateinamerika zu interviewen. Bis auf eine, die UNAM-Studentin Lucía Andrea Morett, die verletzt überlebte und von den ecuadorianischen Behörden gerettet wurde, kamen die übrigen mexikanischen Zivilisten um. In Mexiko trat die regierende PAN-Partei, frei von konkreten Belegen, eine Geisterdebatte los über die angebliche Unterwanderung der Nationalen Universität sowie die Mitgliedschaft der toten Mexikanerinnen in der FARC-Guerilla.

Es gibt Lebenszeichen von weiteren kleineren politisch-militärischen Organisationen, wie etwa von der Convención Popular Insurgente« (CPI), die im März 2007 zum ersten Mal auftauchte. Diesen Gruppierungen ist gemeinsam, dass sie offenkundig Neugründungen sind, die sich in den letzten Jahren formierten und beginnen, sich im Gewirr der Klandestinität auszurichten. Diese neuen Gruppen, von denen es ein bis zwei Handvoll gibt, kommen nicht wie die meisten bisher vorgestellten aus dem Eperrismus oder dem Zapatismus. Es handelt sich vielmehr um Zusammenschlüsse kleinerer und politisch-ideologisch vergleichsweise wenig festgelegter Kollektive, die in der Hitze der Kämpfe der letzten Jahre entstanden sind. In ihren meist kurzen und tagesaktuellen Stellungnahmen übernehmen sie eine Reihe von Kategorien, wie sie von den Zapatisten entwickelt wurden und sprechen sich für Respekt untereinander und den Aufbau von Aktionseinheiten aus. Es ist bemerkenswert, dass von den Neuen keine Gruppe erklärtermaßen autoritäre Konzeptionen vertritt.

## Erneuter Aufschwung der Guerilla – ein mexikanischer Sonderfall?

Nach der Implosion des realsozialistischen Blocks, der Wahlniederlage der nicaraguanischen Sandinisten im Jahre 1990, den Friedensverträgen in El Salvador 1992 und Guatemala 1996 galt die »zweite Welle« lateinamerikanischer Guerillabewegungen, die den Subkontinent in den 1970er und 1980er Jahren mit geprägt hatte, als historisch beendet. Die weiterhin aktive kolumbianische Guerilla und die zahlenmäßig geringen, wenn auch heute wieder etwas rührigeren Reste des Sendero Luminoso in Peru, der in vielerlei Hinsicht eine Ausnahmestellung unter den Bewegungen der »zweiten Welle« inne hatte, wurden als durch besondere nationale Konstellationen erklärbare Sonderfälle gewertet (Sterr, 1997: 240 – 259). Seither haben sich nicht nur die jeweiligen innenpolitischen, sondern auch wesentliche außenpolitische Rahmenbedingungen geändert: Erwähnt seien nur »der Krieg gegen den Terror« mit den Großeinsätzen westlicher Streitkräfte im Irak und Afghanistan sowie die Reihe linker und linkszentristischer Wahlerfolge in Lateinamerika, die nicht nur das innen-, sondern auch das außenpolitische Koordinatensystem verändert haben. Sie beraubten unter anderem die USA vieler langjähriger und enger liberal-konservativer Verbündeter in Lateinamerika. Beide Faktoren reduzierten sowohl die Bereitschaft als auch die praktische Fähigkeit der USA in Lateinamerika direkt und mit Aussicht auf schnelle Erfolge zu intervenieren. Sei es direkt mit verdeckten Aktionen oder sei es indirekt durch die Förderung gegenreformerischer bzw. konterrevolutionärer Kräfte. Die entsprechenden Möglichkeiten sind heute geringer, als etwa vor 10 oder 15 Jahren oder gar zu Zeiten der Systemkonfrontation. Anzunehmen, dass sie völlig fehlen, wäre naiv, wie etwa die Förderungen und Orientierung der Anti-Regierungs-Kräfte in Bolivien, Ecuador und Venezuela zeigen. Ebenso naiv wäre es zu meinen, dass die US-Interventionsbereitschaft und -fähigkeit immer auf dem gegenwärtig eher geringen Niveau verharren müsste. Selbstverständlich kann sie – geänderte Rahmenbedingungen vorausgesetzt – auch wieder ansteigen. Wie schnell das direkte Eingreifen der USA oder ihrer Handlanger wie der Regierung Kolumbiens unter Präsident Uribe regionale Konfrontationen heraufbeschwören kann, zeigte die Krise, die Anfang März 2008 im Gefolge auf den Präventivschlag gegen ein FARC-Lager auf ecuadorianischem Territorium entstanden war.

Da auch die gegenwärtig vorherrschenden Mitte-Links-Regierungen und Parteien wieder schlechtere Zeiten sehen werden, ist es auch keineswegs ausgeschlossen, dass sich in verschiedenen Ländern politisch-militärische Bewegungen wieder neu formieren könnten. Darauf deuten bereits erste Anzeichen hin. So gibt es heute in Peru (MRTA), in Chile (Teile aus dem Umfeld des historischen MIR) sowie in Ecuador Gruppen, welche die Wiederaufnahme des bewaffneten Kampfes propagieren. Auch in Venezuela und Bolivien können die Konfrontationen zwischen dem Regierungslager und dessen reformfeindlichen Gegnern Formen annehmen, die über die bislang praktizierten Formen der *violencia* hinausgehen. Inwieweit den Ankündigungen Taten folgen werden, kann, da es sich um ergebnisoffene politische Prozesse handelt, derzeit noch nicht mit hinreichender Gewissheit beurteilt werden.

Was die Lage in Mexiko betrifft, so ist dessen Bedeutung als vorgeschobener Brückenkopf der USA in Lateinamerika nicht nur im Bereich der Ökonomie weiter gewachsen, sie hat auch im Politischen einen Bedeutungszuwachs erfahren. Hier sind vor allem die Funktion als erklärter neoliberaler Gegenpol zum zunehmenden Staatsinterventionismus in Südamerika und als potentieller äußerer Moderator für die Phase nach Fidel Castros Ableben in Kuba zu nennen. Hierin dürften die Gründe dafür zu suchen sein, warum die USA in zunehmendem Maße versuchen, mittels einer »Sicherheitspartnerschaft« direkter Einfluss auf die mexikanische Innenpolitik zu nehmen. Es geht insbesondere um den Umgang mit der Drogenmafia, die »Abwehr terroristischer Gefahren« und eine repressive Migrationspolitik mit Blick auf mexikanische und mittelamerikanische Armutsflüchtlinge. Die im Frühjahr 2007 bei einem Treffen zwischen den Präsidenten Bush und Calderón abgesprochene Vertiefung der Zusammenarbeit in Sachen Sicherheit/Bekämpfung des Drogenhandels, die unter dem Stichwort »Plan Mérida« bzw. »Plan Mexiko« bekannt wurde, soll im ersten Jahr 500 Mio. US-Dollar und in drei Jahren 1,4 Mrd. US-Dollar kosten. Sie richtet sich, den öffentlichen

Verlautbarungen nach, gegen den Drogenhandel – ähnlich wie das kolumbianische Vorbild, der »Plan Colombia«. Aber ebenso wie in Kolumbien längst Tatsache, ist auch für Mexiko zu befürchten, dass sich die Aufrüstung der Sicherheitsapparate nicht zuletzt gegen Aufstandsbewegungen richten wird. Die EPR vertritt in ihren Kommuniqués seit geraumer Zeit die These, dass die Drogenbekämpfungsrhetorik der Regierung Calderón lediglich als medienkompatible Nebelwand diene, um das Land zu militarisieren und um so leichter gegen dissidente Bewegungen vorgehen zu können, seien sie nun illegaler oder legaler Natur. Andere Guerillagruppen wie ERPI oder die Revolutionäre Koordination sehen das ähnlich. In den Führungsetagen der US-Außenpolitik macht man sich ohnehin seit Jahren darüber Sorgen, dass die Lage beim großen Nachbarn in einigen Landesteilen aus dem Ruder laufen könnte. So erschien etwa in der offiziösen US-Zeitschrift *Foreign Affairs* (1/1999: 103-116) unter dem Titel »Saving America from the Coming Civil Wars« eine Bedrohungsanalyse, die zu dem Ergebnis kam, dass innere Konflikte unter anderem in Mexiko für die US-Sicherheit sehr weitreichende negative Folgen haben könnten. Jedoch nicht die Zapatisten als vielmehr die »weniger bekannte aber potentiell gefährlichere EPR« seien wegen der besseren Bewaffnung und der beabsichtigten Machtübernahme das größere Problem.

Die revolutionären Bewegungen Mexikos weisen, obwohl sie verschiedenen politisch-ideologischen Tendenzen zuzuordnen sind, eine Reihe von Gemeinsamkeiten auf. Diese geben ihnen, etwa im Vergleich mit lateinamerikanischen Guerillabewegungen der zweiten Welle, ein besonderes Gepräge. León Pérez (2007) hat in der argentinischen Zeitschrift *IzquierdaPuntoInfo* in einem grundlegenden Beitrag mit Recht darauf hingewiesen, dass sie »weniger ideologisiert und authentischer« sind als einige ihrer lateinamerikanischen Pendants. Der hauptsächliche Ansatzpunkt der heutigen mexikanischen Guerillabewegungen war und ist die konkrete Realität ihrer ruralen Unterstützungsbasis und nicht ein ideologisches Grundgerüst welcher Art auch immer. Überideologisierungen, wie sie von Laura Castellanos (2007) akribisch nachgezeichnet wurden, hat es vor allem in den siebziger und achtziger Jahren gegeben. Aber die Betrachtung über einen längeren Zeitraum zeigt, dass die starke Anbindung an ihre ländliche Basis, die Kleinbauern, Landlosen und Indígenas in strukturell benachteiligten und pauperisierten Regionen, überwiegt. Es sind Provinzen, in denen es in der Regel eine lange Tradition von Kämpfen um Landreformen mit entsprechenden staatsunabhängigen Verbänden gibt. Die Guerilla bietet den Campesinos vor allem Schutz vor Übergriffen. Ihre militärischen Aktionen kamen jahrzehntelang nie wirklich über den Status von eng begrenzten Selbstverteidigungsmaßnahmen hinaus, wenngleich es mitunter weitergehende Absichten gab, so León Pérez. Mit Ausnahme der EPR-Kampagne vom Jahr 2007 gegen die Öl- und Erdgas-Pipelines der PEMEX, die jedoch auch als Selbstverteidigungsmaßnahme definiert wurde, war der Aktionsradius der mexikanischen Guerilla immer lokal oder höchstens regional. Keine Organisation konnte bisher Präsenz im ganzen Land erlangen. Die organisatorische Verankerung aller Guerillagruppen in den Städten ist weiter vergleichsweise gering. Anders als die Aufstandsbewegungen der siebziger Jahre verfügen die heutigen ländlichen Gruppen jedoch über ein Netz geheimer Stützpunkte in der Hauptstadt. Im Falle der EPR bauten sie sogar eine gewisse soziale Basis im Großraum von Mexiko-Stadt auf. Sie konnten sich, zum Teil über den Umweg von eigenen Internetseiten oder unabhängigen Forschungseinrichtungen wie dem Dokumentationszentrum CEDEMA, auch Zugang zu Massenmedien verschaffen. Heute können die Guerillaaktionen auch in den Massenmedien nicht mehr totgeschwiegen werden. Als »Triumph der sozialen Bewegungen« wertet Laura Castellanos (*El Clarín de Chile,* 5.1.08) diese Tatsache. Militärkampagnen zur Aufstandsbekämpfung finden quasi unter den Augen der Öffentlichkeit statt und unterliegen somit einem andauernden Rechtfertigungszwang.

Die Stärke und – machtpolitisch betrachtet – gleichzeitige Schwäche der mexikanischen Guerilla ist Ergebnis ihrer Einbindung in die bäuerlichen Strukturen, die der Selbsthilfe oder der Abwehr staatlicher Übergriffe dienen. Die Eroberung der politischen Macht im Staat ist auf dieser Grundlage prinzipiell unmöglich, unabhängig davon ob sie zum abstrakten Ziel erklärt wird oder nicht. Ein Element, das alle Konfliktregionen kennzeichnet, ist der hohe Grad an Militarisierung. Damit verbunden sind systematische und schwere Menschenrechtsverletzungen sowie die Herausbildung paramilitärischer Organisationen, die eng mit Sicherheitskräften, Drogenhandel und örtlichen Kaziken liiert sind. Eine weitere Besonderheit ist, dass in den konfliktivsten Bundesstaaten wie Guerrero, Oaxaca und Chiapas seit jeher Autoritarismus, Paternalismus und Korruption stark ausgebildet sind. Obwohl sie von der linkszentristischen PRD gebildet werden, haben daran auch die neu gewählten Landesregierungen in Guerrero und Chiapas nicht viel geändert. In diesen Bundesstaaten, die zu den ärmsten in Mexiko gehören, gibt es zahlenmäßig bedeutende indianische Gemeinden, die über eine lange Tradition kollektiven Widerstands sowie unabhängiger Organisationsformen verfügen. Hier konnten sich die Guerillagruppen trotz massiver Repression zum Teil dauerhaft festsetzen. Es ist nicht zu erwarten, dass absehbare Militärkampagnen unter dem Deckmantel des »Plan Mexiko« daran grundsätzlich etwas ändern können.

Die Frage ist jedoch, ob die mexikanische Guerilla ihre historische Kondition als über Jahrzehnte auf rudimentärem Niveau präsente Kraft mit phasenweiser, jedoch unstrukturierter Massenzustimmung wie im Falle des Zapatismus abstreifen kann, um dauerhaft an politischer Bedeutung zu gewinnen. Die nächste Entwicklungsstufe wäre die Herausbildung einer Art ländlich geprägter Veto-Macht.

Diese könnte sich z.B. gegen bestimmte Großvorhaben im Rahmen des Infrastrukturausbaues oder im Kampf gegen Autoritarismus und soziale Ausschließung organisieren. Objektiv entstehen hier für politisch-militärische Bewegungen bessere Interventionsmöglichkeiten, weil die zentristische PRD sich einseitig auf die Parlamentsarbeit festgelegt hat und die sozio-politischen Felder vernachlässigt. Eine entsprechend flexible Bündnispolitik vorausgesetzt, wie sie heute etwa die Revolutionäre Koordination vorschlägt, könnte auf der Grundlage einer rural verankerten Gegenmacht versucht werden, Einfluss auf die Entscheidungen der großen Politik zu nehmen. Dass dies auch von links unten her prinzipiell möglich ist, hat der Zapatismus in den neunziger Jahren bewiesen. Gelänge dies, käme es einem Qualitätssprung gleich: Die Guerilla würde sich von einem regionalen in ein nationales Phänomen weiterentwickeln. Bedenkt man die geopolitische Lage Mexikos, entstünde damit ein Konfliktpotential von erstrangiger internationaler Bedeutung.

# Ausblick

Seit dem Abtreten der ersten PAN-Regierung unter Vicente Fox (2000 –2006) und der von Wahlbetrugsvorwürfen überschatteten Amtsübernahme durch den zweiten PAN-Präsidenten Felipe Calderón ist Mexiko nicht mehr zur Ruhe gekommen. Die unter den PRI-Regimes geradezu sprichwörtliche politische Stabilität gehört endgültig der Vergangenheit an. Mexiko ist nicht länger das »Land, in dem nichts passiert«. Es zeichnet sich ab, dass dem US-Nachbarn schwierige und konfliktreiche Jahre bevorstehen. Die USA stellen sich bereits darauf ein. Sie haben Mexiko mit dem »Plan Mérida« unter dem Label »Sicherheitspartnerschaft« bzw. »Krieg gegen die Drogenkartelle« für die nächsten drei Jahre einen Beitrag von 1,4 Milliarden US-Dollar zur inneren Aufrüstung angeboten, um mögliche Krisenauswirkungen für sich zu minimieren. Dies wird der internationalen Öffentlichkeit als »Hilfspaket« (*Frankfurter Rundschau*, 10.6.08) verkauft, mit dem man »Mexiko im Antidrogenkampf unter die Arme greifen will« (*Stern*, 11.6.08). Mit diesem Geld, besserer Logistik, besserer Ausbildung und Bewaffnung und nicht zuletzt mit politischer Rückendeckung der USA sowie der EU wird nicht nur die Bekämpfung der Drogenkartelle, sondern auch die Eindämmung der sozialen Protest- und Widerstandsbewegungen militarisiert. Letzeres wird von Regierungsseite nicht offensiv thematisiert bzw. sogar öffentlich abgestritten, ist aber dennoch der Fall. Wie in Kolumbien erprobt, dient auch in Mexiko der Kampf gegen die Drogenkartelle als Nebelwand, hinter der ohne großes Aufsehen vor allem auf dem Land gegen unliebsame Bewegungen vorgegangen werden kann. Der Plan Mérida und die daraus resultierenden »Hilfspakete« sind nicht nur ungeeignet die zugrunde liegenden Probleme zu lösen, sie tragen vielmehr zu deren Verschärfung bei. Wenn man sich in Erinnerung ruft, wie viele Millionen Menschen aus El Salvador, Guatemala und Nicaragua der Zentralamerikakonflikt in den 1980er Jahren in die USA gespült hat, so kann man sich lebhaft vorstellen, dass eine Zuspitzung der sozio-ökonomischen und politischen Lage in Mexiko noch weit mehr als die halbe Million Mexikanerinnen, die jetzt schon alljährlich über die Grenze Richtung Norden gehen, zur Einwanderung in die USA bewegen würde.

Im Kontext einer abkühlenden US-Konjunktur wächst auch die mexikanische Wirtschaft langsamer. Es werden Zuwachsraten von maximal 2-3% prognostiziert. Tausend Migranten wandern täglich wieder aus den USA nach Mexiko zurück. Die Gastarbeiterüberweisungen, mit etwa 25 Mrd. US-Dollars (2007) nach den Öleinnahmen (2007: 78 Mrd. US-$) die zweitgrößte Devisenquelle, stagnieren oder gehen sogar leicht zurück. Die ungünstigere Wirtschaftslage verschärft die Probleme der Arbeitslosigkeit und Unterbeschäftigung. Sie drängt noch mehr Leute, vor allem Junge, die neu auf den Arbeitsmarkt kommen, in die informelle oder illegale Ökonomie ab und vertieft die soziale Polarisierung weiter. Dazu kommen drastisch gestiegene und aller Wahrscheinlichkeit nach weiter steigende Importpreise für Grundnahrungsmittel wie Mais oder Bohnen. Auch diese Preissteigerungen schlagen am meisten bei den Ärmsten zu Buche. Vor allem in pauperisierten ruralen Zonen, aber auch in urbanen Elendsvierteln staut sich ein gewaltiges soziales Konfliktpotential an, das sich jederzeit entladen kann.

Keine der drei großen politischen Parteien PAN, PRI und PRD hat die Fähigkeit dieses Potential dauerhaft an sich zu binden, zu kanalisieren und aufzuheben. Weder verfügen sie über die dafür notwendige sozialpolitische Programmatik, noch über die operativen Instrumente noch über eine Mitgliedschaft oder Funktionäre, die in relevantem Umfange dazu bereit und in der Lage wären, die notwendige Basisarbeit zu leisten. Es bleibt also ein immenses Potential von Ausgeschlossenen, wovon über die Hälfte jünger als 25 Jahre sind, die für die drei großen Parteien allenfalls als kurzfristig mobilisierbares Stimmvieh eine Rolle spielen. Bei der derzeitigen Verfasstheit des Parteiensystems ist es jedoch wahrscheinlich, dass diese Teile der Bevölkerung die Wahlenthaltung vorziehen. Allein auf Grund ihrer Anzahl und ihrer Jugend ist das Verhalten dieser sozial, kulturell und politisch Marginalisierten mitentscheidend für die Zukunft des Landes. Würde dieses kaum organisierte und parteipolitisch ungebundene Potential, wie etwa in Venezuela, den sozialen Versprechungen eines national-popularen Caudillo folgen, hätte dieser beste Chancen auf die Präsidentschaft. Dasselbe gälte für einen autoritären Neopopulisten von der Art Fujimoris oder Menems, wenn diese den richtigen Mix aus attraktiver Persönlichkeit, vagen Versprechungen und einer Pose als Retter des Vaterlandes finden.

Wenn die städtischen Marginalisierten aber, wofür es im Sommer 2006 in Oaxaca vor allem unter Jugendlichen Anzeichen gab, eine entschlossene außerparlamentarische Bewegung unterstützen, so könnte diese wie die APPO sowohl zahlenmäßig schnell wachsen als sich auch gleichzeitig nach links radikalisieren. Die Piqueteros in Argentinien zum Beispiel, eine radikalisierte Bewegung von arbeitslosen und unterbeschäftigten Vorstädtern, verwandelten sich in ihrer Blütezeit 2001/2002 zu einem machtvollen politischen Akteur, vor dem nicht nur die Regierungen, sondern selbst IWF und Weltbank Respekt hatten. Kommt eine derartige Bewegungsdynamik erst einmal in Gang, dann ist sie entweder mit spürbaren sozialen Zugeständnissen, kombiniert mit einer gezielten Politik der Spaltung (wie im Falle der Piqueteros) wieder einzufangen oder, siehe Oaxaca, nur mit einem großen Truppenaufmarsch und blutiger Repression zu stoppen. Bei der gegebenen allgemeinen Unzufriedenheit ist denkbar, dass Bewegungen wie die APPO in anderen Teilen des Landes Nachahmer finden und sich so das politische Kräfteverhältnis nach links verschiebt. Welche Variante auch immer eintreten mag: In jedem Fall ist von entscheidender Bedeutung, wie gut die handelnden Akteure organisiert sind, welche programmatischen Ziele sie verfolgen, welche Bündnismöglichkeiten sie haben und wie flexibel sie mit der existierenden Vielfalt der Organisationen, Gruppen und bewegungsinternen Strömungen umgehen. Gelingt es, diese hinter allgemein akzeptierten Forderungen zu einen, so können sie sich zu einer gefährlichen Herausforderung für die neoliberal-autoritäre Regierung Calderón verwandeln. Dominieren Einzelinteressen oder wird das Trennende in den Vordergrund gestellt und nicht das Einende, verpuffen die Bewegungsenergien wieder. Der neoliberal-autoritäre Block wird alles in seinen Mitteln stehende tun, um Spaltungstendenzen in der Opposition zu fördern und insbesondere einen Keil zwischen die unzufriedenen städtischen Mittelklasseangehörigen und die städtischen Marginalisierten zu treiben. Der wichtigste Hebel dafür ist die Debatte um Gewalt und öffentliche Unsicherheit, die ein weitverbreitetes Gefühl in den Mittelklassen aufgreift und als vermeintliche »Lösung« die Militarisierung der Konflikte und das Außerkraftsetzen von demokratischen Grundrechten betreibt.

Das Verhalten der ländlichen Marginalisierten ist für die Kräftekonstellation im Land ebenfalls von Belang. Würden pauperisierte Campesinos und/oder indianische Gemeinden revolutionäre Guerillagruppen unterstützen, wofür es in einigen Regionen der Bundesstaaten Guerrero, Oaxaca und Chiapas ernsthafte Hinweise gibt, so könnte Aufstandsbewegungen in bestimmten ländlichen Gegenden eine Art Veto-Macht zuwachsen. Diese kann, siehe Zapatisten oder EPR-Guerilla, mit etwas Geschick auch als Druckmittel in die politische Arena eingebracht werden kann. Für die politische Lage macht es einen grundsätzlichen Unterschied, ob es eine anti-systemische bewaffnete Bedrohung gibt oder nicht. Weiterhin ist entscheidend, ob diese nur potentiell ist, d.h. der bewaffnete Kampf zwar von bestimmten Gruppen propagiert aber nicht praktiziert wird, oder aktuell ist, wie seit 2006/2007 in Mexiko. Für die Entfaltungsmöglichkeiten dieser Untergrundgruppen ist relevant, ob sie sich koordinieren und verbünden oder sich in Richtungskämpfen verschleißen. Unter der Regierung Calderón machten die Untergrundbewegungen den Sprung von der potentiellen zur aktuellen Bedrohung, ihre internen Richtungskämpfe wurden zurückgestellt und mit der Formel, »alle Formen des Kampfes« seien notwendig und legitim, gelang es den Guerillagruppen ihre politische Isolierung zu vermindern. Sollte die Regierung weiter gewaltsam gegen legale Basisbewegungen wie im Bundesstaat Oaxaca vorgehen, so würde dies den Untergrundgruppen in den Augen vieler Legitimität verleihen und ihrer politisch-militärischen Konzeption neue Anhänger verschaffen. Eine andere systemkritische Option bieten die Zapatisten und die eng damit zusammenhängende Andere Kampagne an. Sie setzen auf die Vernetzung von Basis- und Widerstandsgruppen, um so schon heute Ansätze einer gesellschaftlichen Alternative aufzubauen. Im Bundesstaat Chiapas, traditionell Hochburg der Zapatisten, ist dieser erklärtermaßen friedliche Ansatz in indianischen Gemeinden weit verbreitet. Das Manko besteht allerdings darin, dass bisher keine enge Zusammenarbeit mit den anderen außerparlamentarischen Bewegungen und Tendenzen gesucht wird. Erhebliche Teile der Ausgeschlossenen werden aber für überhaupt keine politische Option zugänglich sein. Für sie bietet vielleicht eher der Handel mit Schmuggelware, Kleinkriminalität oder die Drogenmafia eine prekäre individuelle Perspektive.

Welche der skizzierten Varianten man auch immer betrachtet, sie haben alle gemeinsam, dass sie mit einem funktionierenden parlamentarischen System westlichen Typs nur schwer zu vereinbaren sind. Wie ein Damoklesschwert schweben die städtischen und ländlichen Marginalisierten über der antipopularen Demokratie Mexikos. Das neoliberale Elitenkartell wird, bei Strafe des Verlustes von Macht und Privilegien, versuchen, die Ausgeschlossenen auch in die Zukunft hinein davon abzuhalten, sich für ihre ureigensten Interessen zu organisieren. Anders als in Zeiten des inklusiven Korporatismus unter der PRI, fußen die bevorzugten Methoden wegen der damit verbundenen Kosten nicht auf sozialpolitisch unterlegter Kooptation, sondern primär auf polizeilicher und militärischer Eindämmung. Die gesellschaftliche Sphäre, in der sich die Ausgeschlossenen bewegen, ist weitgehend frei von demokratischen Elementen. Hier regieren schon jetzt Willkür und das Recht des Stärkeren. Nimmt die soziale Polarisierung weiter zu, so wird sich dies unmittelbar in Form zunehmender Gewalt äußern. Für die ganze Gesellschaft zum Problem wird diese insofern, als sie sich in Form verallgemeinerter Unsicherheit und einem Klima der Angst niederschlägt. Hier können dann entsprechende Diskurse wie jener der nötigen »harten Hand« etc. anknüpfen, welche die Rechtfertigung liefern, Verfassungsgrundsätze faktisch außer Kraft zu setzen und bürgerliche Grundrechte auszuhebeln. Hierin liegt der strukturelle Grund, warum der Neoliberalismus in der Peripherie notwendigerweise autoritär ist und demokratische Verfahrensweisen höchstens einen dünnen Firnis an der Oberfläche darstellen, der gesellschaftliche Körper jedoch weitgehend undemokratisch strukturiert ist. Demokratische Elemente entstehen unter diesen Bedingungen von unten, an der gesellschaftlichen Basis. Sie verteidigen das Recht auf soziale Teilhabe und Mitsprache und sind gegen das neoliberale Elitenkartell und ihre Institutionen gerichtet.

Aber es sind nicht nur die vielen Millionen Ausgeschlossener, die von den ökonomischen und politischen Eliten unter Aufbietung immer umfangreicherer und besser ausgerüsteter Sicherheitsapparate in Schach gehalten werden. Auch die Ausgebeuteten, die Staatsangestellten, die Minenarbeiter oder die Beschäftigten in Telekommunikationsunternehmen sowie viele Angehörige der Mittelschichten sind mit dem derzeitigen Kurs des Landes nicht mehr zufrieden. Drastische Preiserhöhungen für Grundnahrungsmittel, Strom, Gas, Benzin und Medikamente treffen auch sie. Verringerte Renten oder Pensionen, schlecht ausgestattete öffentliche Schulen und Universitäten oder lange Wartezeiten in Krankenhäusern rufen auch ihren Unmut hervor. Dazu kommt die geringe oder fehlende Legitimität staatlicher Institutionen, der Ausverkauf von Staatsunternehmen wie der PEMEX an Privatkapital, die Militarisierung ganzer Landesteile, die zunehmende Durchdringung öffentlicher Institutionen durch die Narcomafias, die explodierende Narcogewalt und die damit zusammenhängende öffentliche Unsicherheit, die Kriminalisierung sozialer Bewegungen, die Existenz hunderter politischer Gefangener, der ökologische Raubbau, die anhaltenden Frauenmorde in Ciudad Juarez, die Verweigerung von Autonomierechten für Indígenas und, und, und. Aus all diesen und vielen weiteren Quellen speist sich die soziale und politische Konfliktivität, deren Intensität aller Voraussicht nach zunehmen wird. Den Ausgeschlossen, den Ausgebeuteten und den Unzufriedenen gegenüber steht eine Regierung Calderón, deren Legitimität von vielen bestritten wird und die ihre mangelnde Konsensfähigkeit gesellschaftlichen Gruppen gegenüber mit ausgemauschelten Pakten im Parlament, massenmedial vermittelten Monologen, dem Einsatz von Gewalt und Bündnissen mit der internationalen Rechten wettmachen will. Es gibt namhafte Beobachter wie etwa Gilberto López y Rivas und Luís Hernández Navarro (2007: 306), die den »Zusammenstoß zwischen einer illegitimen und zunehmend autoritären Regierung und einer radikalisierten sozialen Bewegung, die sich im Aufschwung befindet«, für unvermeidbar halten.

Allerdings unterscheiden sich die Interessen, Ansatzpunkte, Begründungen, Methoden und Strategien, Ziele und auch die zeitlichen Horizonte der unterschiedlichen oppositionellen Akteure. Deshalb ist für die nähere Zukunft nicht abzusehen, dass die verschiedensten Ansätze und Widerstandspotentiale etwa in einem umfassenden anti-neoliberalen Kampf oder in Form einer »Bewegung der Bewegungen« gegen die Regierung Calderón gebündelt werden könnten. Während für die gemäßigte institutionelle Linke um die PRD die Wahlen zum Nationalparlament im Jahr 2009 besondere Bedeutung haben, orientieren sich außerparlamentarische Linke eher am Symbolgehalt des Jahres 2010. Hier jähren sich die Unabhängigkeit von Spanien (200 Jahre) und der Beginn der Mexikanischen Revolution (100 Jahre). Und der starke Mann der Anti-Privatisierungsbewegung, der Ex-Kandidat López Obrador hat wohl als Perspektive das Jahr 2012 vor Augen, denn dann finden wieder Präsidentschaftswahlen statt. Grundsätzlich müssen wir davon ausgehen, dass die linkszentristischen Parlamentsparteien und die sozialen Basisbewegungen unabhängig voneinander bzw. im schlechteren Fall sogar gegeneinander agieren. Letzteres ist in einigen von PRD-Gouverneuren regierten Bundesstaaten der Fall. Auch deren praktische Politik ist nur »mehr vom Gleichen«. Zivilgesellschaftliche urbane Bewegungen wie der Nationale Dialog (DN) oder die Nationalen Demokratische Konvention (CND) können hier im Einzelfall gegebenenfalls eine Mittler- oder Moderatorenrolle zwischen der parlamentsfixierten, auf sozialen Aufstieg orientierten und opportunistischen PRD-Führung einerseits und radikalisierten Basisbewegungen andererseits übernehmen. Sollte jedoch die PRD auf Dauer die sozialen Basisbewegungen lediglich funktionalisieren wollen, um ihre Machtposition im Staatsapparat zu festigen, ohne diese Position für die Interessen der Basisbewegungen einzusetzen, so wird es bei der Trennung in eine weiter in rechtssozialdemokratische Richtung driftende Wahlpartei und dieser kritisch bis ablehnend gegenüberstehende soziale Bewegungen bleiben. Sollte es zu einer derartigen Konstellation kommen, wäre es denkbar, dass López Obrador versucht, die unterschiedlichen Akteure hinter seiner Kandidatur von oben her zu vereinen, ohne jedoch eine offene und gemeinsame Debatte über die Perspektive und Inhalte einer solchen Kandidatur zu führen. Eine derartige Variante mit einem charismatischen Caudillo wäre vom Inhalt her national-popular und von den Formen her tendenziell paternalistisch und autoritär. Für unabhängige Linke, die die Selbstermächtigung der sozialen Subjekte vorantreiben wollen, um eine tief greifende Gesellschaftsveränderung in Gang zu bringen, gäbe es in einer derartigen Konstellation nur ganz enge Spielräume.

Es gibt Anzeichen dafür, dass in verschiedenen Strömungen, Organisationen und Basisbewegungen die Einsicht dahingehend zunimmt, dass die Konvergenz der unterschiedlichsten linken Kräfte und deren Aktionseinheit auf der Straße notwendig ist. Von der gesellschaftlichen Basis her, in Kommunen und Regionen und in den sozialen Sektoren müssen, so die Appelle von vielen Aktiven, einigende Instanzen entstehen, welche handlungsfähige Widerstandspotentiale aufbauen können. Wie in Kapitel 2) dieser Arbeit gezeigt wurde, ist dies bereits in einigen Bereichen der Fall. Funktionierende Aktionseinheiten sind die Voraussetzung dafür, um in einem weiterhin konservativen Land mit einer Regierung, die, koste es, was es wolle, den neoliberalen Kurs verschärfen will, eine soziale und politische Vetomacht aufzubauen. Gelingt dies nicht, könnte das große Potential der Unzufriedenen leicht zur Beute rechter Caudillos werden. Sich für Aktionseinheiten stark zu machen bedeutet nicht, die zum Teil tief greifenden Unterschiede, ja Gegensätze zu leugnen. Es bedeutet lediglich, den strategischen Gegner zu identifizieren und zu seiner Bekämpfung so viele Kräfte, wie nur irgend möglich in Form mächtiger Bewegungen zu bündeln. Dies ist auch die Voraussetzung dafür, dass die große Masse der Ausgeschlossen und politisch Unentschiedenen angezogen werden kann. Erst deren aktives Eingreifen könnte die Kräftekonstellationen grundlegend verändern. Zunächst steht aber auf der Tagesordnung, bestehende Bewegungen strukturell zu stärken und neue aufzubauen. Erst in einem weiteren Schritt können sie soziale Gegenmacht entwickeln und damit beginnen, ein alternatives Projekt für das Land auszuarbeiten. Dann können die über 100 Millionen wieder Hoffnung schöpfen, dass ein anderes Mexiko möglich ist.

# Literatur

**Ali, Tariq** (2007): Piraten der Karibik. Die Achse der Hoffnung, München

**Barrera, Marcelo; Rey, Juan** (2006): El andar zapatista y La Otra Campaña, in: *Rebelión* 30.12.2006

**Bartra, Armando** (2000): Guerrero bronco. Campesinos, ciudadanos y guerilleros de la Costa Grande, México D.F.

**Bartra, Armando** (2006): La izquierda mexicana en la encrujiada: de la resistencia al fraude electoral a la Convención Nacional Democrática, in: OSAL, Año VII, No 20 mayo – agosto 2006, S. 57-68

**Bartra, Roger** (2007): Izquierda, Democracia y Crisis Política en México, México D.F.

**Bartra, Roger** (2007): ¿Una especie en extinción? La izquierda mexicana tras la derrota, in: *Nueva Sociedad* No 211, septiembre – octubre de 2007, S. 4-12

**Blanke, Svenja** (2007): El sindicalismo mexicano: entre la marginación y la recomposición, in: *Nueva Sociedad* No 211, septiembre – octubre de 2007, S. 109-123

**Bobbio, Norberto** (1995): Derecha e izquierda. Razones y significados de una distinción política, Madrid

**Boeckh, Andreas** (2007): Die lateinamerikanische Linke und die Globalisierung, in: *Lateinamerika Analysen* 17, 2/2007, S. 69-82

**Boris, Dieter** (2007): Lateinamerika links-mittig, in: *Blätter für deutsche und internationale Politik* 4/2007, S. 491-498

**Boris, Dieter; Schmalz, Stefan; Tittor, Anne** (2005): Lateinamerika: Verfall neoliberaler Hegemonie?, Hamburg

**Boris, Dieter; Sterr, Albert** (2002): FOXtrott in Mexiko. Demokratisierung oder Neopopulismus?, Köln

**Boris, Dieter** (1996): Mexiko im Umbruch. Modellfall einer gescheiterten Entwicklungsstrategie, Darmstadt

**Borón, Atilio** (2005): El dilema de los movimientos sociales: a organizar la desorganización, in: *Rebelión* 14.7.2005

**Borón, Atilio** (2006): Crisis de las democracias y movimientos sociales en América Latina: notas para una discusión, in: *Rebelión* 16.12.2006

**Brand, Ulrich; Ceceña, Ana Esther** (2000): Reflexionen einer Rebellion. »Chiapas« und ein anderes Politikverständnis, Münster

**Bundesagentur für Außenwirtschaft** (2007): Datenbank Länder und Märkte. Wirtschaftstrends kompakt. Mexiko Jahresmitte 2007, in: bfai.de

**Camacho, Zósimo** (2008): Desapariciones forzadas del calderonismo, in: *Revista Contralínea* No 103, 01 de Junio de 2008, S. 1-12
**Castañeda, Jorge G.** (1993): La Utopía Desarmada. Intrigas, dilemas y promesas de la izquierda en América Latina, México. D.F.
**Castañeda, Jorge G.** (2006): Latin America's Left Turn, in: *Foreign Affairs* May/ June 2006
**Castellanos, Laura** (2007): México armado, 1943 – 1981, México D.F.
**Castellanos, Laura** (2008): Corte de Caja. Entrevista al Subcomandante Marcos, México D.F.
**Castro Sánchez, Sergio de** (2007): Táctica e ideología: la APPO y la tentación electoral, in: *Rebelión* 17.2.2007
**Ceceña, Ana Esther** (2006): entre la promesa y la tragedia, in: OSAL, Año VII, No 20 mayo – agosto 2006, S. 15-25
**Centro de documentación de los movimientos armados/CEDEMA (2008):** Entrevista a las Milicias Insurgentes Ricardo Flores Magón, in: CEDEMA.org (16.6.2008)
**Comité de Defensa de los Derechos del Pueblo CODEP** (2007): La resistencia del pueblo de Oaxaca, Mimeo

**Dietrich, Heinz** (2006): Der Sozialismus des 21. Jahrhunderts. Wirtschaft, Gesellschaft und Demokratie nach dem globalen Kapitalismus, Berlin
**Dussel, Peter Enrique** (2006): China und Lateinamerika, in: *PROKLA* 142, S. 113-127

**Economist Intelligence Unit** (2006): Survey Mexiko, in: *Economist,* 16.11.2006
**Ellner, Steve** (2005): Die drei antineoliberalen Strategien Lateinamerikas, in: *Das Argument* 262, S. 496-505
**Ellner, Steve** (2006): The Defensive Strategy of the Left in Latin America,. in: *Science & Society* Vol. 70, No. 3, July 2006, p. 397-410
**Ejército Zapatista de Liberación Nacional** (2005): Sexta Declaración de la Selva Lacandona, Junio de 2005

**García Zapata, Víctor** (2008): Movimientos sociales en México: Ideas para un nuevo ciclo de lucha«, in: *Rebelión* 24.4.2008
**Gehring, Hubert; Thomas, Dieter** (2005): Fünf Jahre nach dem »Cambio«, in: KAS-Auslandsinformationen 12/05, S. 65-93
**Gogol, Eugene** (2007): La batalla por Oaxaca: La represión y la resistencia revolucionaria, in: *Rebelión* 7.2.2007

**Gómez Ramírez, Víctor Manuel** (2007): Prevaleció la unidad en la Primera Asamblea Estatal de la APPO, in: *Rebelión* 21.2.2007

**Gómora, Héctor** (2008): La derecha se internacionaliza, in: *Rebelión* 21.5.2008

**González Guerra, José Merced; Gutiérrez Castro, Antonio** (2006): El sindicalismo en México: historia, crisis y perspectivas, México D.F.

**Gutiérrez, Raquel** (2006): Algunas preguntas entre compañeros, in: Alerta Euskalterria 16.10.2006

**Harnecker, Marta** (2004): Sobre la estrategia de la izquierda en América Latina, in: *Rebelión* 6.10.2004

**Holloway, John** (2002): Die Welt verändern, ohne die Macht zu übernehmen, Münster

**Huffschmid, Anne** (2003): Sprechen und sprechen lassen, in: *Jungle World* Nr. 53, 24.12.2003

**Huffschmid, Anne** (2004): Diskursguerilla. Wortergreifung und Widersinn. Die Zapatistas im Spiegel der mexikanischen und internationalen Öffentlichkeit, Heidelberg

**Huffschmid, Anne** (2006): Traurige Demokratie: Mexiko vor der »Unregierbarkeit«, in: *Das Parlament* 51-52/2006, 18. Dezember 2006, S. 32-38

**Katz, Claudio** (2007): Strategies of the Left in Latin America, in: *New Socialist*, 25 July 2007

**Katz, Claudio** (2008): Hipótesis revolucionarias, in: *Rebelión* 15.1.2008

**Kerkeling, Luz** (2003): ¡La Lucha Sigue! Der Kampf geht weiter. EZLN – Ursachen und Entwicklungen des zapatistischen Aufstands, Münster

**Kerkeling, Luz** (2007): Autonomie praktizieren, in: *Junge Welt* 12.1.2007

**Laclau, Ernesto** (2006): La deriva populista y la centroizquierda latinoamericana, in: *Nueva Sociedad* 205, S. 56-61

**Le Bot, Yvon** (2004): ¿Tiene futuro el zapatismo?, in: *La Jornada* 1.1.2004

**Liera, Sebastian** (2008): Del muy otro 2007 al nuevo 2008, in: *Rebelión* 20.1.2008

**Loaeza, Soledad** (2008): Entre lo posible y lo probable. La experiencia de la transición en México, México D.F.

**Lofredo, Jorge** (2004): La lucha armada contra si mismo. La guerilla mexicana (1996 – 2003), in: Bajo el Volcán No. 8, México D.F. 2004, S. 61-84

**Lofredo, Jorge** (2004): La guerilla mexicana. De la unidad a la ruptura, in: *Memoria* No 180, México D.F. 2004, S. 12-20

**López y Rivas, Gilberto; Hernández Navarro, Luis** (2007): Mexiko: zwischen Autoritarismus des Staates und Widerstand des Volkes, in: Gabriel, Leo; Berger, Herbert: Lateinamerika im Aufbruch. Soziale Bewegungen machen Politik, S. 262-306

**Lozano, Wilfredo** (2005): La izquierda latinoamericana en el poder, in: *Nueva Sociedad* 197, S. 129-145

**Marcos, Subcomandante** (2005): La (imposible) geometría del poder en México, in: *La Jornada* 20.5.2005

**Marcos, Subcomandante** (2006): Die Zapatisten und die Andere Kampagne: die Fußgänger der Geschichte, Teil I-IV, September/Oktober 2006, in: ZNet Deutschland, 24.9.2006; 3.10.; 6.10., und 12.10.2006

**Marcos, Subcomandante** (2007): La solidaridad como hermandad y como usura, in: *Rebelión* 8.11.2007

**Martínez Torres, Blanca Estela** (2006): Contrainsurgencia ante movimientos armados en México: EPR-PDPR, UAM/Iztapalapa

**Mercado, Patricia** (2008): México: ¿por qué las deserciones?, in: BBCMundo.com, 24.2.2008

**Mercado, Patricia** (2008): Exigen reducir delincuencia, in: BBCMundo.com, 22.5.2008

**Mercker, Uli** (2007): Mexiko: Oaxaca probt den Aufstand, in: *Blätter für deutsche und internationale Politik* 10/2007, S. 1180-1184

**Montemayor, Carlos** (1998): Krieg im Paradies, Hamburg

**Montemayor, Carlos** (1999): La guerilla recurrente, México

**Montemayor, Carlos** (2008): Comisión de mediación I + II, in: *La Jornada,* 24./25.6.2008

**Moro, Alfonso** (2006): Esperando al milagro económico, in: *Pueblos* Nr. 26, 6/2006

**Pavón Cuellar, David; Vega, Maria Luisa** (2005): Lucha eperrista, México D.F.

**Pérez, Leon** (2007): La guerilla en México, in: IzquierdaPuntoInfo.com/La guerilla en México

**Petras, James** (2007): América Latina: cuatro bloques de poder, in: *La Jornada,* 11.3.2007

**Petras, James** (2007): Latinoamérica: La clase media, los movimientos sociales y la izquierda, in: *Rebelión* 6.6.2007

**Petras, James** (2007): Repensar el desarollo de América Latina y el Caribe para el Siglo XXI, in: *Rebelión* 21.9.2007

**Petras, James** (2008): Flujo de movimientos y gobiernos de centro-izquierda, in: *Rebelión* 17.3.2008

**Petkoff, Teodoro** (2005): Las dos izquierdas, in: *Nueva Sociedad* 197, S. 114-128

**Pineda, Liliana** (2007): Autoritarismo, movimiento popular y crisis política: Oaxaca (México) 2006, in: *Rebelión*, 13.7.2007

**Priess, Frank** (2008): Mexiko: Reformer und Betonköpfe, in: KAS/Auslandsinformationen 4/08, S. 11-33

**Priess, Frank** (2007): Reformen mit Licht und Schatten. Die Mexikanische Regierung Calderón arbeitet ihre Agenda ab – Positionskämpfe der Parteien – Sorge um Wettbewerbsfähigkeit des Landes, in: KAS/Auslandsinformationen 10/07, S. 62-95

**Priess, Frank** (2006): Ein gespaltenes Mexiko wählt Kontinuität, in: KAS/Auslandsinformationen 8/06, S. 125-160

**Ramírez Gallegos, Franklin** (2006): Mucho más que dos izquierdas, in: *Nueva Sociedad* 205, S. 30-44

**Regalado, Roberto** (2008): Los gobiernos de izquierda en América Latina, México D.F.

**Reiß, Anja** (2006): Die Darstellung der mexikanischen Guerillabewegung in der nationalen Presse vor und nach dem 11. September, in: Kölner Arbeitspapiere für internationale Politik 21/2006

**Rey, Juan** (2007): La Otra Campaña articula un mosaico de resistencias en todo el país, in: *Rebelión* 6.2.2007

**Rivadeo, Ana Maria** (2003): Lesa patria: nación y globalización, México D.F.

**Rodríguez, Francisco** (2007): Cuatro escenarios guerilleros en México, in: IzquierdaPuntoInfo.com/La guerilla en México

**Rodríguez Garavito, César A.; Barrett, Patrick A.; Chavez, Daniel** (2005): La nueva izquierda en América Latina, Bogota

**Rodríguez Rejas, María José** (2008): La construcción de alternativas políticas en México, in: Revista de Estudios Latinoamericanos, *Nueva Época,* No 3, enero-junio 2008, i.E.

**Ross, John** (2000): The war against oblivion. The zapatista chronicles, Monroe

**Sader, Emir** (2008): Fases de la lucha antineoliberal, in: *La Jornada* 7.6.2008

**Schamis, Hector E.** (2006): Populism, socialism, and democratic institutions, in: *Journal of Democracy,* Vol. 17 No. 4, Oct 2006, p. 20-34

**Schmidt, Gerold** (2004): Das Feuer und das Wort. 20 Jahre Zapatistische Armee der Nationalen Befreiung, 10 Jahre Aufstand. Stationen der EZLN-Geschichte, in: *Junge Welt* 2.1.2004

**Schmidt, Gerold** (2004): Land und Autonomie. Wo stehen die Zapatisten? Bilanzversuch des Aufstandes, in: *Junge Welt* 3.1.2004

**Schmidt, Gerold** (2007): Wo geht's lang? In Mexiko regieren die Konservativen – der Linken fehlt eine klare Orientierung, in: Gabbert, Karin et al. (Hg.); Lateinamerika – Analysen und Berichte 31, S. 203-211

**Schulz, Markus S.** (2000): Politische Gewalt in Mexiko, in: Fischer, Thomas; Krennerich, Michael (HG.): Politische Gewalt in Lateinamerika, Frankfurt/ M., S. 133-156

**Sterr, Albert** (1997): Die Linke in Lateinamerika. Analysen und Berichte, Köln/ Zürich

**Touraine, Alain** (2006): Entre Bachelet y Morales. ¿Existe una izquierda en América Latina?, in: *Nueva Sociedad* 205, S. 46-55

**Valle Baeza, Alejandro** (2007): Oaxaca: ¿una rebelión muy importante ?¿hasta dónde llegará?, in: *Rebelión* 29.11.2007

**Vidal, Gregorio** (2006): México: la situación política actual, in: OSAL, Año VII, No 20 mayo – agosto 2006, S. 43-53

**Vilas, Carlos M.** (2005): La izquierda latinoamericana y el surgimiento de regímenes nacional-populares, in: *Nueva Sociedad* 197, S. 84-99

**Wallerstein, Immanuel** (2008): ¿Qué han logrado los zapatistas?, in: *La Jornada* 13.1.2008

**Wallerstein, Immanuel** (2008): ¿Tan a la izquierda se ha movido América Latina?, in: *La Jornada,* 20.5.2008

**Zamora R., Augusto** (2007): Latinoamérica, izquierda y segunda descolonización, in: *El Mundo,* 9.2.2007

**Zandt, Maria** (2008): Theorie und Praxis der Demokratieklausel in den Beziehungen der EU mit Drittstaaten: das Beispiel Mexiko, in: KAS/Auslandsinformationen 1/08, S. 22-46

**Zapata Galindo, Martha** (2006): Der Preis der Macht. Intellektuelle und Demokratisierungsprozesse in Mexiko 1968 – 2000, Berlin

**Zibechi, Raúl** (2004): El Zapatismo y América Latina; profunda revolución cultural, in: *La Jornada,* 2.1.2004

**Zimmering, Raina** (2004): Postmoderne Guerilla. 10 Jahre Aufstand, 20 Jahre Zapatistas, in: *Blätter für deutsche und internationale Politik* 3/2004, S. 348-358.